하나님이 축복하시는 삶

IVP(InterVarsity Press)는
캠퍼스와 세상 속의 하나님 나라 운동을 지향하는
IVF(InterVarsity Christian Fellowship)의 출판부로
생각하는 그리스도인을 위한 문서 운동을 실천합니다.

Copyright ⓒ 1994, 1997 by Gordon McDonald
Originally published in English under the title *The Life God Blesses*
by Thomas Nelson, Inc., Nashville, TN, USA

All rights reserved.

This Korean Edition Copyright ⓒ 2012 by Korea InterVarsity Press, Seoul, Korea
This Korean edition is translated and used by arrangement of Thomas Nelson, Inc.
through rMaeng2, Seoul, Republic of Korea.

이 한국어판의 저작권은 알맹2 에이전시를 통하여 Thomas Nelson사와 독점 계약한 IVP에 있습니다.
신 저작권법에 의하여 한국 내에서 보호받는 저작물이므로 무단 전재와 무단 복제를 금합니다.

하나님이 축복하시는 삶

고든 맥도날드 지음 | 윤종석 옮김

감사의 글

이 책의 한 페이지 한 페이지를 꼼꼼히 읽으며,
글 쓰는 나를 격려해 주고,
이 책에 담긴 이상(理想) 그대로 살아가고 있는
아내 게일(Gail)에게.

내가 책을 처음 쓰기 시작한 이후로
늘 그 자리를 지켜 준 나의 참을성 많은 출판인
빅터 올리버(Victor Oliver)에게.

그리고 이 작업을 하는 내내 나를 위해 기도하며,
나를 믿고 있다는 사실을 거듭 일깨워 준,
이 세상 그 누구보다도 멋진
나의 여러 친구들에게.

차례

감사의 글 5

서문 _ 이 책의 진행 방향은? 9

시작은 좋았으나 비참하게 끝난 이야기 21
페르소나 호(號)

1. 해상(海上) 실종 27
   영혼이 '가벼울' 때는 어떤 일이 닥칠지 모른다

2. 폭풍은 찾아온다 37
   영혼이 시험받는 힘겨운 순간들은 떠오르는 해만큼이나 확실하다

3. 폭풍, 그리고 깨어지는 순간 53
   하나님이 말씀하시는 상황은 네 가지 정도로 요약해 볼 수 있다

4. 영혼의 질(質) 79
   영적인 피상성과 영적인 진실성, 그 차이를 알라

5. 영성을 찾아서 103
   깊은 영성을 지닌 사람들의 모습은 어떠한가?

6. 뱀의 눈빛 121
   거기서 빠져 나와 새로운 삶을 찾으려면?

7. 어떤 노인이 되고 싶은가? 137
   '축복'의 추구는 어디서 끝날 것인가?

8. 사명에 따라 사는 영혼 159
   영혼을 이끌어 갈 바른 방향

9. 아름다운 영혼 183
   버려야 할 것은 무엇인가?

10. 어디에 계시겠나이까? 205
    영혼에게 하나님에 대해 가르치기

11. 확신은 특수한 토양에서 자란다 233
    무게 있는 영혼은 하나님을 기쁘시게 한다

12. 영혼의 대화 263
    하나님과의 대화

13. 에너지는 어디에서 오는가? 275
    그리스도처럼 살아야 한다는 도전 앞에서 새 힘을 얻는 방법은?

후기 _ 진퇴 양난의 곤경에 빠져 보기 전에는
       하나님이 축복하신다는 사실을 모를 수 있다 297

이야기는 이렇게 끝나야 한다 303
  크리스토스 호(號)

참고 도서 309

서문
이 책의 진행 방향은?

성경의 하나님은 인간의 삶을 축복해 주신다. 이 말은 그분이 언제라도 인간에게 진귀한 은혜의 선물을 부어 주시려는 의사—실은 열망—를 가지고 계시다는 뜻이다. 그 선물에는 개인적인 긍정, 친밀한 관계, 운명에 대한 색다른 도전 그리고 우리가 생각하는 정상적인 인간 경험의 한계를 뛰어넘는 놀랄 만한 에너지가 포함될 수도 있다. 인간 경험을 넓혀 주는 이런 선물들은 우리가 열망하고 추구하는 것들이다. 그러나 언제나 올바른 출처에서 혹은 올바른 이유에서 그러는 것은 아닐 수도 있다.

하나님은 저 위대한 태초 이래로 줄곧 인간의 삶을 축복해 오셨다. 너무나 상이하게, 너무나 수많은 방식으로 시공을 초월하여, 각양 각색의 사람들에게 복을 주셨기 때문에 그 전 과정을 다 이해한다거나, 간단한 공식으로 정리할 수 있다고 말한다면, 여지없이 바보 취급을 받을 정도이다. 여러분은 하나님이 어떤 특정한 나라, 어떤 특정한 종교적 전통, 어떤 특정한 신학, 어떤 특정한 개인에게 어떻게, 그리고 왜 복을 주시는가 하는 주제에 대한 해답을 자기 혼자만 알고 있다는 인상을 풍기는 사람과 접해 본 적이 있을 것이다. 그러나 그런 '혼자만 알고 있는 해답'은 시간의 시험을 절대로 견뎌내지 못한다. 하나님은 바보들의 편협하면서도 자기 확대적인 설명과 정의를 언제까지나 보고만 계시지는 않으실 것이기 때문이다.

그런 바보가 되고 싶지 않았기에 나는, 나에게 축복이라는 주제와 그 이면의 주제들에 대해 들려줄 첫 번째 단어라도(마지막 단어는 고사하고) 있는지 깊은 회의에 빠지곤 했다. 하나님의 **축복**—그리고 거기 포함되는 것들—은 너무나 광대하고, 우리를 너무나 겸허하게 하며, 우리의 예측을 뛰어넘는 주제다. 그러면서도 너무나 현실적인 주제다.

글 쓰기를 시작하여 하나님이 축복하시는 삶이라는 주제에 막 손댔을 때, 내 마음에 얼른 떠오르는 사실이 하나 있었다. 그것은 성경은 하나님이 축복하신 인생들의 일람표—사실상 고대판 인명록—라는 점이었다. 성경에는 남자와 여자, 늙은이와 젊은이, 얌전하고 수줍은 사람과 배짱 좋고 공격적인 사람 등 서로 매우 다른 사람들이 등장한다. 이들은 여러 세기의 다양한 세대를 살다 간 사람들로 만약 같은 자리에 있었더라면 피차 앙숙 관계일 수도 있을 정도로 제각기 다른 사람들이었다.

여러분이 상상력을 펼치기 좋아한다면, 하나님의 복을 받은 사람 몇 명을 뽑아 서로 어울리는지 함께 놓고 보라. 예컨대 맥아더 장군 같은 여호수아와 부드럽고 다소 내성적인 목사 디모데를 짝지어 보라. 강인하고 빈틈없는 에스더와 사려 깊고 민감한, 예수님의 어머니 마리아를 짝지어 보라. 임시 변통에 능한 베드로와 침착하고 총명한 다니엘은 어떤가? 여러분은 이 사람들이 대부분의 일을 똑같은 식으로 처리하고 말하고 보았으리라고 생각하는가? 이들이 쉽게 잘 어울려 지냈으리라 생각하는가? 거듭 말하지만 이들은 하나님의 복을 받은 사람들이다. 그러나 성격과 재능과 기질에 큰 비중을 두고 외관상으로만 본다면, 달라도 너무나 다른 사람들이다. 이 중에는 점심 식사에 초대하고 싶은 사람도 있지만, 전화번호조차 알려 주고 싶지 않은 사람도 있다.

하나님이 축복하시는 삶에 대해 알려면 어디서부터 시작해야 할까? 축복을 받는다는 것은 무슨 뜻인가? 축복하시는 행위의 이면에는 무엇이 있는가? 그리고 하나님의 축복을 받으려면 어떻게 해야 하는가?

우리 중에 과연 "나는 이모저모로 하나님이 축복하시는 삶을 살고 있다"고 말할 수 있는 사람이 있을까? 나는 이 질문에 단호하게 "그렇다"고 대답할 수 있다.

예를 들어, 축복이 무엇보다도 하나님의 사랑을 받는 것이라면, 나는 하나님이 축복하시는 삶을 살고 있다. 또 축복이 하나님의 자비와 회복의 은혜를 받는 것이라면, 나는 이미 하나님이 축복하신 삶을 살고 있다. 살아오는 동안, 이따금씩 특별한 능력 주심 즉 지혜와 힘의 통상적인 한계 너머로 들어올려지는 순간을 경험한 적이 있다면, 나는 하나님이 축복하신 삶을 살고 있다. 그리고 고독한 시기를 지나는 동안, 통찰력을 얻었다는 잊을 수 없는 느낌, 거룩한 세계와 가까워졌다는 형언할 수 없는 깨달음, 찬양과 경배를 향한 갑작스런 해방감 등을 얻은 적이 있다면, 그렇다면 나는 하나님이 축복하신 삶을 살고 있는 것이다.

뿐만 아니라, 꿈—다른 사람들을 섬기거나 그들의 삶에 가치를 더해 주는 꿈—이 영혼을 사로잡는 순간이 단 한 번이라도 있었다면, 나는 하나님이 축복하신 삶을 살고 있는 것이다. 또한 단순히 성적(性的)이거나 계약적 혹은 감정적인 것보다 훨씬 지속적이고 만족스러우며 수준 높은 인간적 교류가 있는 관계 속에 있다면, 나는 하나님이 축복하신 삶을 살고 있는 것이다.

하지만 여기까지 말해 놓고도 나는 그 장엄한 사상—종종 과소 평가되고 종종 당연시되는—의 표토(表土)조차 벗겨 내지 못한 것 같은 생각이 든다. 축복받는다는 경험! 그것은 천지의 창조주이신 하나님이 한 사람과 친밀한 관계를 맺으시고, 최초의 남자와 여자를 지을 당시에 의도하셨던 인간성과 역량으로 그들을 이끄시는 사건(들)을 뜻한다. 그것은 인간이 하나님 나라의 사자(使者)가 되는 특별한 능력을 부여받는 사건을 뜻한다.

자, 지금 우리는 하나님이 축복하시는 삶에 대해 이야기하고 있는데, 성격과 활동이라는 표면에만 머물다가는 문제에 부딪히기 십상이다. 나는 축복이 가시적인 것들과 연관되어 있다고는 생각하지 않는다. 그런 것들에 집착할 때 과연 유익한 것을 얻게 될지는 나로서도 확신할 수 없다.

그러므로 요지는 이것이다. 만약 하나님이 축복하셨던 고대의 남녀들에게 유사성 내지 공통점이 있다면, 그리고 그들과 우리 사이에 연결점이 있다면, 그것은 오직 삶의 내면 영역—하나님 외에는 아무도 눈으로 보거나 귀로 듣거나 손으로 만질 수 없는, 개개인의 좀더 깊은 부분—에서만 찾을 수 있다는 것이다. 우리가 어떤 존재인가에 대한 좀더 깊은 차원, 그것이 영혼의 차원이다.

할 수만 있다면 인간의 좀더 깊은 차원으로 내려가 보라. 앞에서 언급한 서로 상이한 성경 인물들 사이에서 몇 가지 공통된 특징을 발견할 수 있을 것이다. 세대, 문화, 성별, 기질을 뛰어넘는 유사성을 보게 될 것이다. 바로 영혼의 차원에서 우리는 비로소 하나님이 축복하시는 삶의 열쇠를 찾게 된다.

하나님이 축복하시는 삶이라는 주제에 대해 깊이 생각해 보고 싶다면, 영혼에 접근하라. 하나님이 한 사람에게 다가가 그분의 비밀을 속삭여 주시고 확신을 심어 주시고 영적인 상처를 치유해 주시고 희망과 용기를 불어넣어 주시기에 가장 적합한 곳인 '내적 공간'의 가장 깊숙한 곳으로 내려가는 것이다. 하나님의 복을 받는 이 사건에 뭔가 대단한 의미가 있다면 영혼이야말로 그 답을 찾을 수 있는 곳이다. 다른 곳은 없다.

'축복받을 만한' 삶에 대해 논한다는 것은 바로 **영혼으로 사는 삶**—여러분은 정말 이 문구를 대할 준비가 되어 있는가?—에 대해 이야기하는 것이라는 사실을 이해해야 한다.

영혼이란 우리 모두에게 있지만 다른 사람들에게는 감춰진, 상당히 깊은 부분이다. 영혼은 인간이 하나님을 만나기에 가장 적합한 고요한 곳이다. 그 깊은 곳에 영적 세계의 고요함이 있으며 천국과의 대화가 있고, 회개와 찬양과 경배가 있으며, 사람들로 하여금 하나님 나라의 건설자—이는 내가 즐겨 쓰는 표현이다—가 되게 하는, 생명과 지식에 대한 의지가 형성되어 있다. 이는 성경 시대나 지금이나 마찬가지다.

복음서를 보면 예수님은 **영혼**(soul)이라는 말을 매우 자주 사용하신다. 그리고 영혼이라는 말을 **마음**(heart)이라는 용어와 혼용하기도 하신다. 사도 바울은 **영혼**이라는 말을 굳이 꺼리지는 않지만 인간 내면의 존재를 지칭할 때는 **마음**이라는 말을 선호하는 것 같다. 그런데 예수님도 바울도 아무 스스럼 없이 **영**(spirit; 개역 개정 성경에는 주로 '심령'으로 번역되어 있다—역주)이라는 말을 같은 뜻으로 사용하고 있다.

내 생각에 서구인들은 대부분 영혼, 영, 혹은 마음이라는 내면의 부분에 대해 거의 잘 모르고 있거나 아무런 관심도 없는 것 같다. 뉴에이지 운동처럼 뚜렷한 형태가 없고 정의하기 어려운 운동에 참여하고 있는 사람은 분명 예외다. 뉴에이지 운동가들의 공통점은 인간 내면을 아주 깊이 인식하고 있다는 것이다. 뉴에이지 운동가들은 영혼이라는 말을 좋아하며, 비록 바른 뜻으로는 아니지만, 어쨌든 이 말을 자주 사용한다. 사실 뉴에이지 운동가들이 이 단어와 그 이면의 개념을 너무나 강력하게 움켜 쥐고 있다 보니 일부 그리스도인들—내가 보기에는 충분히 명확한 사고를 하지 않는 사람들—은 이 말을 사용하는 것조차 꺼리게 되었다. 내가 영혼에 대해 강연한 것을 듣고 찾아와 "영혼에 대해서 이야기하시다니 혹시 뉴에이지 사상에 취미가 있는 것 아니십니까?"라고 이의를 제기할 때면 나 스스로도 잘 믿기지 않을 정도다.

뉴에이지 사상에 물들지 않은 현대인들은 영혼에 관심을 가지기보다는 지성을 칭송하고 감정에 귀 기울이는 편을 훨씬 더 좋아한다. 대부분의 사람들은 그런 영적인 내면의 공간을 부정한다. 그들에게는 영혼이 이상한 영역인 것이다. 그들은 오직 현대의 사건들이 두렵게 느껴지거나 자신의 통제력을 벗어날 때에만, 영혼 쪽으로 혹은 거기서 한 걸음 더 나아가 영혼으로 살아가는 거룩한 사람 쪽으로 잠깐 시선을 던질 뿐이다.

성경에서 적절한 사례를 찾아 보자. 나는 구약에 나오는 예루살렘 왕 시드기야의 돌연한 행동에 늘 매력을 느끼곤 한다. 그는 자신의 나라가 산산조각 나고 있을 때 선지자 예레미야에게 전갈을 보내 "우리를 위하여 기도하라"(렘 37:3)고 부탁한다. 그러다가 얼마 후 예레미야가 체포되어 감금되었을 때는 그를 왕궁으로 불러 "여호와께로부터 받은 말씀이 있느냐?"(렘 37:17)라고 물으면서 대답을 청한다.

이것은 영혼 지향적인 부탁이요 물음이다. 이는 시드기야가 다른 방도가 다 소용 없을 때는, 영혼의 '근육'을 키우는 데 열심이었던 사람들에게 도움을 청해야 한다는 것을 알 만큼 똑똑했음을 보여 준다.

하나님이 어떤 유의 삶에 복 주시는가 하는 문제는 결국 영혼 지향적인 문제가 된다. 다시 말해서 영혼으로 산다는 것의 의미가 무엇인가 하는 것이다.

그렇다면 이렇게 「하나님이 축복하시는 삶」이란 책에 매달려 모든 것은 영혼의 상태 및 어떻게 영혼으로 사느냐에 달린 문제라는 이야기를 굳이 하고 있는 이유는 무엇인가?

글쎄, 아직 눈치채지 못한 사람들도 있겠지만, 우리 주위에는 자신의 신앙이 무용지물이라고 생각하는 종교인들이 수없이 많은 것 같다. 달리 표현한다면, 그들은 하나님이 그들의 삶을 축복해 오셨다는 것을 전혀 느끼지 못하는 것이다. 그들은 축복받는다는 느낌 대신 낙심과 실망과 위축을 느끼고 있다. 다른 사람들에게는 효과가 있었던 듯싶은 것이 그들에게는 아무런 효과가 없는 것이다.

나도 그런 경험을 한 적이 있다. 젊었을 때는 그런 상태에 아주 익숙했다. 나이가 들어서도 이따금씩 그럴 때가 있었다. 하는 일마다 빗나갈 때, 신앙이 단지 공허한 말에 지나지 않을 때, 감정과 영혼의 차이 그리고 순수한 동기와 오염된 동기의 차이를 가릴 수 없을 때가 있었다. 신앙을 막 가지기 시작했을 때만 해도 나에게는 가장(假裝)이 참 많았다. 일종의 종교적·영적인 행위—올바르게 반응하고, 올바르게 대답하며, 올바른 단어를 골라 써야 하고, 올바르게 행동해야 한다는—에 대한 세간의 기대에 나는 질식할 것만 같았다. 나는 온갖 방법이며 속임수며 간단한 대답뿐 아니라, 이 정도는 이해할 수 있다고 생각한 몇 가지 '쉽지 않은' 대답도 시도해 보았다. 그러나 그 모두가 심히 의욕을 잃게 하는 것들이었다. 그때 이런 생각을 했던 것이 지금도 기억 난다. '**예수님을 따르는 삶에는 분명 재미도, 기쁨도, 만족도 조금**

석은 다 있는 건가 보다. 그런데 나는 기쁨을 전혀 느낄 수 없다. 그럼에도 불구하고 사람들이 계속 기쁨에 대해 이야기하는 이유는 뭘까? 뭐가 잘못된 걸까?'

아무리 기억을 더듬어도 지금껏 나에게, 하나님이 축복하시는 삶이란 영혼으로 사는 삶이라는 사실을 온전히 가슴에 새기게 해준 사람은 한 사람도 떠오르지 않는다. 여기서 우리는 다시 이 책의 기본 명제로 돌아오게 된다. 그 명제가 닿는 곳이라면 어디든 찾아가야 한다. 인간의 마음 깊은 곳, 그 낯선 미지의 영역―바로 그곳을 영혼이라 한다―에서 나오는 안정되고 풍성하고 항상 새로운 삶으로 가야 하는 것이다.

지금까지 살아오는 동안, 나는 오래오래 영혼을 바라볼 때보다 더 좋은 시간은 결코 없었다고 확신한다. 영혼은 하나님이 한 인간을 가장 친밀하게 만나사, 말 없는 언어로 말씀하시며 현실을 깨닫는 힘을 주시는 곳이다.

영혼이라는 단어는 각양 각색의 사람들이 다 사용하는 것 같다. 사회학자, 철학자, 신학자, 예술가 그리고 나 같은 평범한 설교가 등등 직업을 떠나 영혼이라는 단어를 사용하는 사람들은 수도 없이 많다. 작가 트레이시 키더(Tracy Kidder)까지도 「새로운 기계의 영혼」(The Soul of a New Machine)이라는 명저의 제목에 이 단어를 사용했다. 나는 며칠 전 보스턴 시내를 산책하다가 고가(高價) 점포들로 이루어진 화려한 쇼핑 아케이드에 관한 광고 포스터 하나를 보았다. 포스터에는 그 상점가를 선전하는 다음과 같은 요란스런 문구가 적혀 있었다. '우리는 보스턴의 영혼입니다.' 그리고 록 음악 코너에서는 '당신의 영혼을 위한 음악'을 선전하고 있었다.

이것은 말할 것도 없이 단어 남용이다. 이들은 우리로 하여금 영혼이란 개개인 안에 있는, 하나님이 지으신 독특하고 영원한 그 무엇—자아—이라는 사실을 깨닫지 못하게 하고 있다. 영혼의 이러한 독특성 때문에, 영혼의 소재를 파악하고(몇 세기 전에 과학자들은 죽기 전과 죽은 직후의 육체의 무게를 잼으로써 영혼의 무게를 알아보려고도 했다), 그 존재를 증명하며, 영혼의 기능을 정확히 규정하려는 과학적인 시도들은 수차례 무산되었다. 그들은 해내지 못했다. 그러나 그것이 나에게는 하나도 걱정거리가 되지 않는다.

사람들 앞에서 영혼에 관한 이야기를 할 때면, 내 두 손은 마치 주제의 깊이를 극적으로 표현하기라도 하듯이 본능적으로 복부 쪽으로 향한다. 나는 영혼이 머리 속에 있다고는 생각하지 않는다. 그렇다고 영혼을 흉부 내의 심장과 연결시키지도 않는다. 나는 영혼이 모든 의식적 사고의 바로 밑 혹은—누군가가 말한 것처럼—지성의 문 바로 밑에 있는 그 어떤 것이라고 생각하는 것으로 만족한다.

바로 이것이다. 이 영혼, 그리고 어떻게 해서 그것이 하나님이 인생을 가장 극적으로 축복하시는 곳이 되는가가 바로 내가 쓰고 싶은 바다. 몸의 한계와 육체적 죽음 너머에 존재하는, 한 인간의 '내면 세계'의 낯선 부분! 하나님의 임재로 가득 채워질 수 있고 찬양의 음계가 터져 나올 수 있고 ('찬양하라 내 영혼아!'라는 시편 기자의 고백처럼), 무서울 정도로 공허감을 느낄 수도 있고 엄청난 에너지의 출처가 될 수도 있는 이 신비의 실체!

앞에서도 말했듯이 나는 전율, 공허감, 에너지와 같은 감정들에 익숙하다. 그리고 이따금씩 다른 사람들도 이런 단어를 말하는 것을 듣는다. 나는 또한 많은 사람들이 영혼과는 아무 상관없는 삶을 살려 하고 있음도 알고 있다. 영혼 없는 삶이란 게 과연 가능할까?

외관상으로 보면, 인간은 영혼과 아무런 연관이 없어도 평생을 살아갈 수 있는 것 같다. 어떤 이들은 음식, 즐거움, 스트레스 해소, 정신력, 외부의 지원 등만 충분하면 영혼에 대해 아무런 신경도 쓰지 않고 평생을 살아갈 수 있다. 하지만 그렇게 살아도 아무 문제가 없다는 의미는 아니다. 예수님은 그런 삶이 가능하다고 믿었던 한 사람의 이야기를 들려주시는데, 그 사람은 인생을 마감하는 날 다음과 같은 하나님의 음성을 듣게 된다. "오늘 밤에 네 영혼을 도로 찾으리니." 저런!

많은 사람들은 영혼이란 무엇인가, 영혼은 인간의 지성 및 다른 부분들과 어떻게 다른가, 영혼은 언제 태어나는가, 영혼은 영원히 사는 것인가 등등 영혼에 대해 이런 저런 견해를 갖고 있다. 나는 여러분이 내가 **영혼**이라는 단어를 사용함으로써 의미하고자 하는 바가 무엇인지 알기 바란다.

- 나는 영혼의 존재는 산모가 잉태하는 바로 그 순간 시작된다고 믿는다. 이것은 육체적 접촉의 결과가 아니라, 하나님이 인격적인 방식으로 일어나게 하시는 사건이다. 하나님은 우리 안에 영혼의 생명을 불어넣어 주신다.
- 나는 한 번 창조된 영혼은 결코 죽거나 그 실체를 잃어버리는 일이 없다고 믿는다. 우리에게는 점점 늙어 가다가 죽음으로 끝나는 부분이 있지만 영혼의 존재는 죽음을 넘어선다.
- 나는 영혼이 삶에 활력을 주는 에너지, 길잡이, 확신, 창조주와의 연합 등의 근원으로 지음받았다고 믿는다. 영혼이 이런 것이 못 되는 이유는 인류의 맨 처음 세대로부터 우리에게 전해 내려온 죄와 악의 결과다. 간단히 말해 영혼이란 지금껏 인식되어 온 바와는 사뭇 다르다.
- 나는 영혼은 한계가 없는 것이라 믿는다. 영혼은 인간 내면의 한 공간이되

한계 없는 외계 공간과 비슷한 것이다. 불행히도 이 무한한 내면의 공간은 악에 물들어 오염되고 말았다. 최초의 의도를 조금이라도 성취하려 한다면 영혼을 깨끗이 씻고 방향을 맞춘 다음 '다시 차야' 한다.

- 나는 영혼이 하나님의 처소로 지음받았다고 믿는다. 그리고 다시 그렇게 될 수 있다. 단 거기에는 노력이 뒤따른다.
- 나는 인간이란 영혼이 없는 것처럼 살 수도 있다고 믿는다. 즉 평생을 살면서 단 한 번도 영혼의 존재를 인식하지 않을 수도 있는 것이다. 그 정도가 되면 이미 그는 속이 텅 빈 인간이라고 할 수 있다.
- 그리스도를 따르는 자로서 나는 예수님이 영혼을 구속하기 위해 죽으셨다고 믿으며, 이 구속 사역의 효력은 삶을 좀더 높은 수준으로 끌어올리는 데 있다고 믿는다.

끝으로, 나는 하나님이 의도하신 삶은 영혼으로 사는 삶을 통해 나타난다고 믿는다. 영혼으로 산다는 것은 창조주를 가까이 하는 것이고, 영원한 시각을 가지는 것이며, 불안정한 시기에도 최대한 온전히 사는 것이다.

이 책은 영혼으로 살기를 원하는 이들 즉 자기 내면의 가장 깊은 부분과 만나고 싶은 이들 그리고 하나님의 생명의 임재를 경험하려는 이들을 위해 쓰인 것이다.

이 책은 나일즈(D. T. Niles)의 말을 빌리자면, 다른 거지들에게 빵이 있는 곳을 말해 주고 싶어 하는 또 한 사람의 거지가 쓴 것이다.

나는 「하나님이 축복하시는 삶」을 우선 비유 하나로 시작한 다음, 그 비유의 바탕이 된 현실 속 이야기로 이어가고자 한다. 비유로 출발해서, 나처럼 이런 문제로 고민한 적이 있는 내가 아는 한두 사람의 이야기로 넘어

갈 것이다. 또한 비유로 출발해서, 인간이 어떻게 자신의 삶을 '축복받을 만한' 삶이 되게 할 수 있는지에 대한 전반적인 개념으로 넘어갈 것이다.

시작은 좋았으나 비참하게 끝난 이야기

페르소나 호(號)

옛날에 어떤 바보가 배를 하나 지었다. 그는 여태껏 자기가 회원으로 있는 보트 클럽에서 가장 웅장하고 가장 화젯거리가 될 만한 배를 짓고 싶었다. 그래서 그는 비용이나 노력을 조금도 아끼지 않으리라 마음먹었다.

그가 나중에 바보로 알려지게 된 것은, 그의 배 짓는 능력과도 열심히 일한 작업 역량과도 아무런 상관이 없었다. 그의 성격과도 상관없었다. 왜냐하면 그는 누구나 인정하는 더없이 상냥한 사람이었기 때문이다. 정말 그런 것들과는 아무런 상관이 없었다! 그가 바보로 불리게 된 것은 순전히, 처음에는 아무도 감지할 수 없었던, 인간으로서의 그의 자질─보이지 않는 자질이라고 말할 사람도 있을 것이다─때문이었다.

그 바보는 배에 화려한 돛과 복잡한 삭구(배의 로프나 쇠사슬 따위를 총칭하는 말─역주)를 달고 선실에도 안락한 설비와 편의 시설을 갖추었다. 갑판은 아름다운 티크 목재로 만들고 부속품류는 일체 광택 나는 놋쇠로 만들었다. 그리고 선미에는 상당히 멀리에서도 보일 수 있도록 페르소나(*Persona*: 라틴어로 '배우의 가면'을 뜻하는 말─역주) 호라는 배 이름을 황금색 페인트로 칠했다.

페르소나 호를 지으며 그 바보는 자신이 만든 새 배를 진수시킬 때 클럽 회원들이 터트릴 탄성과 갈채에 대한 상상을 떨칠 수가 없었다. 사실 그는 머잖아 듣게 될 칭찬을 생각하면 할수록, 무리를 매혹시켜 흥분을 더하게 해줄 배의 외양에 더 많은 시간과 관심을 쏟아부었다.

페르소나 호의 밑바닥을 볼 사람은 아무도 없겠기에—얼른 듣기에는 그럴듯하다—그는 배의 용골(龍骨)은 물론이고 한걸음 더 나아가 무게나 밸러스트(배에 적재한 짐이 적을 때 안전을 위해 바닥에 싣는 돌이나 모래—역주)의 적절한 분산 문제와 관련된 사항에 대해서도 거의 신경 쓰지 않았다. 노련한 항해사들이 듣는다면 질겁하겠지만, 우리는 이 사람이 배의 항해 적합성이 아니라 무리의 시선을 염두에 두고 있다는 사실을 잊지 말아야 한다. 배가 선창에 정박해 있는 한 항해 적합성은 중요한 문제가 아닌 듯했다.

시간과 자원을 어디에 우선적으로 투자할 것인가를 가리는 경우가 여러 차례 있었는데 그날도 그런 일을 하면서 그는 이렇게 혼잣말을 했다. "아무도 안 보는 곳에 돈이나 시간을 들여야 할 이유가 뭐야? 클럽에서 사람들이 나누는 대화를 잘 들어 보면, 칭찬이라곤 오직 눈에 보이는 것들에 대한 것뿐이라구. 배 밑창에 대해 감탄하는 사람은 한 번도 본 적이 없어. 그보다는 돛의 색깔이나 모양, 놋쇠 부속품, 선실과 편의 시설, 갑판과 목재의 감촉, 일요일 오후 보트 경주에서 이길 수 있는 속도와 기술 따위에 열을 내고 있다는 걸 나는 알고 있지."

바보는 그런 생각에 푹 빠져서 배를 지었다. 사람들 눈에 띌 부분들은 한 군데도 흠잡을 데 없이 번쩍번쩍 빛나게 했다. 그러나 사람들 눈에 보이지 않을 부분들은 대충 무시하고 넘어갔다. 사람들은 그런 건 눈여겨보지 않는 것 같았다. 혹시 본다 하더라도 그런 것에 대해서는 아무런 말들이 없었다.

그의 짐작은 정확했다. 보트 클럽 사람들은 돛이며 삭구며 갑판이며 놋쇠며 특등 선실 등을 감식, 평가했다. 그들은 본 것마다 칭찬했다. 클럽 역사상 가장 웅장한 배를 지은 수고를 인정받아 언젠가는 회장으로 선출될 거라는 이야기도 간간이 들렸다. 이것은 그가, 자신의 결정이 옳았으며 자기가 보트 클럽에서 성공을 향한 정코스를 밟고 있다는 확신을 갖는 데 적지 않은 영향을 미쳤다.

보트의 처녀 항해일이 이르자 클럽 사람들은 그와 함께 선창으로 나왔다. 뱃머리 위로 샴페인 한 병을 터트린 후 드디어 출범 시간이 되었다. 미풍이 돛을 감싸며 페르소나 호를 정박지로부터 밀어내는 순간 조종 장치 앞에 선 그의 귀에는 지난 수년 동안 고대해 왔던 바로 그 소리가 들려왔다. "지금까지 우리 클럽에서 이보다 더 웅장한 배는 없었어. 저 친구 덕분에 우리까지 요트계의 화제가 되겠는걸." 서로 이런 말을 주고받으며 그를 부러워하는 감탄꾼들의 갈채와 덕담이 들려왔던 것이다. 몇몇 선주들은 아예 방파제를 벗어나 바다로 들어서면서 그의 배 양옆에 장관의 선대(船隊)를 이루며 같이 항해에 나섰다.

이내 아름다운 페르소나 호는 수평선 위를 명멸하는 작은 점에 지나지 않게 되었다. 배가 큰 물결을 가르며 나가자 그는 보란 듯이 오만한 기분에 젖어 배의 키를 힘껏 쥐었다. 이 순간만큼은 전혀 바보로 보이지 않았다. 얼마나 놀라운 일을 해낸 것인가! 그는 보트, 보트 클럽 회원(어쩌면 회장)으로서의 자신의 미래, 그리고 심지어는 바다(자신감으로 충만할 때라면 안 될 이유가 뭐 있겠는가?)까지 그 모든 것이 자신의 통제 아래 있다는 억누를 수 없는 자신감에 사로잡혔다.

그러나 먼 바다로 몇십 킬로미터 더 나가자 폭풍이 일었다. 태풍까지는 아니었지만, 그렇다고 잠깐 부는 돌풍도 아니었다. 40노트가 넘는 급한 광풍이 불어치는데다 파도 높이도 4미터가 넘었다. 페르소나 호는 흔들리기 시작했고 양옆으로 물살이 들이쳤다. 불상사들이 일어나기 시작하면서 '선장'의 자세에도 동요가 일어났다. 바다는 조금도 그의 것이 아니었던 모양이다.

다른 회원들한테 연락을 취하면 되지 않겠는가? 갈채를 보내고 손을 흔들고 정박지에서부터 그의 양편에서 항해해 오는 그 사람들이 있지 않은가? 그는 그들을 찾아 둘러보았다. 그러나 아무도 보이지 않았다. 항해 초기에 옆에 있던 배들은 이미 오래 전에 되돌아간 뒤였다. 그가 너무 자기 생각에 빠져 있느라 그걸 몰랐을 뿐이었다. 뿐만 아니라, 다른 선장들은 폭풍 구름을 보는 순간 그 정체를 미리 알아차린 것이었다.

채 몇 분도 안 되어 페르소나 호의 화려한 돛들은 찢겨 나갔고, 당당하던 돛대는 산산조각이 났으며, 삭구는 봐 줄 수 없을 정도로 온 선미를 뒤덮고 있었다. 티크 목재로 만든 갑판과 사치스레 꾸며 놓은 선실에도 물이 차오르고 있었다. 그때 그 바보가 미처 자신을 챙길 겨를도 없이, 이제껏 보아 온 파도와는 비교도 할 수 없을 만큼 큰 파도가 페르소나 호를 세차게 내려치는가 싶더니 그만 배가 뒤집히고 말았다.

자, 이것이 중요하다! 대부분의 배라면 그런 강타를 당한 뒤에 다시 제 위치로 돌아갔겠지만 페르소나 호는 그러지 못했다. 그 이유는 무엇일까? 이 한심한 바보가 배를 지을 때 수면 아랫부분을 무시했기 때문이다. 그쪽엔 무게가 전혀 없었다. 잘 설계된 용골과 적당량의 밸러스트만 있어도 배를 살려 낼 수 있었으련만 그런 거라곤 어디에서도 찾아볼 수 없었다. 이 바보는 배의 외관만 생각했지 폭풍을 견뎌 낼 수 있는, 보이지 않는 부위의 탄성과 안정성은 충분히 생각하지 못했던 것이다.

뿐만 아니라 바보는 자신의 항해 능력에 자신만만했기 때문에 자기가 감당할 수 없는 상황이 벌어질 가능성에 대해서는 전혀 생각해 보지도 않았다. 나중에 조사한 바에 따르면, 배에는 뗏목이나 구명 조끼, 비상용 라디오 같은 구조 장비가 전혀 없었다는 사실이 밝혀졌는데 이것만 봐도 그가 얼마나 자신만만했는지 알 수 있다. 조잡한 설계와 눈먼 교만이 한데 어울린 결과 그 바보는 해상에서 실종되고 말았다.

페르소나 호의 잔해가 물에 밀려와 해안에 떠오른 뒤에야 보트 클럽 회원들은 모든 것을 알아차렸다. "이것 좀 보게. 이 보트에는 제대로 된 용골이 없어. 그리고 수면 아래쪽보다 위쪽이 무게가 훨씬 많이 나가는군."

할 말은 더 있었다! "이런 보트를 설계하여 짓는 건 바보나 하는 짓일세. 타고 나가는 건 더 말할 것도 없고 수면 윗쪽만 지었다는 건 실은 보트를 절반도 못 지었다는 사실을 모르고 있다는 거야. 그 사람은 바다가 위험하다는 걸 몰랐단 말인가? 폭풍을 염두에 두지 않고 지은 배는 언제 일어날지 모르는 떠다니는 재해(災害)라는 사실도 모르고 있었단 말인가? 그 사람에게 그렇게 열광적으로 박수를 쳐 주었다니 우리 또한 얼마나 어리석었던가!"

남녀 노인 네다섯 명이 한쪽에 멀찍이 있다가 이런 이야기를 듣고는 서로 조용히 말을 주고받는다. "그 바보가 페르소나 호를 짓고 있을 때만 해도 저렇게 말하는 사람을 아무도 본 적이 없어. 배가 파선하고 사람이 온데간데없이 사라지고 난 뒤에야 저런 말을 하는 게 무슨 소용이 있담?"

그 바보는 영영 발견되지 않았다. 지금도 사람들이 가끔 그 바보 이야기를 할 때면, 나오는 이야기라고는 그의 성공이나 보트의 아름다움에 대한 것보다는 오직 폭풍이 급하고 사나울 때 바다로 나간—그것도 오로지 자기의 허영심과 보는 이들의 칭찬만을 위해 지은 보트를 타고 나간—그 우매함에 대한 것뿐이다. 이름이 이미 잊혀진 지 오래인 이 페르소나 호의 주인은 바로 이런 대화로 사람들의 입에 오르내리는 동안 그냥 바보로 통하게 되었다.

깨달음을 소중히 여기는 사람은 이렇게 물을 것이다. "이 이야기의 의미는 무엇인가?" 그리고 곧 그 질문에 대한 답을 찾을 것이다. 그러나 통찰력에 별로 개의치 않는 사람은 이 이야기를 잊어버릴 것이고 대개는 자기도 바보가 지은 페르소나 호와 비슷한 뭔가를 지을 것이다.

그리하여 이 이야기는 얼마든지 다른 방식으로 재생되어 오늘도 개작을 거듭하고 있다.

옛날에 어떤 바보가 집을 하나 지었다….
옛날에 어떤 바보가 직업을 하나 지었다….
옛날에 어떤 바보가 결혼을 하나 지었다….
옛날에 어떤 바보가 인생을 하나 지었다….

1. 해상(海上) 실종
영혼이 '가벼울' 때는 어떤 일이 닥칠지 모른다

언제 어디서나
약한 자에게는 힘을, 가난한 자에게는 물질을,
고통당하는 자에게는 온정을 베풀며
하나님께 마음을 바쳤던 사람.
―찰스 조지 고든(Charles George Gordon) 소장, 런던 세인트 폴 대성당에 있는 비문

1992년 가을, 미국의 유명한 요트 항해가 마이클 플랜트(Michael Plant)는 미국에서 프랑스까지 북대서양 단독 횡단에 나섰다. 그러나 항해 두 주 만에 일이 틀어져, 플랜트와 그 요트는 해상에서 실종되고 말았다.

플랜트가 항해 준비를 마쳤을 때 친구와 가족들은 선창에 모여 대대적인 작별 인사를 나누었다. 그 누구도 불안을 느끼지 않았다. 이미 한 번 이상 단독으로 세계 일주 항해를 한 사람, 그 전문가에게 작별의 손을 흔들고 있었기 때문이다. 마이클 플랜트는 항해 분야에서, 그에 필적할 만한 항해 기술을 보유한 요트 항해가는 없으리라는 찬사를 받고 있었다.

플랜트는 프랑스의 레사블레 돌론(Les Sables-d'Olonne)을 목적지로 삼았다. 그의 중형 요트 코요테 호는 사람들의 말대로 최첨단 기술로 만들어진 것이었다. 선체의 디자인, 제작에 사용된 재료, 편의 시설 등을 포함하여

모든 장비가 현대 항해 지식의 전형 그대로였다.

거기다 플랜트는 비상시에 사용할 수 있는 최신형 406메가헤르츠 규모의 소재 표시용 무전기 에퍕(Epirb)을 구입했다. 이 무전기는 문제가 발생했을 때, 인공 위성으로 메시지를 전송해 준다. 그래서 에퍕 무전으로 네 번 연속 짧은 신호를 울리면, 그것만으로도 지상 관제소에서는 송신자의 위치를 찾아내어 곧바로 구조를 시작할 수 있다.

플랜트가 돛을 펴고 유럽을 향해 바다에 나섰을 때, 그는 장기 항해에 필요한 모든 것—최고의 전문 지식, 경험 그리고 장비—을 갖춘 상태였다. 그러니 아무것도 잘못될 게 없다는, 플랜트와 친구들의 당당한 가정(假定)도 일리는 있는 것이었다.

그러나 뭔가 대단히 잘못되고 있었다. 항해를 시작한 지 11일 만에 마이클 플랜트와의 무전 연락이 끊어지고 말았던 것이다.

처음에는 무전 두절도 별 경보가 되지 못했다. 플랜트의 항해 노선에 몇 차례 심한 폭풍이 있으리라는 것은 이미 알려져 있던 터라, 모든 사람이 그가 날씨와 싸우는 데 열중한 나머지 본부 기지에 미처 연락을 취하지 못했을 것이라고 짐작했던 것이다. 또한 바다에 떠 있는 선박들, 해안 경비대, 비행기 등 어디에도 구조 요청 신호나 조난 신호가 들어오지 않았다. 사람들은 무소식이 곧 희소식이라고 생각했다. 그래서 바다가 잠잠해지고 플랜트가 평정을 되찾으면 코요테 호로부터 금방 '이상 무'라는 메시지가 들려오리라고 너무나 당연하게 생각하고 있었다.

그러나 코요테 호의 무전 두절이 며칠 동안 계속되자 친구와 가족들의 자신감은 사라지고, 대신 불안이 찾아들기 시작했다. 마이클 플랜트가 아무리 독립 정신이 강한 사람이라지만 이렇게 오랫동안 연락을 안 한다는 것은, 상식에서 벗어나는 일로 뭔가 잘못되어 있음을 암시했기 때문이다. 결국 사람들은 마지못해 문제가 발생했다는 결론을 내리게 되었다.

드디어 수색이 시작되었다. 대서양을 횡단하는 비행기 조종사들에게 긴급 구조 요청 신호를 주의해 달라고 당부하는가 하면, 플랜트의 항해 노선 인근을 지나는 선박들에게는 경계령을 내렸다. 또한 여러 나라의 구조 비행기가 대서양 구석구석을 샅샅이 훑기 시작했다. 그러나 며칠이 지나도록 아무런 신호도, 관측도 들어오지 않았다.

그러던 중에 아무도 예상치 못했던 뉴스가 전해졌다. 아조레스 제도[포르투갈 앞바다에 있는 포르투갈령(領) 군도—역주] 북서쪽 720킬로미터 지점에서 어느 화물선 선원들에 의해, 코요테 호가 완전 전복되어 떠 있는 채로 발견되었던 것이다. 그러나 플랜트는 흔적조차 없었다.

플랜트가 요트와 함께 있지 않다는 사실은, 일부 사람들에게 어쩌면 그가 살아 있을지도 모른다는 희망을 품게 했다. 어쩌면 요트 선실에 비치해 두었던, 비상시에 부풀려 쓰는 뗏목을 타고 어딘가에서 표류하고 있는지도 모를 일이었다.

그러나 화물선 갑판으로 끌어올려진 코요테 호의 선실 안에서, 플랜트의 목숨을 구했어야 할 그 뗏목이 부풀다 만 상태로 발견되자, 그나마 그런 기대도 허물어지고 말았다. 모든 희망이 사라졌다. 플랜트는 실종되었던 것이다. 그에게 무슨 일이 생겼는지에 대해서는 아무런 단서도 없었고, 그것은 지금까지도 마찬가지다.

나중에 밝혀진 사실이지만, 항해 열하루째 되던 날 캐나다와 미국의 지상 관제소에는 에펍 무전의 조난 신호가 들어왔다고 한다. 그런데 위치 파악에 필요한 네 차례의 짧은 신호 대신 단지 세 번만 신호가 들어왔다는 것이다. 그래서 기술자들은 출처를 밝혀 낼 수 없다는 이유로, 이 짤막한 전신을 그냥 무시하기로 했다.

이해할 수 없는 점은 거기서 끝나지 않았다. 후에 당국에서는, 플랜트가 에펍 무전을 새로 설치하긴 했지만 컴퓨터가 조난 신호를 인지할 수 있도록 그 신호를 해안 경비대에 등록하지는 않았다는 사실을 밝혀 냈다. 우리로서는 험난한 항해를 수없이 거친 이 전문가께서 자신의 상황 대처 능력을 과신한 나머지, 신변 안전의 문제를 너무 사소하게 취급했다고 추측할 수밖에 없다.

코요테 호가 수중에서 전복된 상태로 발견되었다는 사실을, 요트를 조종해 본 사람이 듣는다면 누구나 다 깜짝 놀랄 것이다. 요트는 웬만해선 전복되지 않는다는 것이 통설이다. 바다가 그 어떤 심한 충격을 주더라도 견딜 수 있도록 지어지기 때문이다. 요트 조종자들은 요트야말로 모든 배 중에서 가장 자연에 가까운 것이라 단언하고 있다. 바람이나 파도가 측면을 세게 밀어 일시적으로 기우뚱거리게 하거나 아예 뒤집어 버린다 해도, 요트는 언제나 다시 제자리로 돌아오게 되어 있다는 것이다. 그렇다면 마이클 플랜트의 요트가 완전 전복되어 대서양을 떠다니는 채로 발견된 이유는 무엇인가? 그에 대한 해답은 금방 밝혀졌다.

나는 뱃사람은 아니지만 마이클 플랜트의 참사를 읽으면서 요트에 대해 어느 정도 알게 되었다. 내가 배운 바에 의하면, 요트가 꾸준히 제 코스를 유지하고 뒤집어지지 않으면서 엄청난 바람의 위력에 맞서기 위해서는, **반드시 수면 아래쪽이 위쪽보다 더 무거워야 한다**는 것이다. 이 중량 분산의 원리를 위반하면 곧바로 재난이 발생한다.

바로 이 점 때문에, 코요테 호도 약 4톤의 무게가 더 나가도록 용골을 매달아 만들었다. 이런 식으로 수면 아래쪽에 밸러스트를 두면 그만큼 안정성이 높아진다. 그러나 그 비율을 바꾸면, 즉 수면 아래쪽보다 위쪽이 더 무거우면 거센 바람이나 파도가 한 번만 닥쳐와도 심각한 문제를 일으키게 된다.

그 배가 바로 그랬다! 그것 말고도 의문점은 더 있었다. 이유나 과정은 베일에 싸여 있지만, 수면 아래쪽의 4톤이나 되는 무게가 용골에서 떨어져 나갔던 것이다. 코요테 호가 잠수함이나 해양의 암석 부스러기 같은 수중 물체에 부딪혔던 것일까? 배를 짓는 과정에 결함이 있었던 것일까? 답은 알 수 없다. 지금 이 글을 쓰고 있는 순간에도 이 문제에 대한 심리가 계속되고 있다.

4톤의 무게가 감쪽같이 없어져 버렸다. 그러자 요트는 안정을 잃고 말았다. 거대한 물결이나 바람이 한 번만 몰려와도 치명타가 될 수 있었다. 그것이 현실로 나타났을 때, 너무나 순식간에 일어난 일이라 마이클 플랜트도 긴급 구조 요청 신호를 보낼 겨를이 없었는지 모른다.

안정성을 지켜 줄 수면 아래쪽의 무게가 없었다. 비상 무전도 작동하지 않았다. 대책을 세울 시간도 없었다. 그 결과, 매우 유능하고 경험 많고 찬사를 한몸에 받던 사람이 해상에서 실종되고 말았다.

어느 부부가 나를 찾아왔다. 둘 다 미국에서 명문으로 꼽는 대학을 나왔다. 남편은 어느 정도 아내의 내조에 힘입어 대학원 학위 과정을 계속 밟은 다음, 전망 좋은 직종에 뛰어들어 남다른 성공을 거두었다. 본인들의 이야기에 따르면, 남편의 수입은 해마다 쭉쭉 올라갔다. 이들은 이미 멋진 집을 두 채나 장만했다. 하나는 주중에 생활하는 도심의 콘도이고, 또 하나는 주말을 보내기 위한 전원 주택이다. 눈이 부실 만큼 비싼 자동차를 타고, 이들은 이 두 집을 오간다. 눈여겨봐야 할 중요한 사실은 이들의 성공이 쉽게 이루어진 게 아니라는 것이다.

이들은 둘 다 열심히 일했다. 그들이 그 동안 노력한 정도는 내가 만난 그 누구보다 대단한 것이었다. 그러나 이제 아내가 남편의 생활에서 몇 가지 은밀한 행동을 발견하게 됨에 따라, 이들의 부부 관계에는 위기가 찾아왔다. 그의 비밀 행위는 그의 직업적·지적 명망에 전혀 어울리지 않는 것이었다. 그들이 나에게 털어놓은 이야기를 여기에서 굳이 세세히 밝힐 필요는 없다고 생각한다. 단지, 그토록 놀라운 성공을 이룬 사람에게 그런 일들은 전혀 어울리지 않는다는 점만 이야기하면 된다. 말할 것도 없이, 남편의 그런 행동은 부부 생활과 가정 생활의 스타일에 대한 기대 및 서약을 깨뜨리는 것이다.

그 문제로 아내의 지적을 받은 남편은 모욕감을 느꼈다. 그는 자신의 행동을 속 시원히 설명할 수 없음을 시인했다. 그가 아는 것이라고는 어느 날 갑자기, 직업상의 성공, 동료들의 추켜세움, 거대한 부의 축적, 아이를 둔 가장으로서의 가정 생활이 보이는 외관상의 행복 등이 내면에 고조되기 시작한 이상하게 떨리는 불안을 잠재우기에 충분치 않게 느껴졌다는 것뿐이다.

지금껏 일해 온 모든 것이 순식간에 모두 덫처럼 느껴졌다. 더 이상 그런 삶이 즐겁지 않으면서도 그런 게 없이는 살 수 없다는 것도 알고 있었다. 그래서 자기도 모르는 사이에 그는, 푹 빠질 수 있는 자기만의 작은 세상을 만들게 되었다. 자기가 그런 일을 한 것을 수치스럽게 느끼고는 있지만 자신도 그 이유를 모른다.

두 사람과 몇 차례 더 이야기를 나눈 후, 나는 남편과만 매주 한 번씩 계속 만났다. 심리학자는 아니지만, 나는 내 질문에 대한 답으로 그가 털어놓기 시작한 이야기에 마음이 끌렸다. 그는 부모의 심한 욕설을 들으며 자라난 어린 시절 이야기를 들려주었다. 나쁜 짓을 할 때마다 그는 부모한테서 항상, 쓸모없고 게을러 집안 망신이나 시키는 아이라는 말을 들어야 했다. 학교 생활을 기억해 보라고 했더니 성적이 거의 다 낙제였다고 했으며, 과거를 떠올려 보았자 거리에서 저지른 비행뿐이었다.

그러던 중 십대 초반의 어느 날, 그는 자기가 살던 마을이 내려다보이는 언덕에 올라 자신의 삶과 그 잘못 들어선 듯한 방향에 대해 생각해 보았다고 한다. 그 언덕 위에서 그는 번뜩이는 통찰을 경험하며, 다음과 같이 스스로에게 다짐하기에 이르렀다.

이 모든 곤경을 딛고 일어나리라. 뭔가 아주 기막히게 멋지고 근사한 일을 이루어, 부모와 친구들이 나의 화려한 집에 초청받고 싶어 애원하는 날이 오게 하리라. 아리따운 아내와 함께, 가능하면 하인들도 부리고 기사가 딸린 리무진도 굴리고 최고의 클럽들에 가입하며 살리라.

언덕 위에서 그는 부모가 자기에게 욕했던 것을 사과하는 모습이며 또 자기로 인해 자부심을 느끼게 되었다고 말하는 모습을 상상해 보았다. 이웃들에 대해서도 상상해 보았다. 이 문제아를 알던 사람들은 그에 대한 기억과 그가 이룬 성공을 두고 말하게 될 것이다. 그들은 줄을 서서 그의 도움을 청하게 될 것이다.

언덕 위의 비전, 그것은 정말 놀라운 꿈이었다. 이것을 두고 일종의 회심 체험이라 말할 사람도 있을 것이다. 그리고 그것은 그로 하여금 향후 20년 동안 대학원을 거치고 직업에 몸담는 어려운 시기에도 계속 달려가게 하기에 충분한 에너지가 되었다. 언덕 위의 경험이 있은 지 얼마 되지도 않아 성적은 낙제에서 '우수'로 올랐다. 게으름은 근면함이 되었고, 양보를 모르던 모습에서 어디 하나 나무랄 데 없는 모습으로 바뀌었다.

그 언덕 위의 비전은 현실이 되었다. 그는 곧 정말로 대학원에 갔고 장학금을 받았다. 이어 명망이 따랐고, 또 자신을 알아주는 아주 유능한 아내를 얻었다. 기회와 연줄 그리고 성공으로 점철된 성인 초기의 출세 가도는 고향집 언덕 위에서 경험했던 한없이 무모한 공상들조차 훨씬 뛰어넘는 것이었다. 과연 부모와 이웃들은 그의 업적을 칭찬했다. 예상대로 그들은 그의 어린 시절 및 그가 이룬 큰 성공에 대해—대개는 농담조로—이야기했다. 그리고 도움을 청했다.

그렇다면 한결 철이 들어야 할 나이에, 마음에 원인 모를 유혹 및 행실을 조장하는 묘한 불안이 찾아오는 이유는 도대체 무엇이란 말인가? 어떻게 그로 하여금 현실 생활에서 한 걸음 물러서서, 지금껏 자신이 거쳐 온 삶의 자취를 돌아보게 할 수 있을까? 앞에서 인용한 뱃사람의 비유가 여기에 적합할까? 이 비유를 통해, 그는 자신이 가고 있는 방향을 재평가하는 데 필요한 사고를 할 수 있을까? 나는 그렇다고 생각한다.

어느 날 둘이 함께 있는 자리에서, 마이클 플랜트가 대서양에서 목숨을 잃은 이야기를 그에게 들려준 것도 바로 그런 이유에서였다. 자신의 고민에 대해 진지하게 이야기하고 있는데, 어쩌자고 내가 바다 이야기로 맥을 끊는가 싶어 처음에는 그도 얼떨떨해 하는 눈치였다. 그러나 나는 수면 아래쪽의 무게에 대한 이야기를 끄집어냈다. 플랜트의 배가 수면 아래쪽의 무게를 잃었을 때의 상황과 지금 그 자신의 상황 사이에 비슷한 점은 없는지 물었다.

자신이 오랜 세월 동안 인생의 삭구와 돛과 돛대를 짓기만 해 왔는지도 모른다는 인식에 이르자 그는 깊은 생각에 잠겨 고개를 끄덕였다. 멋진 삶을 즐기고 그것으로 사람들의 칭송을 받는 것, 그게 전부였다. 그러나 그 표면 아래쪽에는 거의 아무것도 없었다! 내면의 깊은 곳은 텅 비어 있었던 것이다. 대화하기 시작해서 처음으로 우리는 인생의 가장 신비로운 차원 중 하나인 영혼—만족스럽게 정의내리려는 철학자들과 신학자들의 야심 찬 노력을 거부하는 내면의 '장소'—에 대한 이야기를 시작할 수 있게 되었다.

영혼이야말로 인간의 수면 아래쪽에 있는 장소라고 나는 그에게 말했다. 대서양(또는 갈릴리 호수)에서 인생의 폭풍이 일기까지 사람들은 영혼을 곧잘 무시한다. 영혼이라는 층에 무게가 없다면 생존은 보장되기 어렵건만.

우리는 과거로 거슬러 올라가, 불우한 어린 시절을 딛고 올라섬으로써 생겨난 에너지와 그 에너지가 직업과 부와 평판을 쌓는 쪽으로 전환된 경위에 대해 다시 이야기했다. 그리고 우리는 이 모든 광적인 세움이—그 바보의 경우와 마찬가지로—수면 위쪽에서 이루어진 것이라는 결론을 내렸다. 찬탄을 자아내고 부러움을 사기 위하여! 그러나 그러한 삶도 폭풍이 없는 동안에나 괜찮은 것일 뿐이다.

하지만 이제 폭풍은 찾아왔다. 그것도 아주 이상한 방법으로 말이다.

"당신을 위해 한 가지 생각한 게 있습니다." 나는 어느 날 그 사람에게 이렇게 말했다. "그날 언덕에 올랐던 그 쓸모없는 아이를 한번 떠올려 보십시오. 새로운 목적을 갖고 언덕을 내려올 때 당신은 정말로 그 초라한 아이—호된 취급을 받으며, 하는 일마다 문제투성이라 느끼며, 분노와 상처를 안고서 자신의 가치를 증명해 보이고 싶었던—를 뒷전에 버렸다고 생각하셨습니까? 당신은 정말로 간단히 그 아이에게서 벗어날 수 있다고 생각하셨습니까?"

그는 머리를 크게 끄덕이는 걸로 대답을 대신했다. 그는 마침내 대답했다. "네." 그는 그 볼품없고 허물투성이인 아이를 언덕 위에 버릴 수 있다고 생각한 것이다. 그렇다면 그 아이는 거기 버려지지 않았단 말인가? 언덕 아래로 내려온 사람은 전혀 딴 사람이 아니었단 말인가? 출세와 직업상의 명망과 집과 차들과 멋진 가정이 그걸 입증하고 있지 않은가?

"정말 그렇다면 25년이 지난 지금, 우리가 여기서 아주 비밀스럽고 어리석은 행동에 대한 이야기를 하고 있는 이유는 무엇입니까?" 하고 나는 물었다.

"한때의 나로부터 도망쳐서는 줄곧 수면 위쪽에서만 서 있었기 때문인 것 같습니다."

2. 폭풍은 찾아온다

영혼이 시험받는 힘겨운 순간들은 떠오르는 해만큼이나 확실하다

우리에게 가장 큰 영향을 미치는 사람들은
우리를 붙들고 장황한 이야기를 늘어놓는 사람이 아니라,
자신의 삶을 하늘의 별처럼, 들의 백합처럼
순전하고 담백하며 소박하게 산 사람들이다.
이런 삶이 우리를 빚는 것이다.
-오스왈드 챔버스(Oswald Chambers)

본래 바다 사람이 아닌지라, 나는 요트의 용골 및 수면 하단의 적절한 중량 분산의 중요성에 관하여 지금 알고 있는 모든 것을 마이클 플랜트의 이야기를 통해 배웠다. 그의 이야기는 이전에 다른 통로들을 통해 들었던 내용을 더욱 분명히 해주기도 했다. 경험 많은 뱃사람들은 아무리 좋은 배를 가지고 있다고 해도 결코 바다를 만만하게 보지 않는다. 바다 멀리 나가면 당연히 늘 폭풍이 일 것이라고 생각하기 때문이다. 그리고 늘 최악의 사태를 염두에 둔다.

실생활 속에서도 폭풍은 과연 찾아온다. 이 사실을 모르는 듯한, 또는 그런 진실에 부딪히기를 조금도 원하지 않는 듯한 신세대들이 우리네 세상 속으로 들어오고 있는 건 사실이지만 그럼에도 불구하고 폭풍은 찾아온다. 이들은 어디선가 인생이란 고통 없이, 고민 없이, 불편 없이 살아야

된다고 배운—물론 서구 사회에 살고 있는—세대들이다.

"우리 세대는 모두 해마다 월급이 오르는 좋은 직장, 끝이 없는 출세 가도, 권태나 난관이 전혀 없는 결혼 생활을 누리고 육체적 질병과는 무관하리라는 가정하에 성인기에 들어섰다는 사실을 이해하셔야 됩니다. 내 나이 지금 마흔둘입니다. 그런데 직장에서 쫓겨난 친구도 있고, 결혼 생활이 아주 비참한 친구도 있고, 궤양이나 심장 발작으로 고생하는 친구도 있습니다. 하지만 우리 가운데 이 모든 일을 어떻게 극복해야 할지 아는 사람이라곤 거의 없습니다. 그저 깊은 우울에 빠져 있을 뿐입니다."

이것은 매사추세츠 주 렉싱턴에 있는 프렌들리(Friendly)라는 식당에서 아침 식사를 하며 들은 말이다. 그곳은 내가 거의 매일 아침, 함께 아침을 먹기 위해 사람들을 만나는 곳 중 하나다. 앞의 말은 내가 무척 좋아하는 어느 40대 중년 남자 입에서 나온 말이다. 똑똑한 사람이자 그리스도를 따른다고 고백하며 자라난 사람이다. 그는 자신의 사적인 세계에 쌓인 환멸을 털어놓으며 사뭇 약한 부분을 드러냈다.

나는 그에게도 마이클 플랜트의 이야기를 해준 다음, 자동차 범퍼에 붙은 스티커나 운동복 상의에서 흔히 볼 수 있는, 약간 거슬리는 문구를 살짝 고쳐서 말했다. "폭풍은 찾아옵니다"(Storms happen: 저자가 말하는 거슬리는 문구란 'Shit happens'라는 같은 의미의 속어 표현으로 많이 쓰인다—역주). 나도 그랬지만, 당신 또한 해가 지날수록 폭풍이 더 많이 찾아오리라 예상해도 좋다고 말했다.

"앞으로 다가올 노년에 대해 별 격려가 되지 않는 말씀을 하시는군요." 그는 슬픈 웃음을 지으며 말했다.

"일전에는 우리가 주고받은 크리스마스 편지들에 관해 생각해 보았습니다." 나는 대답했다. "게일과 내가 20대 후반, 아니 40대 초반이었을 때만 해도 크리스마스만 되면, 친구들로부터 좋은 소식으로 넘치는 편지들을 받곤 했습니다. 친구들은 한해를 돌아보며 이렇게들 말하곤 했습니다. '나는 올해 세상에서 제일 멋진 남자와 결혼했어…', '지난 해에 앤과 나는 샌디에고로 이사해 아주 멋진 집을 샀다네. 정말 다행인 것은…', '우리 아이 타드가 자기네 리틀 리그(Little League: 미국의 소년 야구 리그—역주) 팀에서 타율도 제일 좋은데다…', '탐이 올해 아주 대대적인 승진을 했는데, 내 생각에는…', 당신도 이런 편지를 받지 않았나요?"

"예, 우리도 그런 편지를 받았습니다."

나는 계속해서 말했다. "하지만 게일과 나에게 깊은 인상을 주는 것은 바로 그들이 변해 가는 모습입니다."

"무슨 말씀이십니까?"

"우리는 지금 50대에 들어섰습니다. 지금 우리에게 오는 크리스마스 편지에는 이런 저런 소식들이 많이 섞여 있습니다. '이런 이야기할 기분은 아니지만 지난해에 앤과 나는 헤어졌다네…', '타드가 올해 대학을 그만뒀어. 11월에 결혼을 했거든. 개네 부부, 지금은 딸이 하나 있어…', '탐이 직장에서 해고된 뒤로 몇 달째 아주 힘든 시기를 보내고 있어. 이쪽 경제 사정이…' 내가 말하고자 하는 것은 전에는 좋은 소식만 있던 바로 그 사람들에게 지금은 안 좋은 소식이 더 많다는 겁니다. 빠를 수도 있고 늦을 수도 있지만, 거의 모든 사람이 언젠가는 폭풍의 시험을 받게 됩니다."

식탁의 맞은편에 앉아서 나와 아침 식사를 같이 하던 그 사람은 내 말을 기쁘게 받아들이지 않았다.

폭풍이 찾아올 때야말로 우리가 우리 존재의 아래쪽에 있는 것에 대해 더 많은 것을 배울 수 있는 가장 좋은 기회다. 한 가지 예외가 있다면, 우리의 존재를 상징하는 이 배가 물 없는 선착장으로 들어가 수면 아래 위가 완전히 노출되는 때에도, 폭풍우를 맞을 때보다 더 많이는 아닐지라도 그만큼은 배울 수 있다는 것이다. 그러나 여기에 대해서는 잠시 후에 더 이야기하기로 하자.

'수면 아래쪽의 문제'는 바다가 평온하고 순풍일 때는 그다지 중요해 보이지 않는다. 그래서 폭풍이 몰아치고 뭔가 재해가 발생한 후에야 우리는 이런 저런 질문들을 던지게 되는 것 같다. 왜 중량이 더 잘 분산되지 않았을까? 그 용골은 어떻게 된 것일까? 배를 설계한 사람이나 지은 사람은 어디서 실수를 한 것일까? 일단 배가 떴는데 왜 무전기가 작동하지도 않고 제대로 등록되어 있지도 않았던 것일까? 노련한 사람이 왜 최선의 준비도 없이 그 어려움이 예상되는 상황 속으로 배를 저어 갔을까?

빌 클린턴 대통령 행정부가 들어선 지 몇 달 안 된 어느 날 오후, 대통령의 막료로 지명된 바 있는 그의 절친한 친구 빈센트 포스터 2세(Vincent Foster Jr.)는 일찍이 백악관을 나와 포토맥 강변 도로의 한 휴게소에서 목숨을 끊었다. 클린튼 일가와 미국의 관료들은 충격에 휩싸였다. 일생을 함께 해 온 친구 곁에서 나란히 일하도록 백악관에까지 소환된, 출세의 정상에 이른 남자가 왜 그럴듯한 경고도 없이 자살했단 말인가?

이후 몇 주 동안 '수면 아래쪽의 질문들'이 언론을 타고 수도 없이 쏟아져 나왔다. 이 남자의 내면에 무슨 일이 일어나고 있었기에 목숨을 끊어야 할 만큼 깊은 절망에 빠진 것일까? 그와 가장 가까운 사람들은 그의 내면에 극심한 동요가 일고 있다는 것을 왜 진작 눈치채지 못했을까? 격무에 쫓기는 성취 지향의 워싱턴인 만큼, 분주한 나머지 수면 아래를 들여다보며 현실을 점검할 수 없었기 때문일까?

　나는 빈센트 포스터 2세에 관한 신문 기사를 찾을 수 있는 만큼 찾아서 열심히 읽었다. 그의 눈에서 고통의 눈빛을 읽어 낼 만큼 그와 가까웠던 사람 혹은 그의 음색을 듣고 고통의 신음을 가려낼 수 있을 정도로 분별력 있던 사람—누구든 단 한 사람이라도—의 진술을 계속해서 찾았다. 하지만 그런 사람이 있을 법도 하련만 그런 이야기는 전혀 없었다.

　에드워드 알링턴 로빈슨(Edward Arlington Robinson: 20세기 초반에 주로 활동하며 퓰리처 상을 세 번이나 수상한 미국의 시인—역주)이 빈센트 포스터 2세의 상황을 아주 잘 표현한 시가 하나 있다.

리처드 코리 씨가 시내로 내려올 때마다
거리를 지나던 사람들은 그를 보았네.
말쑥한 얼굴에 귀티를 풍기는 늘씬한 몸매,
그는 머리끝에서부터 발끝까지 신사였다네.

그는 언제나 점잖게 차려 입었고
말할 때는 항상 온정이 넘쳤네.
그의 아침 인사는 가슴을 뛰게 했고
그가 걷는 모습은 광채를 발했네.

그는 부자이다 못해 왕보다 부자였고
배운 바 모든 기품은 찬탄을 자아냈네.
우리는 그저 그가 '나도 저 사람이었으면' 하고

부러움을 살 만큼 모든 것을 다 갖춘 사람인 줄만 알았네.

그래서 우리도 일하며 빛을 기다렸네.
고기도 못 먹고 살면서 빵을 저주했지.
어느 고요한 여름밤 리처드 코리는
집에 돌아가 머리에 총알을 쏘았네.

수천 년을 지나는 동안, 인생의 수면 하단의 문제에 관심을 기울이는 것이 얼마나 중요한지에 대해, 마이클 플랜트 유형의 폭풍(기상상의 폭풍)이나 빈센트 포스터 유형의 폭풍(정신상의 폭풍)을 만나기 전에 미리 깨달은 사람들이 있었다.

때로 이런 사람들을 영적인 스승 혹은 내면 생활의 스승이라 부르는데, 이 말은 그들이 현실을 판단할 때 내면을 보는 일—자신의 인격의 깊이를 알아보는 일—을 소중히 여겼다는 뜻이다. 이들은 인생의 수면 하단이 오늘날까지도 전 우주에서 가장 탐험의 손길이 미치지 않은 공간으로 남아 있다는 것을 바로 분간해 냈다.

고대의 많은 지도 제작자들은 아직 인간의 답사가 이루어지지 않은 지역을 표시하기 위해 무서운 용 그림을 그리고 '이 너머엔 아무것도 없음' (*ne plus ultra*)이라는 말을 써 넣었다고 한다. 당황스럽지만 내게는 21세기의 문턱에 와 있는 지금도, 인간의 깊은 내면은 아직 상당 정도 미정복 영역으로 남아 있다는 생각이 든다.

영적인 스승들의 관심을 사로잡았던 이 내면의 공간은 흔히 영혼 또는 마음이라고 불린다. 이것은 모든 인간에게 있는 것으로서 물리적으로 위치를 파악하거나 측정할 수 없는 부분을 가리킨다. 거의 신비주의적인 개념이긴 하지만 나는 영혼이라는 이 내면의 공간이 우리가 인식하고 있는 외계 우주만큼이나 무한히 크다고 과감히 생각하고 싶다. 외계 우주를 광년 단위로 측정한다면 영혼의 크기는 영원 단위로 측정해야 할 것이다. 이것은 우리의 머리를 어지럽게 하고도 남을 만한 초시간적 측정이다.

어떤 사람들은 **영혼**이라는 말보다 **마음** 또는 **정신**이라는 말을 더 좋아한다. 성경 기자들과 예수님은 세 가지 모두를 편하게 사용했다. 어떻게 표현하는가는 중요한 게 아니다. 우리는 단지 어떤 정의(定義)에도 얽매이지 않으며, 또한 앞에서도 말했듯이, 인간의 마음을 풀리지 않는 신비 속으로 몰고 가는 그 실체를 표현하기 위해 이런 저런 단어를 사용하고 있을 뿐이다.

영적인 스승들은 언제나 유별난 이들이었다. 이들은 인생의 수면 아래쪽에서 너무나 많은 것들을 찾았기 때문에 수면 위쪽의 외양에는 별로 마음을 쓰지 않았다. 그러다 보니 대개 이상하고 비실제적이며 현실과 맞지 않는, 심지어는 현실을 위협하는 사람으로 취급되곤 했다.

이런 유의 사람들은 대개 명성과는 거리가 멀었지만, 그나마도 명성을 누릴 기회가 있었다면—여러분도 이미 짐작했겠지만—동시대 사람들에게 모종의 폭풍이 발생했기 때문인 경우가 많다. 통제된 삶이 몸에 밴 사람들의 마음에 폭풍이 도전장을 내민다. 그러면 공포와 불안에 질린 사람들은 이런 스승들을 찾아가 질문을 던진다. "이것이 무슨 뜻입니까? 우리는 어떻게 해야 합니까? 이 일에 뭔가 하늘의 소리가 있다고 보십니까?"

구약의 선지자 이사야는 분명 이 영적인 스승들에 포함되어야 할 것이다. 그는 정치적·경제적·종교적 폭풍으로 가득 찬 시대를 살았다. 당시의 통치자였던 아하스는 자기 나라를 삼키려고 위협하며 쳐들어온 적들로 인해 공포에 질렸다. 아하스의 마음은 "숲이 바람에 흔들림같이 흔들렸다"(사 7:2). 아하스의 수면 아래쪽 상태에 대한 이 언급을 주의해 보라.

그러나 이사야는 그렇지 않았다.

> 여호와께서 강한 손으로 내게 알려 주시며 이 백성의 길로 가지 말 것을 내게 깨우쳐 이르시되 이 백성이 반역자가 있다고 말하여도 너희는 그 모든 말을 따라 반역자가 있다고 하지 말며 그들이 두려워하는 것을 너희는 두려워하지 말며 놀라지 말고 만군의 여호와 그를 너희가 거룩하다 하고 그를 너희가 두려워하며 무서워할 자로 삼으라(사 8:11-13).

이사야의 설명은 영혼의 대화를 잘 보여 준다. 아하스는 영혼 없이 살다가 자기 목숨이 위험에 처한 것을 홀연히 깨닫게 된 사람이다. 그는 지금 무서운 폭풍 속에서, 좀더 깊은 세계―창조주께서 말씀하시는 영역―와 친분이 있는 사람의 도움을 필요로 한다. 이것이 바로 흔히 폭풍이 몰아칠 때 영적인 스승이 우리 주변에 있었으면 하고 바라는 이유다. 우리는 폭풍을 만나고야 비로소 하나님이 축복하신 삶이 어디 있는지 찾아 나서게 된다.

영적인 스승은 종류와 크기와 모양이 다 다르다. 역사를 보면 상인들의 시각이나 청각, 그리고 그들의 활동으로 인한 방해가 전혀 없는 사막이나 숲 속 같은 한적한 곳에서 흔히 그들을 만날 수 있었음을 알 수 있다. 해도에 없는 바다, 미지의 대륙, 사람의 발길이 닿지 않은 위성과 행성을 한사코 탐험하고자 한 사람들이 있었던 반면, 영적인 스승들은 인간의 내면에 마음이 끌렸고 또한 모든 인간의 내면에는 아직 밝혀지지 않은 무한 영역

같은 것이 있다고 말하곤 했다.

그때나 지금이나 영적인 스승들은 인간의 이 수면 하단 부분이 비참하리만치 무시되고 있다고 믿고 있다. 그리고 바로 이곳이야말로 인간이 하나님과 가장 만족스러운 관계를 맺을 수 있는 곳이라고 말하곤 한다. 여기가 바로 인생에 대한 모든 개인적 체계가 건강하게 통합되는 곳이다. 충분하게 기능하기만 한다면 여기가 바로 신념과 가치관이 태어나는 곳이고 용기와 희망과 인내와 안정이 비롯되는 곳이다.

영적인 스승 중에는 인간의 이 수면 아래쪽 부분을 정지된 지점으로 본 사람도 있고, 깊은 중심부 또는 내면의 정원 혹은 예배를 위한 성소로 본 사람도 있었다. 나처럼 성경적 전통 안에서 영혼 탐험의 훈련을 한 사람들은, 이스라엘 백성—이들은 자기를 구원하시는 하나님에 대해 배울 것이 너무나 많았다—에게 성막을 지어 항상 그 공동체의 중앙에 놓도록 하신 하나님의 지시를 귀담아 듣는 것을 좋아한다. 그 정교하게 꾸며진 장막 한가운데에는 지성소라 하는 곳이 있었다. 하나님의 임재와 영광이 머무는 곳이었다.

많은 사람들이 이 거룩한 장소는, 사람들에게 자기 내면에 훨씬 더 거룩한 장소가 있음을 일러 주기 위한 실물 교육의 일환이라고 생각했다.

인간의 내면 깊은 곳을 나사렛 예수 그리스도보다 더 깊이 이해한 사람은 없다. 그분은 본질보다 형식과 외관을 중시하는 생활 양식에 젖어 있는 백성 가운데로 오셨다. 그분을 비난했던 사람들을 처음부터 화나게 만든 것은 모든 대화의 중심은 영혼의 문제가 되어야 한다는 그분의 집요한 태도였다.

"친히 사람의 속에 있는 것을 아시므로"(요 2:25상). 요한은 예수님에 대해 이렇게 말했다. 그리고 이 사실은 종교와 권력과 부라는 장식물로 바깥 생활을 치장하는 데 평생을 바쳐 온 사람들을 격노케 했음이 분명하다. 율법과 선지자에 대해 어느 정도나 알고, 성전의 내부 조직과 연줄이 얼마나 잘 닿아 있으며, 하루에 기도는 몇 차례나 하고, 순례는 몇 번이나 다녀왔는지 등에 전혀 관심이 없는 사람을, 여러분이라면 어떻게 대하겠는가? 누군가 여러분의 영혼의 중심을 들여다보면서, 그 안에 있는 악이며 얽힌 실타래를 정면으로 여러분에게 들이댄다면, 여러분은 어떤 방어막을 치겠는가?

예수님이 십자가에 못박히신 이유로, 그분이 당대의 종교적 구조에 위협이 되고 평민 계층의 사랑을 한몸에 받고 있었다는 사실 외에 더 깊은 이유를 찾는다면, 바로 그분이 사람들로 하여금 자기 영혼을 들여다보며 거기에 있는 부족한 것들을 직면하게 하셨다는 것이다.

반대로 그분을 사랑하고 따랐던 사람들은 이와 똑같은 이유로 그분을 사랑했다. 창녀나 세리들은 그분이 그들의 직업적 평판에는 관심이 적은 대신 그들의 영혼에 담긴 슬픔, 그들의 삶을 이 지경으로까지 몰고 온 사망의 악으로부터 벗어나고 싶은 갈망을 더 주목하신다는 점을 깨닫게 되었던 것이다. 그들은 깨끗한 영혼을 원했고, 예수님은 용서와 구속을 통해 그들을 도우실 수 있는 위치에 있었다. 이것이 그분의 복음이었다.

그러나 만일 인간의 이 내면 부분이 무시당하면 어떻게 될까? 아니 무시당하지는 않더라도 더럽혀지기라도 하면 어떻게 될까? 더럽혀지지는 않더라도 모욕을 당하면 어떻게 될까? 만일 인간이 자신의 영혼과의 접촉을 잃게 된다면(여기서는 수면 상단 및 하단의 존재에 대한 나의 비유가 도움이 안 된다) 어떻게 될까? 좀 다르게 표현해서, 합리주의와 쾌락주의와 물질주의를 역설하며 살아가는 현대인이 영혼과 작별을 고하여, 일말의 연결이나마 거의 존재하지 않게 된다면 (낡아빠진 전화선처럼) 어떻게 될까?

그 결과는 괴상하리만치 속이 텅 빈 인간, 즉 인생의 대부분을 사건과 상황, 호르몬과 본능 그리고 해명하기 어려운 정욕이나 야심에 대한 반응으로 소모하는 거의 기계 같은 인간일 거라고 나는 생각한다.

프레드릭 뷰크너(Frederick Buechner)는 매우 고독하게 죽어 간 자기 노모에 관해 슬픈 기록을 남겼다. 그의 어머니에게는 수면 아래쪽을 한 번도 쳐다본 적이 없는 사람에 대한 묘사가 아주 잘 들어맞는 것 같다. 어머니에 대해 그는 이렇게 쓰고 있다.

> 어머니는 결코 모진 분은 아니셨지만, 내 생각에 어머니의 마음은, 무슨 이유에선지 그 가장 깊은 곳을 거의 한 번도—설령 있다손 치더라도—움직인 적이 없는 것 같다. 그곳을 움직이기 위해서는 모험이 필요한데, 어머니는 오직 당신만이 아시는 이유로 인해 그런 모험을 감당할 준비가 되어 있지 않으셨던 것 같다.

> 내면에 공허감이 있었기 때문에 이 어머니의 말년—종종 폭풍이 최고조에 달할 수 있는 시기—은 슬픔 일색이었다.

> 아름답게 가꾸는 것은 어머니의 사업이자 예술이었고 기쁨이었다. 그것이 어머니의 긴 삶을 이끌었고 많은 배당금도 가져다주었다. 그러나 당신도 직접 보셨듯이 어머니는 아름다움을 잃었다.…어머니는 마치 빈털터리가 된 백만장자 같았다. 어머니는 전화번호부에서 자신의 이름을 삭제하여 전화번호를 명부에 싣지 않으셨다.…아름다움을 잃은 어머니는 더 이상 세상에 내놓을 것, 세상을 즐겁게 해줄 것이 없다고 느끼셨다. 그래서 어딘가에 틀어박혀 변장 차림이 아

니고는 결코 바깥 출입을 하지 않았던 그레타 가르보(Greta Garbo)와 마를렌느 디트리히(Marlene Dietrich: 두 사람 다 미국에서 활동하였으며 아름답기로 이름난 여배우—역주)처럼 간단히 세상—이제는 시든 마지막 여름 장미—을 등지셨다. 어머니는 당신의 아파트에 틀어박혀 지내셨다.…그것도 그 아파트의 방 하나에만, 그것도 그 방 안의 의자 하나에만. 그러다 결국 몇 년 전 여름, 어느 날 아침 아마도 잠드신 채로 침대에서 마침내 세상을 떠나셨다.

이 시대를 사는 사람들은 전부라고 해도 과언이 아닐 만큼 대다수가 영혼에는 관심 없이 수면 위쪽에서만 살아가려는 것 같다. 이들은 자신의 기술, 자신의 지능 지수, 명가(名家)와 친구들과 명문대라는 연줄, 그리고 두꺼운 얼굴 또는 배짱만 있으면 현실 생활에서 얼마든지 뜻을 이룰 수 있다는 생각에 깊이 **개종한**(정말 이 말이 딱 어울린다) 상태다. 그리고 폭풍만 일어나지 않는다면, 이런 생각은 실제로 너무나 잘 먹혀 들어가는 것 같다. 따라서 사람들이 수면 아래쪽의 문제—영혼이라는 영역의 삶—는 거의 생각하지 않으면서 인생을 살아간다는 것이 그렇게 특이한 일은 아니다.

예수님도 그 점을 분명히 하시려 무리에게 다음과 같이 말씀하셨다. "사람의 생명이 그 소유의 넉넉한 데 있지 아니하니라"(눅 12:15). 이어 그분은 간단한 예화로 당신의 요지를 뒷받침하셨다. 어떤 부자가 풍작을 거두어 그 소산에 어쩔 줄 모르고 있었다. 성공이 대대적이다 보니 문제가 하나 발생한다. 인생의 수면 위쪽으로 이토록이나 풍부한 이 모든 것을 다 어떻게 한단 말인가?

그의 해결 방안은 전형적인 수면 위쪽의 것이었다. 창고를 더 지어 곡물을 쌓은 다음 칩거하여 잘 먹고 잘 사는 것이었다. 예수님은 그의 말을 이렇게 인용하신다. "평안히 쉬고 먹고 마시고 즐거워하자."

하나님은 이르시되 어리석은 자여 오늘 밤에 네 영혼을 도로 찾으리니 그러면 네 준비한 것이 누구의 것이 되겠느냐 하셨으니(눅 12:20).

예수님은 이 사람을 만나게 된 경위에 대해서는 구체적으로 말씀하지 않으신다. 이것은 어디까지나 이야기일 뿐이다. 하지만 진짜 있었던 일일 수도 있다. 무리 가운데 대부분의 사람은 예수님이 말씀하시는 이 사람을 알고 있었는지도 모른다. 그들은 추수와 창고 그리고 그 사람의 은둔 계획을 알고 있었다. 그것도 잘 알고 있었다. 성공하는 사람들에 대해 보고 듣는 바가 이런 것들이기 때문이다. 그러나 그들이 보고 듣지 못했을 수도 있는 부분은 바로 그 사람이 하나님과 나눈 대화다. 수면 아래쪽에 있는 영혼의 공간에서 사적으로 일어난 일이었기 때문이다.

이 사람은 어떻게 죽었을까? 심장마비로 죽었을 수도 있다. 뇌졸중을 일으켰거나 누구한테 살해되었거나 아니면 마차 사고를 당했을지도 모른다. 어떻게 죽었든 간단히 말해 그의 죽음은 폭풍이 찾아온 순간이었다. 예수님께 죽음의 원인은 중요하지 않다. 그분에게 중요한 것은 죽음의 의미다.

나는 이 부자의 인생에 일어난 '폭풍' 경험을 '깨어지는 순간'이라 부르고 싶다. 마이클 플랜트가 대서양에서 만난 폭풍처럼, 빈센트 포스터 2세가 워싱턴 생활에 대해 급작스레 느낀 지독한 환멸처럼, 리처드 코리가 직면했던 숨막힐 듯한 고독처럼, 그리고 자기 나라에 닥친 위협 앞에서 아하스가 느꼈던 얼어붙는 듯한 공포처럼, 인간이 설명, 안정의 원조(援助), 의미 그리고 진실과 지혜를 구하기 위해 어쩔 수 없이 수면 아래쪽을 보아야 할 때, 깨어지는 순간은 찾아온다.

예수님의 이야기에 나오는 부자는 바로 우리 자신일 수도 있다. 예외인 사람은 드물다. 만일 우리가 풍요로운 환경에서 살고 있다면 우리 또한 그 부자의 사고 흐름에 그대로 휩쓸리기 십상이기 때문이다. 우리에게는 수면 아래쪽이 아니라 위쪽에 있는 것들에게로 이끌리는 선입견이 있다. 그러다가 대서양 폭풍 같은 어마어마한 사건이 터질 때에야 수면 아래쪽에 있는 것과 관련된 문제에 생각이 미치는 것이다.

예수님의 생애를 잘 알고 있는 사람이라면 그분이 제자들과 함께 갈릴리 호수를 건너시던 중 목숨이 위태로울 정도로 거센 폭풍에 휩싸였던 일을 기억할 것이다. 제자들이—그 중에는 노련한 어부들도 있었다—뱃머리에서 두려움에 질려 제정신이 아닐 때, 주님은 배 뒤쪽에서 잠들어 계셨다는 사실에는 뭔가 깊은 교훈이 담겨 있다. 사태가 속수무책이라는 결론에 이르자 그들은 예수님이 계신 곳으로 기어가(장면을 상상해 보니 이 단어가 떠오른다) 질문 하나를 들이댔다. "우리가 빠져 죽어도 상관없다는 말입니까?"

왠지 이유는 모르겠지만 나는 최근까지만 해도 제자들의 이 질문이 기적을 내다본 것이었다기보다는 다분히 현실적인 것이었으리라는 점을 생각해 보지 못했다. 이제 나에게는 그들의 말이 이렇게 들린다. "우리(주님과 우리)는 다 빠져 죽게 생겼습니다. 지푸라기라도 붙잡아야 할 이 마당에 주님은 어떻게 주무실 수가 있습니까? 일어나서 노를 젓든 물을 퍼내든 좀 거들어 주십시오."

그렇잖아도 겁에 질려 있는데 뒤를 돌아보니 예수님은 무슨 일이 벌어지든 나 몰라라 하고 계시니 그것 하나만으로도 정말 기운 빠지는 일이었을 것이다. 그래서 이런 질문이 나온 것이다.

이 사건을 기록한 이들은 예수님이 일어나사 폭풍에게 명하여 당신의 말씀에 복종케 하셨다고 말하고 있다. 말씀을 마치기가 무섭게 잔잔함과 고요함과 청명한 하늘(?)이 찾아왔다. 그러고 나서 배 안에 있는 이들에게는 다음 질문이 떨어진다. "너희 믿음이 어디 있느냐?"

다시 말하면 우리는 인생의 수면 위쪽에 있는 것은 잘 알고 있다. 그것은 두려움이다. 하지만 아래쪽에 있는 것은 무엇인가? 대답은 '자원이 될 만한 것은 거의 없는 것 같다'이다. 폭풍은 영혼의 문을 열게 만들고 거기 있는 것을 내보이게 한다. 이것이 다른 결점을 보충하고도 남을 만한 폭풍의 장점이다.

최근에 게일과 나는 남아프리카공화국에서 한 달을 보냈다. 거기서 우리는 새로운 남아프리카공화국 건설에 혼신을 다하는, 강인하고, 하나님을 사랑하며, 용기 있고, 놀라운 남자와 여자를 몇 명 만났다. 우리를 초빙했던 사람들 중에 그러햄스타운(Grahamstown) 교구에서 당시 감리교 주교로 있던 조지 어빈(George Irvine)이라는 사람이 있었는데, 그는 하룻밤 사이에 폭격을 받아 집이 날아가 버린 자기 교구의 어느 흑인 목사에 대해 이야기해 주었다.

조지 주교는 아침 일찍 교구에 나갔다가 그 목사가 가족과 함께 불에 타 버린 자기 집 앞에 서 있는 것을 보았다. 남은 것이라고는 굴뚝뿐이었다. 개인 소지품이며 가구며 책이며 설교 공책은 모두 사라지고 없었다. 건진 거라곤 입고 있는 옷뿐이었다.

주교가 그 집의 잔해를 보고 있노라니 문득 그 목사가 해 놓은 일이 한 가지 눈에 띄었다고 한다. 그것은 그 목사의 결심을 잘 보여 주는 것이었다. 그 목사는 숯 한 덩이를 집어 들어 아직 선 채로 남아 있는 유일한 부분인 굴뚝에다 해마다 감리교의 모든 목사가 교구 회의를 위해 모일 때 서원하는 말을 적어 놓았다.

저를 주 뜻대로 하소서.
저로 일하게 하소서.
저로 고난받게 하소서.
주 위해 구별되게 하소서.
모든 것을 갖게 하소서.
그러나 아무것도 갖지 않게 하소서.
모든 것을 주의 영광과 처분에
아낌없이 진심으로 드리나이다.

3. 폭풍, 그리고 깨어지는 순간

하나님이 말씀하시는 상황은 네 가지 정도로 요약해 볼 수 있다

다시 시작되는 에베레스트 등정.
나는 프랜시스 영허즈번드(Francis Younghusband) 경의 글을 읽고 있었다.
그는 다음과 같은 아주 흔한 질문 하나를 던진 다음 거기에 답하고 있다.
"이 일에 조금이라도 더 적합한 사람은 누구인가?"
다음은 그의 대답의 일부다.…

에베레스트는 하나의 상징이 되어 왔다.
에베레스트란 가장 높고 가장 순결하고 가장 성취하기 어려운
모든 것의 표상이다. 등반자들은 정상을 향한 악전 고투를 통해,
어느 분야를 막론하고 향상을 힘쓰는 모든 이에게 용기와 희망을 줄 것이다.
또한 이 사실을 알 때 그 자신도 힘을 얻게 될 것이다.
그러므로 소머벨(Somervell)이 당찬 실패를 하고 난 다음날
기록한 말을 빌려 다음과 같이 말할 수 있다.
"싸움은 가치 있는 것이다. 언제나 가치 있는 것이다."
—에이미 카마이클(Amy Carmichael), 9월 8일자 타임즈

나도 나이가 제법 들다 보니 주간(州間) 고속도로 체제가 미국의 자동차 여행에 어떤 변화를 가져왔는지 익히 알 것 같다. 많은 차선, 부드러운 커브, 정보를 알려 주는 커다란 초록색 표지판, 자주자주 있는 휴게소—다 똑같아 보이긴 하지만—등은 불과 지난 이삼십 년 사이에 지어진 독특한 현대 교통망의 일부다. 주간 고속도로는 누구라도 대륙의 이편 끝에서 저편 끝까지 최소한의 스트레스만 받으며 쉬지 않고 달릴 수 있도록 마련된 것이다. 반면 그런 길을 운전하다 보면 굉장히 따분해질 수 있다.

그래서 충고를 한마디 한다면, 절대로 졸지 말고 제한 속도를 지키며 기름을 가득 채우고 가라는 것이다. 그러면 눈은 좀 어릿어릿하겠지만 그래도 고생 없이 원하는 곳에 가게 될 것이다. 단, 여정 도중 배우는 것은 거의 아무것도 없을 것이다.

나의 경우 훨씬 마음이 끌리는 것은 지방 도로다. 주간 고속도로가 나기 전에는 지방 도로가 대부분 실질적인 주요 도로였다. 지방 도로는 고속도로가 피해 가는 소도시와 조그마한 마을들을 끼고 있으며, 대부분 시골의 윤곽 그대로 나 있는 경우가 많다. 지방 도로에는 볼 것이 많다. 그래서 나는 시간이 더 걸리고 운전하는 데 신경을 더 많이 써야 함에도 불구하고 될 수 있으면 지방 도로로 가는 것을 좋아한다.

주간 고속도로와 달리 지방 도로에는 주행에 이것저것 방해되는 것이 많다. 어떤 때는 보수 상태가 아주 안 좋아 차가 덜컹거릴 수도 있다. 또 통행인들한테 세금을 거둬 들일 목적으로 제작된 레이다 장치를 부착한 경찰관이 마을마다 하나씩은 다 있는 것 같다. 그런 경찰관에게 걸린 운전자들은 일진이 사납다고밖에 표현할 수 없다. 추월 금지 지역을 지나는 동안, 몇십 킬로미터이고 엉금엉금 기어가게 하는 저속 차량도 피할 수 없다는 것을 예상하는 것이 좋을 것이다. 지방 도로로 갈 때는 목적지 도착 시간을 정확하게 예측하는 것이 거의 불가능하다. 도중에 길이 막힐 만한 일이 너무나 많기 때문이다.

내 인생은 이런 지방 도로상의 여정이 아니었나 싶다. 내가 살아온 도로 지도를 보면 직선 도로나 고속도로는 거의 찾아볼 수 없다. 나의 인생 여정을 일지로 쓴다면, 우회로, 사고, 타이어 펑크, 움푹 팬 곳, 과속 딱지 등으로 점철될 것이다. 하지만 그 속에는 하나같이 나를 즐겁게 해준 신기한 발견, 놀라운 우정, 변화의 기회 등을 상징하는 기막힌 절경, 도로 공원, 신나는 도시며 마을들이 또한 있다. 나는 인생을 고속도로 식으로 살아온 사람들에게 감탄과 찬사를 보내 왔음에도 불구하고 한 번도 내 삶에 유감이 없었고 그것은 지금도 마찬가지다.

커브를 돌 때마다 전혀 뜻밖의 일이 벌어지던 나의 이 지방 도로 지도에는 내 나름대로 '깨어지는 순간'이라 부르는 일들—그 대부분은 가능하다면 피하려고 했을 전혀 예기치 못한 사건이다—이 여기저기 흩어져 있다.

내 인생의 도로 지도에 표시된 깨어지는 순간들을 되돌아보노라면, 그런 순간들이 대부분 내가 영혼의 대화라 부르고 싶은 것—종종 예수님이, 낙심하거나 실패한 제자들과 함께 나누신 그런 대화—을 할 수 있는 좋은 기회가 되었다는 사실을 알게 된다. 위대한 스승이셨던 예수님은 어떤 사건이 있을 때마다 그 즉시 영혼의 동기와 의도를 살피기 위한 질문을 던지셨다.

영혼의 대화, 그것은 하나님과 나 사이 그리고 나와 다른 사람들 사이에 있었던 것으로, 때로는 인생을 뒤바꿔 놓았으며 적어도 인생을 안정시켜 준 결코 잊을 수 없는 대화다. 돌이켜보건대 바로 그런 깨어지는 순간에 기상 전화(호텔 등에서 아침에 손님을 깨워 주는 전화—역주)가 울려 나의 수면 아래쪽 삶의 어느 측면이 무시되고 있다는 경고를 던져 주었음을 또한 깨닫게 된다. 인생의 3분의 2를 다 산 지금에 와서야 그런 깨어지는 순간들이 점점 더 고맙게 여겨지는 이유가 바로 여기에 있다.

이것은 법칙이 아니라 단지 하나의 의견이라는 사실을 이해해 주기 바란다. 하지만 꼭 말하고 싶은 것은, 우리 대부분은 인간이다 보니 이런 깨어지는 순간들이 **찾아오지 않는 한**, 혹은 **찾아오기 전에는** 수면 하단에 있는 영혼 및 그밖의 것을 일체 무시하는 경향이 있다는 것이다. 우리는 깨어지는 순간을 좋아하지 않는다. 그런 순간은 고통과 불편, 실패와 굴욕을 가져온다. 반드시 그래야 하는 것은 아니지만 그래도 그것이 인간사인 듯하다.

맬콤 머거리지(Malcolm Muggeridge)가 윌리엄 버클리(William Buckley)와 대화하면서 다음과 같이 말한 것을 보면 그도 그런 생각을 하고 있었던 것 같다.

빌(Bill: 윌리엄의 애칭-역주), 사람이 나이가 들어 인생을 돌아볼 때 마음에 가장 강하게 와 닿는 것들 중 하나는 이것이라네. 즉 우리에게 뭔가를 가르쳐 주는 유일한 것은 바로 고난이라는 것이지. 성공도 아니고, 행복도 아니고, 그 비슷한 어떤 것도 전혀 아니라네. 사람에게 진정으로 인생이 무엇인지를 가르쳐 주는 유일한 것-인생이 진정으로 의미하는 바를 깨닫는 기쁨, 그것을 만나는 기쁨-은 바로 고난과 고통일세.

자서전을 넘기다 보면 사람들을 새로운 생각과 통찰로 인도한 깨어지는 순간들에 대한 기록을 대하게 된다. 버트런드 러셀(Butrand Russell)도 자서전을 통해 아내가 죽었을 당시에 '깨어지는 순간'을 경험했음을 기록하고 있다.

아내는 고통의 벽에 의해 모든 사람과 모든 것으로부터 단절된 것처럼 보였다. 갑자기 모든 인간의 영혼이 지닌 고독이 나를 엄습해 왔다. 결혼한 뒤로 나의 정신 생활은 늘 평온하고 피상적이었다. 깊은 문제들은 다 잊은 채 경박한 잔재주에만 만족하고 있었다. 그러나 갑자기 바닥이 꺼지는 것 같았고, 나는 완전히 다른 세계에 있었다. 5분 사이에 다음과 같은 몇 가지 생각을 하게 되었다. 영혼의 외로움이란 견딜 수 없는 것이다. 여러 종교적 스승들이 설파한 그런 사랑에서 비롯되는 가장 강렬한 힘이 아니고는 인간의 영혼을 꿰뚫어 볼 수 있는 것은 아무것도 없다. 사랑이라는 동기에서 비롯되지 않은 것은 모두 해로운 것이다. 기껏해야 무용한 것이다. 그렇게 본다면 전쟁은 잘못된 것이고, 공립 학교 교육이란 언어 도단이며, 힘의 사용은 막아야 하는 것이고, 인간 관계를 맺을 때는 각 사람의 고독의 중심으로 꿰뚫고 들어가 거기에 대고 말해야 한다.

여기 러셀의 고백을 싣는 것은, 그런 깨어지는 순간이 성경이나 예수 그리스도와 관련하여 잘 정리된 삶을 살고 있는 사람들에게만 일어나는 것이 아니라는 사실을 지적하고 싶기 때문이다. 사람은 언제 어떤 이유로든, 이 같은 깊은 통찰의 순간을 만날 수 있다. 깨어지는 순간이 어떤 결과를 가져올지는 아무도 예견할 수 없다. 그럼에도 불구하고 그 순간은, 다른 모든 시간과는 달리, 인간이 좀더 쉽게 하나님과의 사귐 속으로 들어가 자아와 세상에 관한 가장 목마른 진실을 받아들일 수 있는 순간이다. 이런 일은 대개 내가 영혼 차원이라고 이름 붙인 그런 곳에서 일어난 경우가 많다.

성경에 나오는 모든 깨어지는 순간들 가운데서 나를 가장 깜짝 놀라게 하면서도 우스운 것은 나귀를 탄 발람에 관한 난해한 이야기다. 그것은 하나님이 눈앞에 닥친 상황에 대해 발람에게 좀더 깊은 분별력을 주고자 하시건만 그가 들으려 하지 않는 순간에 대한 이야기다. 하지만 그의 나귀는 듣고 있었다. 이 얼마나 교훈적인가!

나귀는 여러 차례 발람의 지시를 거스르며 길 밖으로 벗어나는가 하면 아예 발람을 벽으로 떠밀어 그의 발을 상하게 하기에 이른다. 그러자 발람은 자기 말을 듣게 하려고 나귀를 세 번이나 때린다. 발람은 좁은 길에 천사가 서 있는 것을 모르는 것 같다(그가 천사를 못 보고 있는 것은 분명하다). 나귀가 천사를 알아보고 자기 주인이 해야 할 일을 대신 하려 한다는 점 때문에 이 이야기의 해학적인 면은 한결 고조된다. 즉 나귀는 멈춰 서서 천사의 말을 들으려 한 것이다.

결국 나귀는 그냥 엎드려 버린다. 발람은 화가 나서 지팡이로 이 충실한 짐승을 때리기 시작한다. 그것이 자극이 되어 나귀는 말을 하게 된다("여호와께서 나귀 입을 여시니"). 나귀는 발람에게 이렇게 말한다. "내가 당신에게 무엇을 하였기에 나를 이같이 세 번을 때리느냐?"

발람이 나귀가 말을 한다는 사실에 놀란 흔적은 전혀 없다. 이는 "네가 나를 거역하기 때문이니 내 손에 칼이 있었더면 곧 너를 죽였으리라" 하고 즉시 대답한 것을 보아 알 수 있다. 발람과 나귀의 대화는 하나님이 발람의 눈을 여실 때까지 계속된다. 그러다 발람은 비로소 나귀가 진작부터 보고 있던 천사를 보게 된다. "머리를 숙이고 엎드리니." 이것은 깨어지는 순간에 일어나는 표준 절차다. 은연중에 자신이 거역하고 있었음을 지적당하자 그가 할 수 있는 것이라고는 "내가 범죄하였나이다"라고 고백하는 것뿐이었다(참고 민 22:21-35).

이 이야기의 이면을 잘 들여다보고, 발람의 처사가 주간 고속도로를 달리듯이 하루하루를 해치워 버리는 사람들—이들은 자신에게 다가와 관계를 맺으려 하시는 하나님의 시도를 전혀 인식하지도 못하고 기대하지도 않는다—의 처사와 비슷하다는 것을 알게 된다면, 이 이야기가 그렇게 재미있지만은 않을 것이다. 대부분의 깨어지는 순간들이 발람의 경우와 마찬가지로 고통과 어려운 상황 가운데 있는 것처럼 보이는 이유는, 하나님이 우리로 하여금 영혼 차원의 작은 대화에 문을 열도록 하기 위해 그런 상처를 허락하시기 때문인 것 같다.

상당수의 사람들이 솔제니친이 굴락(Gulag: 옛 소련의 강제 노동 수용소-역주) 생활에서 깨어지는 순간들을 경험하며 쓴 다음 글에서 어떤 힘을 감지하곤 한다.

거기 감방의 썩는 밀짚 위에 누워서야 나는 비로소 내 안에서 난생 처음으로 선(善)이 꿈틀거림을 느낄 수 있었다. 선과 악을 가르는 선(線)이 지나는 길은, 국가도 아니고 계급도 아니며 정당도 아니라 인간의 마음이라는 사실이 점점 더 뚜렷하게 내 뇌리에 각인되었다. 그러니 내 인생에 들어와 준 이 감방이 그지없이 고맙기만 하다.

이 위대한 러시아 작가와 마찬가지로 나도 깨어지는 순간들에 대해 점점 더 감사하는 마음을 품게 되었다. 그런 순간들이 나를 안으로, 밑으로 밀어 영혼에 이르게 해주었다. 내 일기장을 보면 하나님과의 유익한 만남은 거의 모두가 깨어지는 순간 바로 다음에 일어났음을 알 수 있다. 그리고 그 순간의 결과로 나는 언제나 전과 다른 사람이 되어 있곤 했다.

내가 내 인생에서 최악의 순간-그 어떤 것보다 깊은 '깨어짐'의 순간-을 지나고 있을 때 한 친구가 나를 아침 식사에 초대했다. 그때 그 친구는 이런 말로 말문을 열었다. "지금은 내 말이 이해되지 않을지 모르고, 어쩌면 자네의 화만 돋울 수도 있겠네만, 언젠가는 이 시간을 고맙게 여기리라 믿네." 나중에 그 순간을 회고하며 나는 "나의 작은 한 부분(하나님이 만드신 것이 아닌이 그 친구를 한 대 쳐 주고 싶어 했던 기억이 납니다"라고 말한 적이 있다. 하지만 시간이 꽤 흐른 지금은 그 친구의 말이 구구절절 옳았다는 것을 안다. 정말이지 그때는 도무지 이해할 수 없었으니 그의 말이 옳고, 지금은 그날들을 인해 감사하고 있으니 이 또한 그의 말이 맞는 것이다.

우리 모두가 피하고 싶어 하는 깨어지는 순간과 관련하여 몇 가지 질문을 제기할 수 있다.

- 깨어지는 순간에는 어떤 종류가 있는가?
- 그 중에는 좋은 것도 있는가, 아니면 다 고통스러운가?
- 깨어지는 순간의 잠재 가치를 톡톡히 거두려면 어떻게 해야 하는가?

나는 「무너진 세계를 재건하라」(*Rebuilding Your Broken World*, 하늘사다리)에서도 앞 문단에서 말한 그 깨어지는 순간–다시 한 번 말하지만, 고뇌와 굴욕이 넘치던 시절–의 이야기를 똑같이 회고한 바 있다. 믿고 지내던 또 다른 친구는 우리 부부에게 이런 말을 했다. "자네 부부는 지금 인생에서 너무나 고통스러운 시절을 지나고 있네. 이제 두 가지 중 하나를 선택해야 할 시점에 이른 것 같네. 하나는 이 고통을 부인하거나 피하는 것이고, 다른 하나는 끝까지 똑바로 뚫고 지나가야 할 필연성을 받아들이는 것일세. 두 번째 것을 선택한다면 아픔이 있을 걸세. 하지만 다 지나고 나면 하나님이 자네 부부에게 다른 방법으로는 결코 들려주시지 못할 그런 이야기를 들려주실 걸세. 첫 번째 방법을 택한다면 공허함밖에 남지 않겠지만 두 번째 방법에는 자네가 상상조차 할 수 없는 성장과 깊이가 들어 있네."

우리는 두 번째 길을 택했다. 그리고 이제는 그 친구의 조언이 옳았음을 이해할 수 있을 만큼 많은 세월이 흘렀다.

나는 안 지 얼마 되지 않는 사람과 대화를 나눌 때면, 우리가 적절한 신뢰의 지점에 이르렀다고 느낄 때 이런 질문을 즐겨 던진다. "자신이 완전히 무너졌다고 느껴 본 경험이 있습니까?"

그러면 대개는 있다고 답한다. 이 부분을 쓰기 불과 며칠 전에도 어떤 젊은 남자에게 이 질문을 던졌는데 그는 질문이 떨어지기가 무섭게 그렇다고 답했다.

"저는 평생을 NFL(National Football League: 해마다 열리는 미국 최대 규모의 프로 풋볼 경기-역주)에서 풋볼 선수로 뛸 날만 고대하며 살았습니다. 그리고 대학 선수 생활이 끝나 갈 무렵 어떤 팀-팀 이름은 밝히지 않겠다-에 발탁되었습니다. 훈련이 시작되고 얼마 지나지 않아 내 실력이 어느 현역 선수 못지않게 좋다는 자신감이 생겼습니다. 그래서 시즌이 시작되면 조만간 주전 포지션이 주어지리라 기대했습니다. 그런데 어느 날 아무런 경고도 없이 코치가 부른다는 전갈을 받았습니다."

여기서 그 젊은 친구는 가장 유명한 풋볼 코치의 이름을 대었다. "저는 그의 사무실에 앉았습니다. 둘 다 서로를 똑바로 쳐다보지 못했습니다. 코치가 말했습니다. '자네를 해고해야겠네.' 그것뿐이었습니다. '자네를 해고해야겠네.' 몇 분 후 저는 주차장으로 나와 제 차가 있는 곳으로 가고 있었습니다. 그제서야 제가 쫓겨났다는 사실이 가슴에 확 와 닿았습니다. 풋볼 인생이 끝난 것입니다. 차 옆 땅바닥에 주저앉아 울었습니다. 그러나 채 한 시간도 못 되어 저는 처음으로 제 인생에 대해 하나님이 하시는 말씀을 들을 수 있었습니다."

그리스도인이자 운동 선수 코치로 세계 곳곳을 누빈 데이비드 번햄

(David Burnham)도 이와 비슷한 이야기를 한 적이 있다. "풋볼은 저의 신(神)이었습니다." 그는 말했다. "어느 날 어느 선수권 대회 결승전에서 저는 공을 들고 스크럼 라인을 돌파하다가 무언가에 아주 세게 부딪혀 의식을 잃고 쓰러졌습니다. 사람들은 저를 경기장 밖으로 들어내 앰뷸런스까지 날라야 했습니다. 사람들이 저를 운동장 뒷편에 있는 앰뷸런스에 실을 때쯤 저는 깨어났습니다. 그때 제 귀에 들려온 소리는 다른 볼캐리어(ball carrier: 미식 축구에서 공을 가지고 있는 공격측 선수-역주)를 찾는 군중의 고함 소리였습니다. 제 신(神)은 다른 사람의 손 안에 있었고, 군중은 이제 다른 영웅들한테 열광하고 있었습니다."

이것이 깨어지는 순간의 몇몇 예-극적인 예들-이다. 그리고 영혼의 들을 수 있는 귀가 갑자기 활짝 열리는 시간이다.

나 자신의 경험들 그리고 나에게 자신의 내면 생활을 열어 보여 준 다른 사람들을 관찰함으로써 깨닫게 된 것은, 수면 아래쪽에 있는 것들에 대해 민감하게 해주는 '깨어지는 순간'에는 네 가지 종류가 있다는 것이다.

위기-우리의 통제력을 벗어난 것

위기라는 말은 과도하게 남용되고 있는 단어들 중 하나다. 이 말은 채 준비되어 있지 않은 상황에서 닥쳐오는 모든 사건을 가리키되 주로 부정적인 것을 지칭하는 말로 쓰인다. 하지만 이보다 더 좋은 단어를 찾을 수가 없었다. **위기란 우리가 통제할 수 없는 사건을 가리킨다.** 위기를 통해 찾아오는 깨어지는 순간들은 대부분 깊은 상처를 남기며 불가항력적인 것들이다.

위기 하니까 미국 중서부 지역 주민들의 삶을 좌우해 온 홍수가 생각난다. 중서부를 흐르는 큰 강들의 물살을 저지하기 위해 댐들이며 제방을 건설하는 데 이미 수천만 달러가 들어갔다. 기술자들은 이런 댐들을 백 년짜리 댐이라 부르며 자신의 실적을 자축하곤 했다. 최악의 홍수가 발생한다 해도 앞으로 백 년 동안은 능히 버틸 수 있는 댐이라는 뜻이다.

하지만 만의 하나라도 최근과 같이, 백 년짜리 홍수가 아니라 오백 년짜리 홍수가 일어난다면 어떻게 할 것인가? 아무도 예측 못 했던, 오백 년 만에 한 번 일어날까 말까 한 홍수가 우리 생전에 일어난다면 어떻게 할 것인가? 그것이야말로 정말 깨어지는 사건이 될 것이다. 모든 사람을 허둥거리게 하고 비탄에 잠기게 하며 절망에 빠지게 할 것이다.

조만간 우리 대부분은 이러한 위기를 만나게 될 것이다. 우리 힘으로는 통제할 수 없는 어떤 일에 부딪히게 될 것이다. 이것이 바로 마이클 플랜트에게 일어났던 일이다. 그는 자신과 자신의 배 코요테 호는 대서양이 몰고 올 수 있는 어떤 상황도 능히 감당할 수 있다고 생각했을 것이다. 그리고 4톤이나 되는 무게를 더한 배의 용골이 믿을 만한 것이기만 했다면, 그의 그런 가정은 과연 있을 법한 것이었고, 지금까지도 그러했을 것이다.

우리도 인생을 뒤로 거슬러 가 본다면 위기의 산맥—어떤 위기는 다른 것보다 더 크거나 높다—이 있었음을 알 수 있을 것이다. 나도 부모님이 25년이나 함께한 결혼 생활을 청산하는 것을 지켜보는 위기, 젊었을 때는 어려움을 견뎌 내는 의지가 부족해 하마터면 성적 불량으로 대학에서 쫓겨날 뻔한 위기, 두 살 난 딸아이가 하얀 테레빈유를 시리얼(주로 아침에 우유와 함께 먹는 곡물 식품—역주) 대접에 들어 있는 우유로 잘못 알고 마시는 바람에 거의 죽게(아니면 뇌 손상을 입을지도 모르게) 된 모습을 대책 없이 지켜보는 위기 등을 겪었다. 극심한 경제적 빈곤의 위기, 내가 미치고 있는 게 아닌가 싶을 정도로 절망에 빠졌던 일대 고비의 위기, 도대체 하나님의 음성을 듣는 법을 알고나 있는지 스스로 회의가 일 정도로 정신을 차릴 수 없었던 낙심의 위기 등도 있었다.

그러나 지금까지 내가 겪었던 그 어떤 위기도 몇 년 전 일련의 선택에 손을 댔다가 완전 낭패에 빠지고 말았던 그때의 위기와 맞먹는 것은 없다. 그것은 배반, 수치와 굴욕 그리고 가족과 몇몇 상당히 신실한 친구들을 빼고는 모든 것을 상실했음을 유감없이 보여 주는 그런 깨어지는 순간이었다. 그 결과가 바로 한두 페이지 앞에서 이야기한 그 고통이다.

그것은 위기-오백 년짜리 폭풍-였고 격노할 대로 격노하여 깨어지는 순간이었다. 이럴 때 우리는 시인 로버트 프로스트(Robert Frost)가 "숲 속에 두 갈래 길이 있었네" 하고 노래한 바로 그 갈림길을 만나게 된다. 왼편으로 난 길은 부정, 방어, 비난, 회피로 얼룩진 길이다. 오른편으로 난 길은 회개, 슬픔, 복종, 고요가 깃든 길이다.

피츠버그의 유명한 장로교 설교가 클라렌스 맥카트니(Clarence McCartney)는 이렇게 말한 적이 있다. "사단에게 속아서 죄에 빠진 그리스도인의 영혼의 고뇌는 양심의 찔림이나 가책도 받지 않고 계속해서 죄를 짓는 사람의 고뇌보다 훨씬 크고 격심하다." 나는 위기의 깨어지는 순간을 겪으면서 맥카트니의 이 말을 이해하게 되었다.

위기란 형편이 좋을 때 그토록 신경 써서 모아 둔 힘의 전지(電池) 일체가 이 막강한 폭풍을 상대하기에는 턱없이 부적합하다는 것을 깨닫게 되는 시기를 뜻한다. 위기는 내 경우처럼 스스로 만들어 내는 것일 수도 있지만, 너무 늦었다고 판단할 때까지는 다가오는 것을 볼 수 없는 예측 불

가능한 사건들—암 진단, 친구의 배반, 숨통을 조이는 경제 불황, 대형 사고, 깊이 사랑하는 사람의 죽음—의 집결일 수도 있다.

「누가 하나님을 대변할 것인가?」(*Who Speaks for God?*)라는 책에서 찰스 콜슨(Charles Colson)은 오스트레일리아의 한 기자 회견에서 받은 다음과 같은 질문에 관해 적고 있다. "콜슨 씨, 당신은 보기 드문 사람입니다. 당신은 세상적인 성공의 정상에 올라 보았습니다. 대부분의 사람이 평생을 두고 추구하는 목표를 당신은 이미 성취했습니다. 그런데 백악관에서 감옥으로 전락하는 바람에 그 모든 것이 송두리째 허물어지고 말았습니다. 그러나 당신은 감옥에서 나와 그리스도인으로서 새로운 삶을 살아가고 계십니다. 마치 인생을 두 번 사신 것과 같습니다. 이 두 가지 인생의 의미를 어떻게 간추려 말할 수 있겠습니까?"

콜슨은 그때 대답할 시간이 20초밖에 없었다고 한다. 그래서 그는 재빨리 이렇게 말했다. "만일 내 인생이 표상하는 바가 있다면 그것은 예수 그리스도의 다음과 같은 가르침 속에 들어 있는 진리일 것입니다. '누구든지 제 목숨을 구원하고자 하면 잃을 것이요 누구든지 나를 위하여 제 목숨을 잃으면 찾으리라. 사람이 만일 온 천하를 얻고도 제 목숨(저자가 인용하고 있는 NKJV 영어 성경에는 이 말이 soul 즉 영혼으로 되어 있다—역주)을 잃으면 무엇이 유익하리요'(마 16:25-26)."

콜슨은 이어 자기가 한 대답에 이런 설명을 덧붙였다. "나는 내 인생의 40년을 영혼은 무시한 채 온 천하를 얻으려 애쓰며 보냈습니다. 그러나 권력과 성공의 추구에서는 얻을 수 없었던 것—즉 진정한 안정과 의미—을 세상적인 버팀목들이 다 떨어져 나간 감옥 안에서 발견했습니다. 그리고 하나님의 은혜에 힘입어 나는 그리스도 안에서 진정한 생명을 얻기 위하여 내 목숨을 잃었습니다."

이것은 위기—깨어지는 순간—이자 가장 아름다운 시간의 출발점—특히 콜슨의 경우—이다. 이것이 그로 하여금 수면 아래쪽에 있는 내면의 공간을 발견하게 했으며 또한 하나님을 만날 때 자기 앞에 펼쳐질 미래가 어떤 것인지 깨닫게 해주었다.

경이 – 말로 설명할 수 없는 것

위기가 우리의 통제력을 벗어난 순간을 말한다면 **경이(또는 놀람)**란 **우리가 설명할 수 없는 순간**을 말한다. 우리를 숨가쁘게 하고 깜짝 놀라게 하기 때문에 깨어지는 순간인 것이다.

경이의 순간들은 우리로 하여금 우리의 이해를 뛰어넘는 현실 세계가 있다는 사실을 다시 한 번 깨닫게 한다. 우리는 그런 것들에 대해 곰곰이 생각해 보지만 우리의 사고 체계가 반기를 든다. 컴퓨터 용어를 사용하자면 마음이 '오류 메시지'를 보내는 것이다. 마치 "사고(思考)를 하지 않았고 또 할 수도 없어 처리가 불가능합니다" 하고 말하는 듯이 말이다. 또는 이런 말일 수도 있다. "이것은 너무 경이로운 것이라서 그 원인이나 메시지가 나의 감식 능력을 벗어납니다."

휘태커 챔버스(Whittaker Chambers)는 자서전에서, 갓 태어난 딸아이를 팔에 안았을 때 경험한 깨어지는 순간에 대해 이렇게 말한다.

내 눈은 아기의 귀—그 정교하면서도 완벽한 귀—의 섬세한 귓바퀴에 가 멎었다. 마음속에 이런 생각이 스치고 지나갔다. "아니야, 이 귀는 분자들이 한데 모여 생긴 것(공산주의의 입장)이 절대로 아니야. 이것은 오직 위대한 계획에 의해서만 생길 수 있어." 그것은 일부러 한 생각도 아니었고 꼭 필요한 생각도 아니었다. 나는 마음속에서 그 생각을 떨쳐 냈다. 그러나 그 생각이나 그때 일을 아주 잊은 적은 한 번도 없다. 그 순간 하나님이 그분의 손가락을 처음으로 나의 이마에 놓으셨다는 사실을 그때는 몰랐다.

챔버스의 경험이 내 마음에 이토록 깊이 와 닿는 것은 아마도 나 역시 어느 날 우리 며느리 패티가 전화를 걸어 게일과 나한테 자기하고 병원에 함께 갔으면 좋겠다고 하던 그때, 그와 비슷한 경험을 했기 때문일 것이다. 그때 패티는 우리의 첫 손녀 에린 게일을 임신한 지 6개월째였는데, 의사가 소노그램(음향이나 진동을 음성 기호로 바꾸어 태아의 상태를 알아보는 방법—역주)을 사용하여 아기의 건강을 검진할 때 우리가 자기 옆에 있어 주었으면 했던 것이다.

나는 처음에는 그런 일이 여자들이나 할 일이라며 그 청을 마다했으나, 패티가 굽히지 않는 바람에 결국 예약 날짜에 패티를 만나러 게일과 함께 갔다. 우리는 약간 어두운 방으로 안내되었다. 한쪽 구석에 꼭 텔레비전 같은 화면이 달린 기계가 있었다. 갑자기 그 기계가 작동하기 시작하면서 팔, 다리, 머리 등 아기의 윤곽이 화면에 나타나기 시작했다. 의사는 우리가 후에 에린 게일로 알게 될 그 아이의 몸 부분부분을 서서히 확대하기 시작했다. 손가락과 손톱이 보였다. 눈과 코와 입도 보였다. 의사가 심장을 가리키자 심장이 뛰는 것이 보였다. 척추 및 기타 부위의 골격 구조도 보였다. 의사는 모두 정상이라고 말했다.

그러나 내가 보기에는 그 어느 것도 정상이 아니었다. 나는 할 말을 잃은 채 서 있었다. 나는 그 화면과 우리 며느리의 태 안에 있는 아이로부터 눈을 뗄 수가 없었다. 나는 에린 게일이 기계 자극에 대한 반응으로 천천히 다리와 팔을 움직이는 것을 지켜보았다. 에린은 흠없고 건강한, 더할 나위 없는 살아 있는 인간이었다. 몇 달 후면 내 팔에 안겨 내가 주는 축복을 받을 것이었다. 나는 경이에 젖어 눈물을 흘렸다.

거기 의사의 진료실 안에서 그것은 하나의 깨어지는 순간이었다. 평생을 다해도 그것과 견줄 만한 사건은 별로 생각나지 않는다. 우리는 태내의 아기를 자세히 들여다보며 생명이 자라는 것을 보고 있었다. 우리는 하나님이 그 아들과 딸들을 예비하시는 과정을 보고 있었다. 그것은 영혼과의 대화를 위한 순간이었다. 찬양과 감사와 경이! 나의 내면이 정상 상태로 돌아가는 데 며칠이 걸렸다. 깨어지는 순간의 환희가 너무나 컸던 것이다.

앞서 이야기했던 선지자 이사야는 성전에서 본 하나님의 위엄에 찬 환상을 떠올리며 우리에게 그 경이의 깨어지는 순간을 다시 더듬어 보이고 있다. 그가 꿈 이야기를 하는 건지 실제 경험을 이야기하는 건지 우리는 모른다. 하지만 그는 어느 위기의 순간(어느 유력한 왕의 죽음)에 하나님의 영광으로 인해 경이에 가득 찬 순간을 경험했다고 고백한다.

이사야가 자신이 경험한 바를 조금이라도 더 잘 표현할 수 있는 말을 찾고 있다는 것은 누가 봐도 알 수 있다. 그는 이렇게 적고 있다. "내가 본즉 주께서 높이 들린 보좌에 앉으셨는데." 다음절부터 그는 광채, 연기, 천사, 굉음 등이 어우러진 한 편의 연극 같은 장면(불꽃놀이 같다고 할 사람도 있겠지만)을 묘사하고 있다. 내가 보기에 지금 그는 설명할 수 없는 것을 묘사하느라 진땀을 흘리고 있다. 한마디로 경이에 사로잡혀 있는 것이다.

그의 경이는 깨어지는 순간이 된다. 분명한 것은 그 결과로 그가 자기 영혼의 내면을 처음으로 바라보게 된다는 것인데, 그는 거기서 반드시 거명하여 고백해야 할 악 외에는 별다른 걸 보지 못한다. 고백에 이어 이사야에게는 사죄의 은혜 및 하나님의 음성을 들을 수 있는 기회가 주어진다.

경이의 깨어지는 순간이 언제나 같은 결과를 낳는 것은 아니다. 요나는 커다란 물고기의 창자 속에서 그런 순간을 맞았고, 모세는 떨기나무 불꽃 앞에서 그런 순간을 만났다. 이들은 그 체험으로 녹아 내렸고 변화되었다. 그러나 어떤 사람들은 그렇게 깊은 감명을 받지 못했다. 예수님 주변에 서서 그분이 일으키신 기적의 의미를 이성적 설명으로 깎아내리려 했던 일부 구경꾼이 그런 사람들이다.

얼마 전 나는 며칠 동안 애팔래치아 종주로(Appalachian Trail: 애팔래치아 산맥의 마루를 따라 이어진, 메인 주에서 조지아 주에 이르는 3,250킬로미터 길이의 도보용 산길—역주)의 뉴햄프셔 주 구간을 걸은 적이 있다. 도보 여행자를 위한 오두막에서 하룻밤을 묵었는데 그곳은 대부분이 초면인 서른 명이, 설치는 밤 잠이나마 침낭을 펼 수 있는 곳이었다.

이런 오두막들을 관리하고 있는 애팔래치아 산맥 클럽에서는 저녁 시간에 자연(나는 피조물이라 부르는 걸 더 좋아하지만)에 대한 재미있는 강의를 하기 위해 오두막마다 한두 명의 자연 애호가를 보내곤 한다. 그날 밤에는 어느 부부가 두 차례 강의를 했는데, 아내는 지질학자였고 남편은 천문학자였다.

피곤에 지친 도보 여행자 스물여덟 명은 먼저 지질학자가 산맥의 기원 및 그런 융기의 원인이 된 북미 대륙의 여러 퇴적판에 대해 이야기하는 것을 들었다. 그녀는 수억 년의 세월과 어머어마한 시간대 그리고 거대한 빙하에 대해 이야기했다.

이어 천문학자는 우리의 관심을 하늘로 돌려 놓았다. 그는 행성이며 별이며 별자리며 기타 다른 천체를 짚어 나갔다. 또한 수만 광년에 대해 이야기한 다음, 별 하나를 가리키면서 그 별은 이미 1,500만 년 전에 우리가 있는 쪽을 향해 그 여정을 시작했다고 일러 주었다. 이것 역시 흥미 진진한 것이어서 저녁 시간이 다 끝날 무렵 내 영혼은 경이 상태에 빠져 있었다.

나중에 나는 그 부부에게 강의에 대한 감사를 표한 다음 이렇게 물었다. "선생님들이 말하는 주제에 대해 감성적으로 반응해 보신 적이 있습니까? 거대한 시간의 구조와 무한의 느낌에 관해 생각할 때 마음속으로는 무엇을 느끼십니까?"

둘 다 나의 질문에 관심이 없다는 것이 금세 밝혀졌다. "그런 생각은 안 하기로 했습니다"라고 천문학자가 말했다. "그런 사실들은 단지 내 생각보다 클 뿐입니다. 그래서 있는 그대로 내버려둘 겁니다."

이것은 경이가 보내는 신호에 간섭받기를 거부하는 사람의 말이다. 눈높이를 너무 낮춤으로써 경이를 놓친다는 것이 무엇을 뜻하는지 옛부터 아이들이 부르는 노래를 통해 얼핏 알 수 있다.

야옹아, 야옹아, 어디 갔다 왔니?
여왕님 만나러 런던에 다녀왔지.
야옹아, 야옹아, 거기서 뭘 봤니?
의자 밑에서 생쥐 한 마리 봤지.

노화 – 우리가 피할 수 없는 과정

위기가 우리의 통제력을 벗어난 사건을 가리키고, 경이가 우리가 설명할 수 없는 사건을 가리킨다면, **노화(老化)란 우리가 피할 수 없는 과정**이다.

이 글을 쓰는 지금 나는 오십줄에 들어섰다. 나보다 젊은 사람들은 나를 늙었다고 생각하고, 나보다 나이 드신 분들은 나의 상대적인 젊음을 부러워한다. 아직도 노화에 대해 배울 것이 많다는 건 잘 알고 있지만, 그래도 알 만큼은 알고 있다고 생각한다.

이제는 더 이상 내 몸을 당연한 것으로 생각할 수가 없다. 뭔가를 외우는 것도 전처럼 쉽지만은 않다. 또한 새로운 유형이나 시각을 본능적으로 거부하는 나 자신을 보게 된다. 나는 예전의 가치관과 습관으로 돌아가고자 하는 집요한 유혹을 받으며 살아간다. 그것이 훨씬 편하기 때문이다.

젊은 세대는 갈수록 최신 사건들을 더 많이 떠맡는 것 같건만 나 자신은 갈수록 구경꾼 같다. 내 나이쯤 되면 성공한 인생을 살았느냐, 그저 그랬느냐, 실패했느냐를 판가름하기에 충분한 시간이 흘렀다고 할 수 있다. 소수의 사람들만이 이런 저런 모양으로 성공했을 뿐, 대부분의 사람은 평균 정도에 머무르는 것 같다. 그래도 우리는 소박한 유산을 남기는 것으로도 만족할 것이다. 또한 소정 비율(나로서는 계산할 수 없는)의 사람들은 여기저기서 생의 낙오자가 되고 있다. 이 범주에 속하는 사람들은 잃어버린 꿈과 포부를 애통해 하면서, 말하자면 길가에 그냥 드러누워, 인생이 터무니없이 짧았음을 슬퍼하고 있다. 과연 우리는 노화의 과정이라는 피할 수 없는 이 경험을 어떻게 통과해야 하는가?

어떤 사람들은 노화의 발생을 무조건 부정하려고 안간힘을 쓸 것이다. 좀 이상하게 들리겠지만 피할 수 없는 것을 피하려 하는 것이다. 이런 도피자들은 머리를 염색하고, 체중을 줄이며, 3종 경기 대회에 나가고, 세련된 옷을 입는다. 그렇게 하면 혹시라도 인생이 계속 앞으로 나아가고 있다는, 아니 심지어는 서서히 끝나 가고 있다는 준엄한 메시지를 몇 년은 더 피해 갈 수 있을 것이다. 그러나 때가 되면 이들 또한 그 피할 수 없는 것—지금껏 알고 지내온 이생을 떠나 저편에 있는 뭔가를 향해 가는 것—에 부딪히게 될 것이다.

"알프레드 프루프록(J. Alfred Prufrock)의 연가"라는 시를 보면 엘리어트(T. S. Eliot) 역시 이런 생각을 이해하고 있는 듯하다.

> 나는 나의 전성기가 깜박거리는 것을 보았네.
> 그리고 영원의 하인이 내 옷깃을 붙들고
> 낄낄거리는 것을 보았네.
> 그러자 이내 나는 두려웠네.

고(故) 조셉 알솝(Joseph Alsop)이 회고록에 남긴 이런 말이 머리에서 떠나지 않는다. "사실 나는 미국에서 벌어지고 있는 일을 더 이상 이해할 수 없었다. 아마 나도 결국은 과거의 시각에 고정된 늙은이가 되었기 때문일 것이다."

그러나 노화의 과정은 사람으로 하여금 수면 아래쪽을 보게 해줄 것이다. 그것이 사도 바울의 생각이었다. 그는 이렇게 적고 있다.

그러므로 우리가 낙심하지 아니하노니 우리의 겉사람은 낡아지나 우리의 속사람은 날로 새로워지도다. 우리가 잠시 받는 환난의 경한 것이 지극히 크고 영원한 영광의 중한 것을 우리에게 이루게 함이니 우리가 주목하는 것은 보이는 것이 아니요 보이지 않는 것이니 보이는 것은 잠깐이요 보이지 않는 것은 영원함이라(고후 4:16-18).

나중에 노화 과정에 대해 더 이야기하겠지만 우선 지금은 노화에 대한 생각 자체가 하나의 중요한 깨어지는 순간 혹은 경험이라는 점을 말해야겠다. 인간의 생명이 전부인 세상에서 노화란 두려운 것이다. 시간은 점점 빠르게 지나가고, 내 세상의 범위는 점점 줄어들며, 부정적인 감정과 짜증과 두려움은 비밀로 묻어 두기가 점점 어려워지는 것 같다. 대부분의 연장자들에게 인생은 이미 재미가 아니다.

그러나 만일 노화가 사람으로 하여금 영혼을 더욱 깊이 들여다보게 한다면 어떻게 될까? 수많은 사람들이 생각의 얕음으로 놓친 것—영혼에서 비롯되는 힘을 바탕으로 한 영원한 젊음의 실질적 기초—을 찾을 수 있다면 어떻게 될까?

남다른 삶을 살아온 테레사 수녀를 세상에 알려 경종을 울리는 데 누구보다도 혁혁한 공헌을 한 사람은 아마 맬콤 머거리지일 것이다. 테레사 수녀에 관해 그가 처음 쓴 글들은 「하나님께 아름다운 것」(*Something Beautiful for God*)이라는 작은 책자에 실려 있다. 하나님이 복음의 초점을 그분께로 맞추는 데 사용하신 이 여인에 대해 그는 이렇게 쓰고 있다. "지금껏 그녀보다 더 기억에 남는 사람은 만나 보지 못했다. 그녀는 지나가는 순간 잠깐 만나는 것만으로도 지울 수 없는 인상을 남긴다." 왜일까? 그의 관심을 사로잡은 것은 무엇일까? 지금 그가 이야기하고 있는 사람은 노화 과정 중에 있는 여인이라는 사실을 잊어서는 안 된다. 그는 계속해서 이렇게 적고 있다.

하나님의 절대적인 사랑의 그 무엇이 테레사 수녀에게 가 닿아 그 수수한 용모에 감출 수 없는 광채와 빛나는 기색을 더하고 있었다. 주님과 얼마나 가깝게 살아왔던지 그녀의 주위에는 예루살렘과 갈릴리에서, 무리로 하여금 당신을 따르게 했던 그리고 당신의 임재를 치유의 전조로 보이게 했던 것과 똑같은 매혹이 풍겨나고 있다.

나는 젊고 힘센 사람들과 함께하는데, 그들 사이에 있다 보면 내가 몇 째 안에 끼어야 한다거나 남의 눈에 들어야 한다는 식의 외적인 필요들은 버리는 법을 배우게 된다. 그리고 그런 과정을 통해 오히려 수면 하단에서 더 깊은 평안을 발견하곤 한다. 이제 더 이상은 이전처럼 경쟁에 대한 압박감에 지나치게 사로잡혀 있지 않다. 더 이상은 나 자신을 계속해서 입증해 보여야 할 필요도 없다. 더 이상은 모든 사람에게 매력적이어야 한다는 부담도 없다. 그리고 더 이상은 언제나 옳아야 하고 언제나 첫째여야 하고 언제나 통제를 받아야 할 필요도 없다.

앞으로 살(혹은 살기 원하는) 날보다 이미 살아 버린 날이 더 많다는 사실을 생각할 때, 나는 진정 중요한 것이 무엇이며 그것을 최종적으로 판정하실 분이 누구인지에 대해 한결 의미 깊은 생각을 하게 된다.

리처드 로어(Richard Rohr)에 따르면 인도에서는 인생을 네 단계로 본다. 우선 현인들로부터 배울 수 있는 모든 것을 배우는 학생 단계가 있다. 이어 결혼하여 가정을 이루고 집안을 세우며 필요를 공급하는 가장(家長) 단계가 있다. 세 번째 단계는 가장 단계에 뒤이어 오는 것으로 구도자 단계라 한다. 구도자는 세상에 나아가 그간의 오랜 인생살이에 비추어 무엇이 진정으로 중요한지를 배우게 된다. 구도자는 겸손하게 귀를 기울일 준비가 되어 있으며 자신을 내보이거나 세력을 과시할 필요 따위로 방해를 받지 않는다.

그러나 한 가지 단계가 더 있다. 진지한 구도자는 학생들의 방문을 받는 현인이 된다. 현인이란 영혼으로 말하는 사람이요 더욱 깊은 신비들을 느긋하게 대하면서도 존중하는 사람이다. 사람들은 현인이 있는 곳에서 평안과 지혜를 발견한다.

이 모든 일이 노화와 무관하다고는 말할 수 없다. 요셉과 마리아의 팔에 안긴 아기 그리스도의 독특성을 맨 처음으로 증거한 사람 중에, 시장과 그 북새통을 떠나 성전 안에서 "이스라엘의 위로"(눅 2:25)를 기다리는 데서 만족을 느낀 두 노인 시므온과 안나가 있다는 사실은 상당히 교훈적이라 생각한다. 이는 늙기 전에 커다란 저택, 호화로운 자동차, 절대 안전한 재정 상태를 확보하고자 하는 이들에게는 전혀 솔깃한 선택 사항이 아니다. 그러면서도 우리는 아기 그리스도를 팔에 안고 하늘을 올려다보는 그들의 그 자족(自足)을 부러워한다. 그들은 범인이 알지 못하는 뭔가를 알고 있다.

영적 훈련 – 우리 대부분이 하지 않으려 하는 것

위기란 우리가 통제할 수 없는 것이다. 경이란 우리가 설명할 수 없는 것이다. 노화란 우리가 피할 수 없는 것이다. 이어 여기에 우리를 수면 아래쪽 영혼의 영역을 향해 안으로 아래로 나아가게 하는 네 번째 유형의 깨어지는 순간이 있다.

영적 훈련이란 우리 대부분—정말 거의 대부분—**이 하지 않으려 하는 것이다.** 훈련이란 좀더 강인하고 역량 있고 끈기 있고 기운차게 성장하기 위하여 자신의 삶 속에 일부러 고통과 긴장을 유발하는 행위를 말한다. 그렇다면 영적 훈련이란, 하나님의 말씀을 들을 수 있는 영혼의 역량을 높이고, 그 결과로 인간의 마음과 외면 생활에 지침과 능력이 될 내적인 힘(영적 에너지)을 갖추는 역량도 높이기 위하여, 영혼을 좀더 강도 높은 노력 속으로 밀어넣는 일을 말한다.

우리가 영적인 문제에 **훈련**이라는 단어를 사용하고 있다는 사실 자체가 우리 인생에 무질서와 게으름을 추구하는 성향이 있음을 수긍한다는 것이 된다. 그런 성향이 있기 때문에 우리는 자신을 훈련하는 것이다.

달리기 선수, 수영 선수, 레슬링 선수 등 모든 운동 선수들은 고통이 남다른 실력을 갖기 위한 척도가 된다는 사실을 알고 있다. 내가 육상 및 크로스컨트리 선수로 있을 때는 이것을 깨닫지 못했던 것 같다. 아무도 나에게 고통이 성장의 시작이라는 것을 일러 준 적이 없었다. 그래서 나는 당연히 고통을 성장의 끝으로 생각했다. 힘든 연습 뒤에 몸이 아프기 시작할 때면 나는 그것을 운동을 그만둬야 한다는 신호로 받아들였다.

빌 투미(Bill Toomey)는 20세기 미국의 위대한 운동 선수 가운데 한 사람으로 자리를 굳히고 있다. 그는 60년대에 10종 경기에서 미국에 금메달을 안겨 주었다.

나는 50년대 말 콜로라도 대학교에서 빌 투미와 함께 육상팀에서 활동했다. 우리는 거의 매번 연습 시간마다 적어도 처음 50미터는 나란히 달렸다. 월요일 오후마다 있던 그 연습 시간을 돌이켜보면 지금도 고역스런 기억밖에 떠오르지 않는다. 연습이 귀찮았기 때문인지 기억조차 달갑지 않다. 월요일 연습이 끝나고 나면 나는 파김치가 되어 탈의실까지 비틀 걸음을 걷곤 했다.

그러나 빌 투미는 그렇지 않았다. 그는 트랙 옆 잔디밭에서 20분 정도 쉰 다음 다시 연습에 들어가곤 했다. 나는 의지가 아주 박약했던 반면 빌 투미의 의지력은 나의 열 배는 되었다.

60년대 미국의 스포츠 팬들이 빌 투미의 이름은 잘 알지만 내 이름은 들어 보지도 못했거나 관심도 없었던 이유가 바로 여기에 있다. 우리 두 사람의 격차는 월요일 오후의 그 연습 시간에 시작된 것이다. 그는 훈련을 두려워하지 않고 최대로 했으나 나는 훈련을 두려워하여 최소로 했던 것이다.

세월이 지나서야 나는 소중한 것은 무엇이든, 훈련이 수반되어야만 얻을 수 있다는 사실을 깨닫게 되었다. 이는 수면 아래쪽의 영혼 차원에 존재하는 문제들에 대해서도 마찬가지다. 단 여기서는, 토머스 아 켐피스(Thomas á Kempis)의 말을 빌린다면, 안쪽을 향해 걷는 법을 배우는 것이다.

영적인 스승들은 모든 방식을 동원하여 우리에게 이 사실을 가르쳐 왔다. 그들은 영혼과 접촉하려는 자는 근면하고 단호해야 한다고 주의를 주었다. 우리는 여러 가지 감정, 피로, 산만한 마음, 잘못된 욕망, 세간의 의견을 극복해야 한다. 침묵과 정적을 두려워하지 말아야 하며, 겸허한 심령으로 신성의 강렬한 임재 가운데 들어가는 것도 두려워 말아야 한다.

지금까지 이야기한 네 가지 깨어지는 순간들 중에서 영적인 훈련은 우리가 날마다 통제할 수 있는 것이다. 그러나 위기와 경이는 대부분 미리 계획할 수 없는 것이다. 노화는 우리가 잘 알고 있으면서도 대개는 그런 일이 일어나지 않을 것처럼 위장하는 것이다. 그러나 훈련은 하루하루를 기본으로 매일 받아들이기로 선택할 수 있는 것이다. 이 선택은 필요한 시간을 따로 떼어놓고, 스승들의 습관을 받아들이며, 우리와 교제하기를 기다리시는 하나님과 관계를 맺기로 하는 결단을 통해 이루어진다.

본장 앞 부분에서도 말했지만, 인생을 하나의 도로 지도에 비유한다면, 나의 경우에는 대부분의 일들이 지방 도로에서 일어났으며, 대개는 예기치 않은 일들이었다고 말할 수 있다. 차라리 정지하지 않거나 정지당하지 않았다면 더 좋았을 뻔한 시간들도 있었다. 그러나 그럴 때마다 언제나 영혼과 대화할 수 있는 기회가 있었다. 그래서 나는 배우고 자랐다. 그리고 남에게 나누어 줄 무언가를 얻었다.

4. 영혼의 질(質)

영적인 피상성과 영적인 진실성, 그 차이를 알라

오늘날 절실하게 필요한 사람은
똑똑한 사람이나 재능이 뛰어난 사람이 아니라
깊이가 있는 사람이다.
—리처드 포스터(Richard Foster)

성인이 된 이후로 석유 및 가스 탐사에 인생을 바쳐 온 친구가 하나 있다. 그는 업무에 능숙했고 또 열심히 일했기 때문에 상승 가도를 달려 왔다. 그러나 최근 몇 년 동안은 사업이 힘들었다. 경제 불황과 유가 하락으로 인해 파산 지경을 오락가락한 것이다.

사실 사태가 급작스레 반전되었을 때 그는 석유 및 가스 사업에서 거의 손을 떼려고 했다. 그런데 동업자들과 함께 마지막으로 한 번 더 시추 작업(지질, 지반 조사 등을 위해 땅속 깊이 구멍을 파 보는 일—역주)을 해 본 것이 운 좋게도 금방 좋은 성과를 가져왔다. 상상을 뒤엎을 만큼 높은 수익성이 보장되는 천연 가스 유전을 우연히 발견한 것이다. 정말 뜻밖이었다! 곧 '끝장'날 거라던 이전의 살벌한 이야기가 하룻밤 사이에 새로운 성공에 대한 기대로 바뀌었다.

생산 첫 달 시추봉에서는 350만 입방피트(약 60만 미국 배럴—역주)의 가스가 나왔다. 이것은 생산율을 배가시키기 위해 같은 유전 안에 시추봉을 하나 더 팔 계획을 세우게 만들 정도로 엄청난 양이었다. 내 친구는 그 누구보다도 흥분으로 들떠 있었다. 그는 사업의 일대 전환을 감지할 수 있었다. 그는 기업가였고 또 꿈이 있었기 때문에 지금이야말로 새로운 계획과 새로운 모험을 할 절호의 시기라고 판단했다. 어두운 날들은 다 지나간 것 같았다.

그러나 안타깝게도 그런 결론과 기대는 감정적인 것이었는지도 모른다. 시추봉을 가동한 지 45일이 지나자 가스 유출량이 뚝 떨어졌다. 하루 유출량이 350만 입방피트에서 100만 입방피트로 줄어든 것이다. 이것은 시추 및 생산 비용을 충당하기에도 모자라는 것이었다.

그에게 찾아온 결과는 깊고 깊은 절망이었다. 자신이 새로 찾은 희망과 꿈에 대해 미리 이야기해 놓았던 친구들과 업자들 앞에서 자꾸만 형편없는 바보가 되는 것 같았다. 물론 우리는 그렇게 생각하지 않았지만, 그가 환멸에서 벗어나도록 우리가 할 수 있는 일은 그리 많지 않았다.

지금 내가 이 이야기를 하고 난 뒤로도—사실 이 일은 이 글을 쓰고 있는 지금 이 순간에도 아직 끝나지 않았다—상황은 얼마든지 달라질 수 있다. 시추봉의 생산량이 처음처럼 다시 많아질 수도 있고, 아니면 최근의 사태가 예고한 대로 과연 맥빠지는 실패로 끝날 수도 있다. 천연 가스 시추봉과 관련하여 내 친구가 경험하고 있는 실망은 나를 다시 인생의 수면 아래쪽에 있는 것들의 문제 즉 영혼의 문제로 돌아가게 한다.

여기 진단 질문이 몇 가지 있다. 나는 내 영혼의 질(質) 및 내 영혼이 하나님께 **아름답고**(맬콤 머거리지의 표현을 빌리자면) 다른 사람들에게 **도움이 되고**

나에게 **안정과 생명을 주는** 것을 생산할 수 있는 능력에 대해 어떤 결론을 내릴 수 있는가? 내 영혼은 계속해서 생산할 경우, 그 생산량이 영혼의 형통을 이루게 할 시추봉과 같은가, 아니면 처음에는 커다란 가망성을 보이지만, 실제로는 희망을 주는 듯하다가 이내 엄청난 절망을 안기는 정도밖에 되지 않는 시추봉과 같은가? 자신의 삶을 성경의 하나님 중심으로 가꾸어 가기로 선택한 사람들에게는 이런 질문이 인생의 가장 중요한 질문 가운데 하나일 것이다. 또한 이것은 단 한 번의 답으로 끝나는 것이 아니라 거듭해서 답해야 하는 질문이다.

구약 성경에는 거룩하고 고매한 아브라함의 조카로서 아브라함 가족의 일원이 되어 여행한 롯의 이야기가 나온다. 아브라함이 가는 곳이면 어디든 롯도 함께 갔다. 아브라함이 융성하게 될 때마다 롯도 함께 융성하게 되었다. 장담할 수는 없지만, 내가 느끼는 바로는 만약 여러분이 이 두 사람을 방문했다면 두 사람 모두에게서 깊은 인상을 받고 왔을 것이다. 그리고 아마 두 사람 중 겉보기에 훨씬 더 야심 차고 활기 있으며 젊은 롯에게 마음이 끌렸을 것이다. 여러분과 나는 롯의 성공을 바라보면서, 그가 깊은 영혼을 지녔으며 하나님께 큰 복을 받은 사람이라고 생각했을지도 모른다. 그의 모든 것은 내 친구의 시추봉이 처음 45일 동안 보여 준 그 '쏟아져 나오는' 성공으로 차고 넘쳤다.

하지만 우리는 틀렸을 것이다! 이들이 영혼의 차원에서 현저하게 달랐다는 증거는, 이들이 헤어져 롯은 소돔 평지로 가고 아브라함은 산지로 간 뒤에 나타났다. 굳이 말하자면 산지 쪽으로 간 아브라함은 롯과 헤어짐으로써 더 나은 사람이 되었다. 반면 소돔의 무성한 풀밭을 향해 간 롯은 더 불행한 사람이 되었다. 그의 선택, 그의 가치관, 그의 인생 방향은 너무도 빤히 드러나고 말았다. 이런 것들이 그를 영혼이 부요할 수 있는 삶에서 떠나 아브라함의 하나님으로부터 벗어나는 길로 끌어들였다. 롯의 경우, 이야기는 처절한 비극으로 끝나고 말았다.

롯은 나에게 몇 가지 소중한 교훈을 가르쳐 준다. 다시 말하지만 그는 45일 동안 쏟아져 나오다 곧 생명력을 잃고 만 시추봉과 같다. 그는 올바른 상황과 유력한 연줄 밑에서는 아주 훌륭해 보이지만 잘못된 상황과 사악한 연줄 밑에서는 정말 형편없어 보인다. 그는 순간의 영향을 받는다. 즉 백부인 아브라함과 함께 있을 때는 신령하고 거룩한 것의 영향을 받다가, 소돔 사람들 틈에 있을 때는 뭔가 바람직하지 못한 것의 영향을 받는 것이다.

롯의 이야기와, 최초의 가망성이 느닷없는 생산성 하락으로 허물어져 버린 천연 가스 시추봉이 주는 교훈을 곰곰이 생각하며 나는 내 영혼의 여정에서도 있을 수 있는 한 가지 약점에 대해 교훈을 받곤 한다. 그것은 다름 아니라, 개발 중에 있는 진정한 영성(아브라함)과 공약(空約)에 가까운 영적 체험(롯)의 차이를 분별해야 한다는 도전이다.

영성과 영적 체험, 이 둘은 너무나 별개의 것이기 때문에 절대로 혼동해서는 안 된다.

이 두 가지 개념—영성과 영적 체험—은 너무도 방대하기 때문에, 이 글을 쓰면서도 나는 내가 그 의미를 오용하여 중요한 현안에 혼란을 야기하지나 않을까 하는 커다란 두려움을 느낀다. 그러나 이 두 용어는 앞으로 계속해서 사용할 것이므로, 먼저 이 용어들에 대해 이야기한 다음 영혼으로 산다는 주제에 대해 깊이 파고 들어가는 것이 좋을 듯하다.

영성(靈性)

나는 영성—기독교 신앙에 우호적이든 비우호적이든 모든 다양한 사람들이 사용하는 단어—이란 사람이 영혼 중심으로, 그리고 하나님과 교제하고 성령을 받들어 섬기는 영혼 본연의 기능을 중심으로 살아가기로 선택할 때 수반되는 노력과 얻을 수 있는 유익이라고 생각한다. 토머스 아 켐피스는 이것을 안쪽을 향해 걷는 것이라 불렀다.

다르게 표현하여, 영성이란 창조주께 우리의 길을 인도하시게 하고, 가는 길에 힘을 공급하시게 하며, 지쳤을 때나 다쳤을 때 필요한 생계를 채우시게 하는 가운데, 그분과 동행하는 여정을 말한다. 뜻이 얼른 잡히지 않는 이 용어에 대해 한 번 더 설명해 본다면, 영성이란 주변 세상을 본받지 않고, 하늘의 분별과 확신과 결정으로 충만한 내면 세계를 따라 사는 것을 뜻한다. 그것은 하나님의 성령이 거하시는 영혼을 말한다.

나와 함께 자란 사람들은 영성을 그리스도와의 동행, 성령 충만, 승리의 삶, 풍성한 삶 등으로 표현하기도 한다. 또 다른 사람들은 그분의 임재 안에 사는 것 혹은 거룩한 길을 걷는 것 등으로 묘사하기도 한다.

영성이라는 말의 사용 범위는 아주 넓다. 그것은 사람의 내적 태도를 말해 주며 그의 품행과 성품을 가리킨다. 또한 예수님의 이름으로 하는 사랑의 섬김에 대해 그 사람이 어떻게 생각하는가를 보여 주는 데까지도 사용될 수 있다. 분명히 말해 영성이란 아주 덩치가 큰 단어다. 그러나 인간의 삶 수면 아래쪽에 있는 것과 전적으로 관련된 단어이기도 하다.

내가 보기에는, 출세와 성공과 심리적 건강과 부와 이른바 풍요한 생활을 구하는 이 시대에, 내가 정의한 영성에의 추구는 대다수의 사람들에게 있어 지평선 너머로 사라져 버리고 만 것 같다. 교회는 귀감이 되는 그리스도인다운 삶을 찾는다고 주장하는 사람들로 가득 차 있다. 그러나 그들이 추구하는 것과 그것을 얻기 위해 희생하고자 하는 것을 보건대, 그들이 진정한 영성과는 거리가 한참 먼 상태에 안주하고 있음을 알 수 있다.

지금까지는 영성의 정의를 몇 가지로 소개했으니, 이제는 무엇이 영성이 아닌지에 대해 말해 보기로 하자. 영성이란 유년 주일 학교에서 그 누구보다도 성경 기사를 더 많이 알고 성경 구절을 더 많이 암송하는 것이 아니다. 어렸을 때는 나도 그런 것이 영성이라고 생각했지만 말이다. 또한 교회 활동에 지나치게 열심을 내는 것도 아니며, 성경적 논제들에 대해 아주 잘 정리된 교리적 입장을 갖추고 있는 것도 아니다. 영성은 전도자나 선교사, 목사, 교사나 평신도 지도자가 되는 것도 아니다. 이런 것들이 다 고귀하고 훌륭하지만, 사람이 영혼으로 사는가와 반드시 연관된 것은 아니니다.

안토니 블룸(Anthony Bloom)은 자신이 영혼 차원의 삶에 눈뜨게 된 과정을 이야기하며 영성에 대해 자기 나름대로 이해한 바를 기록하고 있다. 그는 마치 내 친구가 절망을 씹으며 천연 가스 시추봉을 바라보는 것처럼 자신의 영혼을 바라보는 지점에까지 이른 것 같다. 우리가 말하는 종교적으로 분주한 활동을 블룸은 '의도성(purposefulness) 행위'로 표현하고 있다. 그는 이렇게 쓰고 있다.

나는 의도성 행위를 통해 얻을 수 있는 것 말고 다른 것을 통해 인생의 의미를 찾기 시작했다. 공부를 하고 삶의 수완을 갖추는 것은 내게 조금도 확신을 주지 못했다. 그때까지 내 삶은 온통 눈앞의 목표들에만 매달려 있었는데, 갑자기 그 모든 것이 무의미해졌다. 나는 내 안에서 뭔가 굉장히 극적인 일이 일어나고 있음을 느꼈다. 내 주위의 모든 것이 작고 무의미하게 보였다.

블룸은 계속해서 바깥 세상에서 찾을 수 있는 것보다 더 크고, 더 깊고, 더 풍부한 것이 자기 안에 있음을 깨닫게 된 이야기를 들려주고 있다. 블룸에게는 영성의 시작이 이렇게 찾아왔다.

마가복음 앞 부분을 읽고 있는데, 채 3장도 되지 않아서…나는 갑자기 내 책상 맞은편에 어떤 존재가 있음을 알게 되었다. 거기 계신 분이 그리스도라는 확신은 너무도 강해서 그 뒤로도 줄곧 나를 따라다녔다. 그것은 분명한 전환점이었다. 그리스도께서 살아 계셨고 내가 이미 그분의 임재 안에 있었기 때문에, 나는 갈릴리 선지자의 십자가 죽음에 대해 이 복음서가 말하고 있는 바가 과연 사실이며, 또한 "이 사람은 진실로 하나님의 아들이었도다"(막 15:39)고 한 백부장의 말이 옳았다고 확실하게 말할 수 있었다.

블룸이 하고 있는 이야기는 쉽게 지나쳐 버릴 만한 문제가 아니다. 그것은 도전이고 전복(顚覆)이며 놀람이고 적지 않은 경악이다. 그는 계속해서 이렇게 말하고 있다.

하나님을 만난다는 것은 '호랑이 굴'에 들어가는 것을 뜻한다. 어쩌다 마주치는 고양이가 아니라 바로 호랑이다. 하나님의 세계는 위험하다. 그러나 우리는 그 세계에 대한 정보만 구할 것이 아니라, 직접 그 안에 들어가야 한다.

자신에게 일어난 일에 대해 블룸이 하는 말을 이해하려면, 여기 뭔가 본질적인 일, 곧 앞으로 그의 여생에 특징이 될 만한 일이 진행되고 있다는 사실을 인식해야만 한다. 이것은 쉽게 생겨나는 값싼 종교적 전율도 아니고 감정을 기분 좋게 자극하는 것도 아니다. 이 사람은 결코 전과 같지 않을 것이다. 이것은 그가 회심하는 순간, 즉 살아 계신 하나님의 아들이신 예수께로 향하여 그의 영혼이 열리는 순간이다. 그리고 그의 영혼이 하나님의 내주하시는 처소로 점점 더 잠긴 바 됨에 따라 회심이라는 일평생의 경험에 불씨를 당길 것이다.

영적 체험

자신의 영적 여정의 시작에 대한 블룸의 진술은 내가 영적인 체험이라고 부르는 것과는 강렬한 대조를 이루고 있다. 내가 말하는 영적 체험이란 영혼보다는 감정이나 마음에 더 치중하는 것으로서 임시 변통이라고 표현하는 사람들도 있다. 영적 체험이, 영성이 제공할 수 있는 그 어떤 것보다도 우선 당장은 훨씬 더 마음을 진정시켜 주고 훨씬 더 큰 자극을 주는 것은 얼마든지 가능하다. 이 점을 이해하는 것이 중요하다. 블룸이 표현하는, 호랑이 굴에 들어가는 것은 마음을 진정시켜 주는 경험과는 거리가 멀다. 어쩌면 영적 체험이 훨씬 더 매력적일 수 있다.

경험의 강도가 대단한 가치를 지니는 세상이다 보니, 우리는 황홀하거나 깜짝 놀랄 만한 개인의 순간적인 종교적 사건이 영성 개발의 고된 작업보다 훨씬 더 진실되고 만족스러우리라는 생각에 속아 넘어가기 쉽다. 윌리엄 버틀러 예이츠(William Butler Yeats)는 자신의 영적 체험을 이렇게 묘사하고 있다.

>나의 쉰 번째 해가 오고 갔다.
>북적거리는 런던의 어느 상점 안에
>나는 혼자 덩그러니 앉아 있었다.
>대리석 테이블 위에는
>펼쳐진 책 한 권과 빈 잔 하나.
>
>상점과 거리를 보고 있노라니
>한 순간 몸이 확 달아 올랐다.
>약 20분간, 너무나 행복에 겨워
>꼭 복을 받은 것 같았고
>복을 빌 수도 있을 것 같았다.

2연에 나오는 '한 순간', '달아 올랐다', '같았다', '행복' 같은 단어를 눈여겨보기 바란다. 참으로 임시적인 느낌을 주는 말들이다. 또 아주 짧은 시간 동안만 그랬다는 어감을 준다. 복을 받은 것 '같았고' 또 복을 빌 수도 있을 것 '같았다.' 이것이 영적 체험 중에 있는 사람이 느끼는 기분이다.

영성이란 장기적으로 수익을 올리며 계속해서 생산되고 또 생산되는 시추봉과 같다. 그러나 영적 체험이란 나의 친구와 그 동료들이 팠던 것같이 처음—인구에 회자될 가치가 있는 동안만—에는 실적이 거창하지만, 그 실행 가능성이 단기에 지나지 않는 시추봉과 같다.

이 두 개념의 차이에 대해 좀더 자세하게 설명하기 위해 아내 게일과 내가 영양에 대해 늘상 나누는 대화를 예로 들어 보겠다. 우리는 아침 일찍 일어나는데 아침 식사를 무엇으로 할 것인가는 각자가 알아서 하는 습관이 몸에 배어 있다. 나는 내가 제일 좋아하는 시리얼 한 그릇(또는 두 그릇)을 쉬엄쉬엄 여유 있게 먹는 반면 게일은 몇 년이고 과일을 먹고 있다. 굳이 상표 이름은 밝히지 않겠지만, 여기서 털어놓건대 나는 조그만 도넛 모양의 귀리 시리얼을 50년이 넘게 즐기고 있다(나는 음식의 변화가 아주 더디다).

내가 시리얼을 먹는 법은 평생 동안 달라지지 않고 그대로이다. 우선 그릇에 시리얼을 최대한 가득 채운다. 그래서 그릇이 클수록 좋다. 그 다음 우유를 붓고 설탕(가공된 백설탕)을 뿌린다. 아무도 보는 사람이 없으면 설탕을 조금 더 넣는다. 시리얼을 다 먹고 단 우유만 바닥에 남아 있을 때는 필요에 따라 시리얼을 더 부어 먹기도 한다.

아침을 먹고 나서는 아주 기분 좋게 집을 나선다. 그러면서 그 이유 중 하나는 아내의 배웅 키스 외에도 맛있는 아침 식사에 있다고 혼자서 생각한다.

과연 그렇다면 아침 나절에 두 시간쯤 지나 다시 배가 고파지는 것은 무엇 때문인가? 점심 시간을 기다리며 참을성 없이 시계를 쳐다보는 것은 무엇 때문인가? 답은 간단하다. 설탕을 곁들인 나의 즐거운 아침 식사가 나에게 그날 하루를 지탱하기에 충분한 힘을 거의 제공하지 못했기 때문이다. 만족스러운 아침 식사라는 느낌만 주었을 뿐 그 만족스러움은 오래 가지 않았다. 설탕 기운은 조금 지나자 씻은 듯이 사라졌다. 내 친구의 가스 시추봉이나 다를 바 없다.

그러나 과일은 오전 내내 아내를 지탱해 준다. 그래서 아내는 나한테 그 이야기를 잊지 않고 한다. 게일에게는 오전 나절에 간식을 먹고 싶다는 유혹이 전혀 없다. 점심 때가 되어 더 많은 과일과 약간의 야채를 먹을 때까지 배가 고프지 않다는 것이다.

이 아침 식사는 영적 체험과 영성의 실상을 좀더 잘 보여 준다. 게일은 영양을 택했고 나는 맛을 택했다. 그리고 나는 게일이 바른 선택을 했다는 것을 알고 있다. 나도 아내의 식습관으로 천천히 돌아서고 있는데(가끔은 원상태로 돌아가기도 하지만) 그 이유는 아내의 식사에서 아침 나절을 견디게 하는 에너지와 힘이 현저하게 들어 있음을 발견했기 때문이다.

신앙을 처음 가지기 시작했을 때, 나는 영적 체험들이야말로 하나님이 그 사람의 삶 가운데 역사하고 계시다는 증거로 잘못 인식한 많은 사람들의 지도를 받았다. 따라서 그들에게는 가시적 일신(一新)이나 개인적 부흥 같은 극적인 체험을 일으키기 위해 힘 닿는 대로 무엇이든 하는 것이 중요했다. 지금 생각해 보면 내가 진짜임을 증명할 뿐 아니라 그들을 기쁘게 하기 위하여 영적인 체험을 만들어 내는 것이 나한테도 중요했던 것 같다.

영적 체험을 설명하기에는 십대 아이들이 사나흘씩 함께하는 여름 캠프나 중고등부 수련회에서 흔히 발생하곤 하는 일보다 더 설득력 있는 예는 없다. 그들은 그 기간에 상담자들의 지도하에, 하나님이 젊은이들의 삶 가운데 역사하고 계시다는 증거를 간절히 찾는다.

이런 사건은 언제나 마지막 날 밤에 발생했다. 마지막 날 밤에는 캠프파이어 시간이 있었는데, 그때는 노래를 많이 하고 경건한 대화를 나누었다. 이 둘은 언제나 듣는 이들로 하여금 회개하게 하고, 하나님과의 관계를 바로 정리하게 하고, 장래의 변화를 다짐하게 했다. 그 뒤에는 으레 이른바 간증들이 이어지곤 했다.

좀 이상하긴 하지만 그때만 해도 지금과 달라서, 그렇게 간증하는 시간을 조그만 나무 조각들(장작)에서 이름을 따 장작 예배라 불렀다. 그 나무 조각들은 끝을 석유에 적셨기 때문에 불에 닿으면 잘 타도록 되어 있었다. 석유를 부어서라도 장작이 밝게 오래 타게 하는 것은, 임시 변통적인 체험을 상징했다. 그러나 그때는 그걸 몰랐다.

십대 아이들은 지시에 따라 한 사람씩 불 가로 다가가 장작을 하나 집은 다음, 앞으로는 그리스도인답게 좀더 신실하게 살겠다고 전체 앞에서 말한 뒤 거기에 불을 붙여야 했다. 그때 우리가 한 말은 주로 이런 것이었다.

작년에는 별로 그리스도인답게 살지 못했어요. 못된 애들하고 몰려다니면서 바보 같은 짓도 하고 주님을 많이 실망시켜 드렸어요.

이쯤 되면 이 말을 한 아이는 통상 울음을 터뜨리고는 한동안 후회의 흐느낌을 진정하려고 애쓴 다음 이렇게 말을 잇곤 했다.

하지만 올해는 다를 거예요. 제 삶을 그리스도께 다시 헌신하기로 했거든요. 돌아가면 친구들을 다 전도할 거예요. 우리 학교는 달라질 거예요. 예수님하고 제가 변화시킬 테니까요. 어려울 테니까 여러분도 저를 위해 기도해 주셔야 돼요. 하지만 주님의 도움으로 저는 해낼 거예요.

그러고 나서 그 아이는 불붙은 장작을 캠프 파이어 위에 던지고 자기 자리로 돌아가곤 했다. 간증을 한 사람이 지난 한 해 동안 유명한 '배교자'였을수록 눈물의 양은 한결 더 많아지곤 했다. 상담자들과 중고등부 지도

자들은 서로 고개를 끄덕이면서 뭔가 특별한 일이 일어나고 있다는 데 의견을 같이하곤 했다. 그야말로 다른 한 해가 될 것이라고 모두가 예견했다.

나는 지금 우리가 캠프 파이어 집회 때마다 했던 일들을 비웃는 것이 아니다. 내 기억에 우리는 모두 그런 불 가의 선언들을 매우 진지하게 했기 때문이다. 우리는 정말로 자신이 말한 대로 행하려 했다. 그리고 우리 중 대부분은 과연 그렇게 했다. 물론 사흘 정도로 그치기는 했지만…. 그보다 오래 한 친구들도 더러 있었다.

하지만 대부분의 경우 사흘 뒤면 본래의 삶으로 돌아가 있었다. 내가 말하려는 요지는 이것이다. 그런 저녁 시간 우리가 불 가에서 한 일은 대부분, 물론 예외도 있었지만, **영적 체험에 지나지 않았다는 것이다.**

여기서 영적 체험에 대한 이야기를 잠시 멈추고, 내 말뜻이 제대로 이해되고 있는지 다시 한 번 짚고 넘어가야겠다.

내가 **영성**이라는 말과 **영적 체험**이라는 말을 대비시킨다고 해서, 영혼의 여정을 가다가 강렬한 감정을 발견하게 되는 놀라운 순간들에 대해서도 의문을 제기하는 것은 아니다. 나도 눈물, 억누를 수 없는 기쁨과 웃음, 외경과 신비에 대한 깊은 감정 등을 체험한 적이 많다. 사실 이런 것들을 경험하지 않았다면 나는 도대체 그 외의 어떤 것이 진짜인가 하고 의문을 품는 데 앞장서는 사람이 되었을 것이다.

성경은 모든 신들 위에 뛰어난 신이신 하나님을 높이면서 '속을 다 털어놓은' 남자와 여자들의 예로 가득 차 있다. 이들은 감정을 이기지 못하여 춤을 추고, 두 손을 들고, 울고, 깊은 침묵 속에 서 있고, 소리를 질렀다. 어쩌면 이들은 우리보다 훨씬 더 감정적이었을 것이다.

그러나 문제는 우리가 영혼에서 우러나오는 인생의 감정을 느끼거나 표현하느냐의 여부에 있지 않다. 그보다 내가 **영성**이라고 부르는 단어를 소위 **영적 체험**이라는 것과 분리시켜 주는 것은, 사람이 하늘과 만날 때 존재하는 것이라고는 감정 표출과 기분이 전부임을 발견하는 것이다. 그러므로 이 장이 계속되는 동안, **영적 체험**은 견고한 영혼으로 이끌어 주지 못하는 사건들을 지칭하는 말로 사용되고 있음을 기억하기 바란다. 이런 사건들은 처음에는 견고한 영혼으로 이끌어 주는 것처럼 보이겠지만 실제로는 그렇지 않을 것이다.

내가 우려를 표명하고 있는 부류의 영적 체험은 세 가지 인식을 중심으로 일어나는 경향이 있다. 무엇보다도 첫째로, 영적 체험은 자신의 과거에 일어났거나 혹은 일어나지 않은 일에 대해 품고 있는 강한 후회를 반영할 수 있다. 둘째로, 영적 체험은 현재에 대해 품고 있는 깊은 황홀감을 바탕으로 발생할 수 있다. 종종 이런 감정은 음악, 설득적인 말, 집단에 대한 의리, 또는 이미 일어난 불상사에 관한 충격 발언 등에 의해 자극되는 경우가 많다. 끝으로, 영적 체험은 미래에 대한 거창한 각오나 결심의 감정에 이끌려 나타날 수 있다.

최후의 만찬이 있던 날 밤 무슨 일이 일어나도 주님 곁에 있겠다고 맹세한 시몬 베드로가 세 번째 인식의 좋은 예가 될 것이다. 그는 주님을 위해 싸울 것이며 주님을 위해 기꺼이 죽겠다고 약속한다. 그러나 예수님은 베드로의 영혼을 너무나 잘 아시기 때문에 이 듣기 좋은 장담을 거부하신다. 이때 예수님이 하신 말씀은 이렇게 풀이할 수 있을 것이다. "네가 지금은 그런 기분이 들지 모르지만(영적 체험), 결정적 시기가 오면 너는 나를 부인할 것이다(영성 부족으로 인하여)."

나 자신의 영적 여정 그리고 실망만 안겨 준 가스 시추봉을 생각나게 해주는 숱한 영적 체험들을 돌이켜보면서 나는 다소 환상을 깨는 듯한 다음과 같은 특징들을 발견하게 되었다.

첫째, 영적 체험은 영혼의 훈련을 별로 필요로 하지 않는다. 영적 체험은 대개가 외적인 자극(음악, 설득적인 말, 강렬한 감정)에 의해 유발되기 때문에 아무 때나 발생할 수 있으며, 특정한 식으로 자신을 준비하고 있을 필요가 없다. 영적 체험이 영혼을 끌어들일 만큼 인간의 삶 속 깊숙이 가 닿지 않는 것은 얼마든지 가능하다.

영적 체험은 아무런 예고 없이도 일어날 수 있다. 외적 상황만 제대로 조성하면 일어날 수 있는 것이다. 해마다 종려 주일이면, 예수님의 면전에 종려나무 가지를 흔들며 왕께 합당한 찬양을 드렸던 지지자들이 떠오른다. 어느 모로 보나 그들은 영적 체험의 무언가에 사로잡혀 있었다. 그 순간 그들은 주님을 위해서라면 무엇이든 할 수 있었다. 아마 죽음까지도 불사했을 것이다.

예수님이 이들의 환호에 감동받지 않으셨다는 것은 금방 알 수 있다. 성경의 다른 부분에서처럼 그분은 "친히 사람의 속에 있는 것을 아셨다"(요 2:25). 이것은 그분이 그들의 말을 들으셨고 그들의 몸짓을 보셨으되 그들 안에 있는 영혼은 텅 비어 있음을 아셨다는 말이다. 그리하여 그분은 그들의 술수에 놀아나지 않으셨다.

그들의 찬양은 하나님의 아들이 진정 어떤 분인가에 대해 확신을 불러일으키는 준비된 영혼으로부터 나오는 경배가 아니었다. 그보다 그것은 군중의 흥분에 사로잡힌 사람들의 피상적인 갈채였다. 그 이상도 그 이하도 아니었다! 그리고 그것은—내 친구의 시추봉처럼—금세 없어졌다. 영적 체험이란 이런 것이다.

둘째, 영적 체험은 거의 언제나 감정의 문제다. 눈물, 웃음, 후회나 열의의 격정, 강렬한 사랑의 느낌 또는 거창한 모험의 욕구 등이 있을 수 있다.

몇 년 전 대중 가수 휘트니 휴스턴(Whitney Houston)이 어느 풋볼 경기에서 미국 국가를 불렀을 때, 영적 체험과 비슷한 경험을 한 기억이 떠오른다. 노래를 어찌나 목청껏 열광적으로 부르던지 노래가 다 끝나기도 전에 내 뺨에는 눈물이 주르르 흘러내렸다. 음악은 나의 감정을 건드려 그 에너지를 풀어 놓았다. 나는 잠깐 동안 내가 미국인이라는 사실에 전율했다.

그러나 얼마 되지 않아서 나는 세금을 올리려는 국회에 대해, 환경을 잘못 관리하는 대통령에 대해, 그리고 내가 관심 있게 지켜본 사건에 오판을 내리는 대법원에 대해 속이 뒤틀리는 이전의 모습으로 다시 돌아왔다. 내가 우리나라 도시들의 태만, 토양 및 삼림을 남용하는 우리 국민의 태도, 가난한 국가들에 대한 냉소적 대우 등에 부끄러움을 느끼게 되는 데는 그리 오랜 시간이 걸리지 않았다.

휘트니 휴스턴은 나를 더 좋은 미국인으로 만들어 주지 못했다. 그녀는 감정 체험을 유발했다. 예이츠의 말처럼 나로 하여금 '약 20분간' 복을 받았고 또 복을 빌 수 있다는 행복감에 젖게 했다.

영적 체험의 세 번째 특징은 대개가 아주 잠깐뿐이라는 점이다. 이에 대해서는 앞에서 예를 소개한 바 있다. 내 친구의 가스 시추봉은 한 달밖에 제 구실을 하지 못했는데 대부분의 영적 체험은 그만큼도 오래 가지 않는다.

나는 예수님을 향해 물 위를 걸으려 했던 시몬 베드로의 시도를 영적 체험의 좋은 예로 생각하곤 한다. 그는 마치 "저도 이 신나는 일을 하게 해 주십시오" 하고 말하고 있는 것 같다. 그러자 예수님은 즉시 허락하신다.

그 시도가 나중에 시몬에게, 영혼에 엄청난 쾌감을 가져다줄 것 같은 관심 유발의 기적들보다 더 중요한 것이 있다는 사실을 가르쳐 줄 것이기 때문이다.

그리하여 시몬 베드로는 걷기 시작한다. 신약 성경의 저자들은 하나같이 베드로가 아래를 내려다보기 전까지는 얼마나 자만심에 가득 차 있었을까 하고 상상을 펴곤 했다. 그러나 아래를 내려다본 순간 그는 물 속에 빠지고 말았다! 체험은 끝난 것이다.

설탕을 뿌린 시리얼 아침 식사처럼 영적 체험도 잠깐 동안밖에 가지 않는다. 영혼의 깊은 부분에서 나온 것이 아니기 때문이다.

영적 체험의 네 번째 특징은 그것이 체험자 자신에게 잘못된 영광과 칭찬을 가져오는 성향이 있다는 것이다. 교리 문답서에도 나오다시피 인간의 궁극적인 목적이 하나님을 영화롭게 하는 것이라면, 영적 체험은 그것을 방해하는 것이라고 할 수 있다. 말은 진실되게 들리고 몸짓은 고상하게 보일지 몰라도 대개 내적으로나 외적으로나 모험의 전면과 중앙에는 자아가 자리잡고 있다. 자아가 높아지면 하나님이 임재하지 않으신다. 영적인 스승들은 언제나 이 점을 분명히 했다.

아주 공적인 위치에서 사역하는—몇 가지 예를 든다면 설교, 음악 활동, 교육, 저작 등—특권을 누리는 사람들도 있다. 그들 중 지극히 현명한 사람들은 자신이 선의의 사람들로부터 칭찬과 감사를 받을 때 찾아오는 극도의 위험을 조금은 알고 있다. 박수 갈채 속에는, 영혼으로 사는가의 여부와는 상관없이, 그가 하나님의 도구이며 만인에게 없어서는 안 되는 꼭 필요한 사람이라는 잘못된 메시지가 담겨 있는 경우가 많다.

그 결과 지도자들은 실상은 단순히 이 영적 체험에서 저 영적 체험으로 옮겨 다니고 있을 뿐인데도 자신을 대단히 영적인 사람으로 생각하고 싶은 유혹에 쉽사리 빠질 수 있다. 그런 상황에서 여러 다양한 형태의 죄에 대해 안팎으로 거대한 유혹을 받게 되는 것은 그리 드문 일이 아니다. 유혹은 성적인 문제, 교만, 권력 남용, 진실의 무모한 왜곡 등을 중심으로 찾아올 수 있다.

내가 존경하는 설교의 대가 중 한 분인 19세기 스코틀랜드의 알렉산더 와이트(Alexander Whyte)에게 어느 날 한 여자가 다가와 칭찬과 치켜세우는 말을 늘어놓았다고 한다. 그 여자는 그 말을 할 때 진심이었고 와이트도 그걸 알았다. 그러나 그는 그 여자가 보내는 박수갈채가 자기가 받아야 할 것도 아니고 자신에 대한 정확한 인식에서 나온 것도 아니라는 사실을 알고 있었다.

그는 그 여자에게 20세기보다는 19세기에 더 전형적이었을 대답을 했다. "부인, 만일 부인께서 저의 진면모를 아신다면 제 얼굴에 침을 뱉으실 것입니다." 이런 대답이 내가 사는 세상에서는 적합하게 보이지 않지만, 그가 정확히 무엇을 꾀했는지는 알 것 같다.

사람을 이상한 방식으로 우쭐거리게 하는 영적 체험의 성향 중에는 우리 모두가 부딪히는 유혹으로, 자신이 현재 체험하고 있는 것에 대해 말을 많이 하고 싶어지는 유혹이 있다. 이 점과 관련해서는 내 생각이 틀릴 수도 있지만, 내가 영성 안에서의 성장과 영적 체험을 구분하기 위해 사용하는 잣대 가운데는 꼭 이야기를 해서 남의 인정과 갈채를 받아야만 하는가도 포함되어 있다.

수면 아래쪽이 무거운, 그 영혼이 깊은 사람들은 영혼 차원의 삶에 대해 굳이 이야기할 필요를 느끼지 않는다. 그것은 그들과 하나님 사이의 건강한 비밀이 된다. 그런 삶이 지속되고 있다는 증거는 폭풍이 닥쳐왔을 때 밝혀질 것이다. 남들은 배가 뒤집힐 때 이들은 파도를 이겨내는 것이다. "마리아는 이 모든 말을 마음에 새기어 생각하니라"(눅 2:19). 이것이 영혼 차원에서 일어나고 있는 일을 모든 사람에게 다 말할 필요가 없는 사람에 관한 말씀이다.

영적 체험의 직후에는 몇 가지 다른 특징들도 나타나는 것 같다.

나는 지금 영적 체험이 많은 경우 결국에는 사람을 공허하고 피곤하게 만든다는 사실에 대해 생각하고 있다. 다시 나의 아침 식사 이야기로 돌아가자면, 시작은 좋지만 끝은 형편없는 것이다.

주님이 십자가에 달리시기 전날 밤, 주님과 함께 겟세마네 동산에 갔던 제자들에게 일어난 사건도 아마 이런 것이었을 것이다. 다락방에서 그분과 함께 보낸 시간은 그들의 영혼 깊은 곳에까지 가 닿지 못했다. 이는 그들이 나중에 무슨 일이 일어났는지 되돌아보았을 때도 마찬가지였다. 그들은 혼란스러웠고, 두려웠고, 몹시 피곤했다.

좀더 깊은 영성이 그들을 주님과 함께 기도하도록 불렀을 때, 그들은 차라리 자는 편을 택했다. 그리고 그 잠으로 인해 그들은, 성전 지키는 자들이 예수님을 잡아가려고 왔을 때, 아주 깊은 패배로 추락하고 말았다. 베드로는 거의 3년 동안 검을 뽑아서는 안 된다고 배워 왔음에도 불구하고 검을 빼 들었고, 마찬가지로 제자들도 거의 3년 동안, 꿋꿋이 서서 하나님으로부터 힘과 할 말을 얻으라고 도전받아 왔음에도 불구하고 혼비 백산하여 도망가고 말았다. 고작 그 정도밖에 되지 않았다! 여기서 성경을 덮고 눈을 감으면 한 무리의 패배자들과 몹시 어이없어하시는 예수님이 떠오를 것이다.

공허와 피곤은 사람을 연약하게 만들어 유혹과 죄에 빠지게 하는 경우가 많다. 흔히 영적인 체험을 한 뒤에는 무분별한 행위를 하기 쉽다. 이는 자신이 하나님의 임재를 체험했고 그 능력을 느꼈다고 하는 논리의 결과다. 아무것도 잘못될 게 없다고 생각하는 것이다. 이때가 바로 "그런즉 선줄로 생각하는 자는 넘어질까 조심하라"(고전 10:12)는 사도 바울의 말이 일약 위력을 발휘하는 때이다. 그런데 제자들은 예수님의 경고에도 불구하고 이것을 몰랐다. 그들을 다시 찾아가신 예수님의 은혜가 없었더라면, 그들이 과연 그날 밤의 실패를 회복할 수 있었을지는 정말 의문스런 일이다.

영적 체험에는 두 가지 특징이 더 있을 수 있다. 그 중 하나는 우리로 하여금 거룩한 임재를 통한 하나님의 진정한 접근에 처음에는 냉소적으로, 나중에는 반항적으로 반응하게 한다. 너무나 자주 절망을 느끼고 나면 같은 길을 다시 가는 것을 점점 꺼리게 된다. 이것 자체로는 그렇게까지 나쁘다고 할 수 없다. 문제는 진품—간단히 말해서 내가 영성이라고 부르는 것—을 좇는 것까지 꺼리게 되는 것이다.

장작 예배가 대여섯 번 있고 난 뒤로는 성경 교사들이 아무리 열정적으로 초청해도 나는 무감각하게 반응했던 기억이 난다. 나는 조용한 방관자가 되었으며 심지어는 불 가로 이야기하러 나가는 아이들이 눈에 거슬릴 정도였다. 나는 그 모든 것이 부질없는 짓임을 확신했다. 영혼 문제에 대해 나누는 자리에서 내가 다시 많은 사람들 앞에 나아가, 나의 약한 모습을 내보일 수 있기까지는 몇 년은 족히 더 걸렸다.

그리고 대부분의 영적 체험은 사람을 어리석고 믿을 수 없어 보이게 하는 경향이 있다고 말하면 어떨까? 영적 체험을 한 사람들은 한동안 오르락내리락, 왔다갔다 하는 바보가 된 것 같은 인상을 준다. 이들은—물 위를 걷는 베드로처럼—처음에는 강한 인상을 주지만, 결국에는 유치하게 보인다.

내게는 종교 방송에서 내보내는 많은 장면들이 영적 체험에 지나지 않는 것이 아닌가 하는 우려가 있다. 촬영용 아크등이 꺼지고 나면 많은 사람이 어떤 모습으로 보일까 하는 의아한 생각도 든다. 격앙된 음조의 열기와 과잉 행동의 시끄러운 소음이 언제까지나 지속될 수는 없다. 조만간 정상적인 상태로 내려와야 한다. 그때, 영적 체험은 끝나고 영혼은 조금도 달라지지 않았음을 발견하게 될 것이다.

여기까지 말했으니 이제 잠깐 뒤로 물러서서, 영적 체험의 범주에 들어가는 사건들이 우리 영혼에 유익을 주는 일로 바뀔 수도 있다는 사실을 말해야겠다. 비록 실망만 안겨 준 영적 체험들을 많이 경험했다 할지라도, 이제는 체험 이상의 순간을 맞이하게 되는 것이다. 문득 깨우침이 일면서 당초의 체험을 넘어서고 싶은 열망에 사로잡히게 된다.

존 웨슬리(John Wesley)가 앨더스게이트(Aldersgate)에서 한 체험은 예수 그리스도를 향한 위대한 회심의 불씨가 되었다. 찰스 콜슨이 자동차 안에 앉아 하나님께 "붙들어 주옵소서, 붙들어 주옵소서"라고 부르짖은 깊은 절망의 순간은 위대한 영성으로 가는 체험이었다. 이런 체험들은 즉각 후속 조치가 있었기 때문에 더욱 심화되었다. 예수님이 말씀하신 비유에서와 같이 이런 체험들은 얕은 흙에 뿌리를 내린 씨, 가시떨기 속에 자란 씨, 굶주린 새들한테 먹히기 쉬운 곳에 있는 씨가 아니었다.

어렸을 때 나는 내 나이 또래의 아이들과 마찬가지로 일주일에 세 번씩 나오는 라디오 드라마 론 레인저(Lone Ranger: 정의의 사나이를 주인공으로 한 서부극으로 주인공 이름이 바로 드라마 제목이었다—역주)에 홀딱 빠졌었다. '가면을 쓴 평원의 말 탄 이'와 그의 '충실한 인디언 친구 톤토'의 '과거의 일화에서 나오는' 스릴 넘치는 이야기들이 내게는 하나의 영감이었다. 당시 나의 가장 큰 소원은 어른이 되면 나도 그 사람처럼, 나쁜 사람들에게 점령당한 마을을 구해 내거나 못된 도박꾼한테 목장을 위협받고 있는 사랑스러운 여자를 구출하는 것이었다. 나는 그런 기회가 오기를 꿈꾸었다.

그런데 정말로 그런 기회가 왔다. 어느 날 저녁 세인트루이스의 어느 극장 앞에서 표를 사려고 줄을 서 있는데, 내가 서 있는 곳으로부터 한 블록 아래쪽에서 곤경에 처한 듯한 여자의 비명 소리가 들려왔다. 그와 동시에 남자인지 여자인지는 잘 모르겠지만, 어떤 사람이 손에 지갑을 들고 내 쪽으로 뛰어오는 것이 보였다. 비명 소리와 뛰는 사람으로 미루어 보아 지갑 날치기인 것 같았다.

행동 방침을 결정할 수 있는 시간이 2초 정도 있었다. 론 레인저라면 달아나는 사람에게로 몸을 던졌을 것이다. 맨몸으로 도둑과 맞서 그를 날리는 것이다. 나도 그럴 수 있었을 것이다. 어쩌면 그는 총을 빼 들고 강도를 위협하여 멈추게 했을지 모른다. 하지만 나는 어떻게 해야 하는가? 그 사람은 내 쪽으로 뛰고 있었고 시간은 1초밖에 없었다.

지금껏 누구든 론 레인저를 무고한 사람을 체포한 혐의로 고소한 적이 있었나? 갑자기 그런 생각이 들었다. 론 레인저가 총이 필요할 때, 차 앞자리에 두고 내렸음을 나중에야 알게 된 적이 한 번이라도 있었을까? 나한테는 무기가 없었기 때문에 그게 궁금했다. 지금까지 론 레인저가 법과 질서라는 이름하에 육탄 저지를 행사할 경우, 의료 보험이 적용되지 않을까 봐 걱정해 본 적이 있을까? 마음속으로 그런 생각이 지나갔다. 이제 내가 해야 할 바를 결정하는 데는 0.5초밖에 남지 않았다. 도둑은 팔만 뻗으면 거의 닿을 수 있는 거리까지 와 있었다.

내가 그 시점에서 어떤 행동을 취했는지 말하겠다. 나는 아무것도 하지 않았다! 나는 아무것도 하지 않았다! 나는 그저 생각만 하면서 그 사람이 내 옆을 지나쳐 가도록 내버려두었다. 내가 알고 있는 모든 론 레인저 이야기들이 손톱만큼도 도움이 되지 않았다. 영웅이 된다는 것은 라디오와 머리 속에서는 놀라운 발상이었다. 그러나 세인트루이스의 거리에서는 전혀 그렇지 않았다. 이런 저런 가능성들이 너무나 많았다.

그리고 나는 아주 안전한 다락방 안에서 자신이 영웅이 되리라고 뜨겁게 확신하는 시몬 베드로와, 겟세마네 동산에서 그가 만난 복잡한 여러 가능성에 대해 생각해 보았다. 갑자기 영웅적인 행동이 별로 매력 없어 보였다. 시몬과 나의 경우, 장차 영웅이 되리라는 확신은 아직 영혼 차원의 것이 아니었던 것이다.

진상은 무엇인가? 시몬도 나도 둘 다, 45일 동안은 수익성 좋은 가스가 나왔지만 그 뒤에는 별 볼 일 없었던 내 친구의 시추봉과 같았던 것이다. 그리고 그것이 바로 영적 체험이다.

5. 영성을 찾아서
깊은 영성을 지닌 사람들의 모습은 어떠한가?

> 베드널 그린(Bethnal Green)의 지저분한 달동네에는
> 팔월의 뜨거운 햇살이 머리 위로 내리쬐고 있었다.
> 스피탈필즈(Spitalfields) 건물의 창으로 내비치는
> 핏기 없는 직조공은 지칠 대로 지친 모습이었다.
>
> 나는 거기서 아는 목사님을 만나 이렇게 물었다.
> "몸도 아프고 일도 많은데 이런 데서 어떻게 지내십니까?"
> 그러자 그는 이렇게 대답했다. "요즘 들어 생명의 떡이신
> 그리스도 생각에 한껏 기운을 얻어
> 힘차게 살아가고 있답니다."
> ―매튜 아놀드(Matthew Arnold)

영성은 영적 체험과는 분명히 다르다. 신앙 생활을 오래 한 성도의 삶을 보면 안다. 아내 캐더린과 함께 구세군을 창설한 윌리엄 부스(William Booth)를 생각해 보라. 그의 전기를 쓴 작가들이 여럿 있는데 그 중 한 사람의 글을 보면 80대에 들어선 이 노장군의 어느 하루가 소개되어 있다. 그는 그 날 의사의 진료를 받고 왔다. 그가 곧 눈이 멀게 된다는 이야기를 전하는 일은 그의 아들 브램웰의 몫으로 남겨졌다.

"그래, 내가 앞을 못 보게 된단 말이냐?"

"네, 아버지. 아무래도 그 경우를 생각해야 할 것 같습니다." 브램웰은 다른 가족들과 마찬가지로, 그리고 언제나 그러하듯이 다정하게 아버지를 불렀다.

부스가 방금 들은 이야기를 두고 생각하는 사이 잠깐 침묵이 흘렀다. 이윽고 아버지가 아들에게 물었다. "네 얼굴을 다시는 못 보겠구나?"
"네. 이 세상에서는 못 보실 겁니다."
전기 작가는 이렇게 적고 있다.

다음 순간 노병의 손이 침대 커버를 천천히 따라 올라가 아들의 손을 잡았다. 손을 꼭 쥔 채로 그는 아주 평온하게 말했다. "하나님은 최선의 길을 아신다!" 그리고 잠시 사이를 둔 뒤 말을 이었다. "브램웰, 지금까지 나는 이 두 눈을 갖고서 하나님과 사람들을 위해 내가 할 수 있는 일을 해 왔다. 이제는 두 눈이 없는 채로 하나님과 사람들을 위해 내가 할 수 있는 일을 할 것이다."

이것이 영성의 증거다.
예수님도 지상 명령을 반복하여 말씀하실 때 영성을 생각하고 계셨다. "네 마음을 다하고 목숨을 다하고 뜻을 다하고 힘을 다하여 주 너의 하나님을 사랑하라"(막 12:30). 사도 바울도 로마의 그리스도인들에게 "마음을 새롭게 함으로 변화를 받으라"(롬 12:2)고 도전할 때 영성을 생각하고 있었다.
깊은 영성을 지닌 사람은 어떤 모습을 하고 있을까? 우리는 이미 윌리엄 부스의 생애의 단면을 살펴본 바 있다. 이번에는 좀더 최근 인물을 살펴보기로 하자.
얼마 전에 나는 20세기 초반 세계선교운동의 선봉에 섰던 로버트 스피어(Robert Speer)의 전기를 훑어보고 있었다. 스피어가 많은 사람들에게 약간의 논란 대상이 되어 오긴 했지만, 그를 아는 사람이라면 누구나 이 한 가지 점에서만큼은 뜻을 같이할 것이다. 곧 그에게는 변치 않는 깊은 영성이 있었다는 점이다.

여러 해 전 에밀 칼리에트(Emile Calliet)는 스피어에게서 받은 인상을 이렇게 적었다.

> 펜실베이니아 대학교의 대학원 교수 시절 나는 해마다 프린스턴 신학 연구소에 강의 초빙을 받았다. 나는 다른 모든 객원 교수와 마찬가지로 프린스턴 숙사에서 묵었다. 하루 일과는 프린스턴 신학 대학원에서 스피어 박사가 주관하는 말씀 시간으로 시작되었다. 그분은 대개 아침 일찍 식사를 하셨으므로, 나는 아침 식사 자리에 그분과 함께 앉으려고 강의 시간보다 훨씬 일찍 일어나곤 했다. 말씀을 미리 준비할 필요가 전혀 없는 사람이 있다면 바로 스피어 박사일 것이다. 그런데도 나는 그분보다 더 신중하게 강의를 준비하는 사람을 본 적이 없다. 그분은 반갑게 안부 인사를 몇 마디 건네신 후, 식사 시간 내내 침묵을 지키셨다. 나는 그것이 곧이어 있을 말씀 시간을 위한 적극적인 묵상이라는 것을 알았기 때문에 그분의 침묵을 존중했다. 여러분은 그렇다면 도대체 무엇 때문에 그분과 함께 식사하려고 했냐고 나에게 물을지도 모르겠다. 대답은 이렇다. 단지 그분과 함께 있으면서 그분을 바라보기 위해서다. 그분은 하나의 임재였다. 나는 그분과 함께 있는 것 자체로 좋았다. 연구소 일정이 끝나 필라델피아로 돌아가면 종종 아내가 "왠지 당신 얼굴에 빛이 나네요!" 하고 경탄했다. 그러면 나는 이렇게 답하곤 했다. "로버트 스피어와 함께 며칠을 보냈다오"[스피어(Speer), p. 280].

이 글을 읽으면서 나는 그간 충분히 생각하지 못했던 한 가지 질문에 대해 생각하게 되었다. 하나님과의 내적 관계인 영성이 너무나 생생하여 다른 사람들로 하여금 그저 바라만 보고 싶게 만드는 사람들은 어디에 있을까?

우리 할아버지 토머스 맥도날드(Thomas MacDonald)가 그런 분이었다. 그분은 토목 기사였지만 성경을 가르치는 일이 교량을 건설하는 일보다 훨씬 더 중요하다고 생각하셨기 때문에, 전망 좋은 직업과는 거리가 먼 길을 걸으셨다. 할아버지는 자상하고 조용조용하게 말씀하시는 분이셨는데, 우리 가족의 생활 반경 때문에, 나는 지금 바라는 만큼 그분을 잘 알 수 있는 기회를 갖지 못했다.

어렸을 때 나는 할아버지가 사무실에서 탁자 위에 성경을 펼쳐 놓고 – 성경은 언제나 펼쳐 두셨다 – 커다란 의자에 앉아 계신 모습을 자주 보았다. 그분은 몇 시간이고 성경을 깊이 연구하신 다음 그 내용을 학생 선교사들에게 가르치곤 하셨다. 성경을 어쩌면 그렇게도 사랑하실 수 있었을까! 철저함을 추구하는 기술자의 본능이 성경 탐구와 교육 쪽으로 전환되었다. 어림짐작이라는 것은 절대 용납될 수 없는 일이었다.

할아버지는 몇 가지 일에 열정적이셨는데 그 중 하나가 기도였다. 그분은 하나님과 하나님의 일을 사랑하셨고, 전도에 헌신한 사람이라면 누구나 사랑하셨다. 내가 평생을 북미의 북동부 지역에 애정을 갖고 살아온 것은 어렸을 때 그분이 주신 도전 때문이었다. 그분은 내게 이렇게 말하곤 하셨다. "혹시라도 하나님이 너를 복음 전도자로 부르시거든 북동부에 가서 복음을 전하거라. 거기가 너를 가장 필요로 하는 곳일 게다."

할아버지는 돌아가시기 전 마지막 한 해를 펜실베이니아 주의 쿼리빌에 있는 은퇴자 요양소에서 보내셨다. 나는 두세 차례 할아버지를 뵈러 갔다. 할아버지는 사실상 정신이 온전하지 못하셨고 대부분 본능에 의해서만 움직이고 계셨기 때문에 면회를 가는 것도 쉬운 일이 아니었다. 그래도 자상하고 기품 있는 마음은 언제나 그대로였다. 내가 그분을 마지막으로 뵈러 갔던 날 있었던 일이다.

"할아버지, 저 손자 고든이에요." 나는 할아버지 옆에 앉으며 이렇게 말했다. 손자가 되어 자신을 소개해야만 한다는 사실이 멋쩍게 느껴졌다. 하지만 그분께는 이름이나 사람에 대한 기억이 전무했다.

"누구라고?" 할아버지는 내가 소개를 했는데도 그렇게 되물으셨다.

"도널드의 아들 고든입니다." 그러나 아무것도 달라지지 않았다. 할아버지는 나를 기억해 내지 못하셨다.

그래서 나는 그냥 하려던 이야기를 했다. "할아버지, 제가 북동부로 돌아갔다는 사실을 말씀 드리고 싶어서 왔습니다. 저는 이제 매사추세츠 주에 있는 어느 훌륭한 교회의 목사입니다. 그 교회의 회중에게 매주 말씀을 전하고 있습니다. 저를 위해 할아버지가 하신 기도가 응답된 것입니다." 나는 할아버지께 두 명의 증손이 생겼으며 그 아이들이 원기 왕성하고 앞날이 유망하다는 것도 말씀 드렸다. 그리고 내게는 훌륭한 아내가 있으며 나는 아주 행복한 사람이라는 말씀도 드렸다.

"오, 그거 아주 잘됐구나." 할아버지는 아직도 내가 누구인지 모르신 채 그렇게 대답하셨다. 내 생각에 그분이 자상하셨던 이유는 평생에 할 줄 아는 것이라고는 그것밖에 없었기 때문인 것 같다.

떠날 때가 되어 나는 이렇게 말씀 드렸다. "할아버지, 할아버지를 위해 기도해 드리고 싶은데요." 그러자 그분은 기뻐하셨다. 나는 최선을 다해 기도하기 시작했다. 건강을 위해, 하나님이 임재하실 것을 위해, 당신이 가족에게 사랑받고 계시다는 사실을 잊지 않으실 것을 위해 기도했다.

기도가 끝난 다음 나는 작별 인사를 하기 위해 고개를 들었다. 그런데 할아버지는 아직 작별 인사를 할 의향이 전혀 없으신 것 같았다. 당신도 기도를 하려 하고 계셨던 것이다.

그리고 정말로 기도를 하셨다. 갑자기, 흐릿하던 마음이 깨끗이 걷혔다. 찬양과 중보의 말들이 그분 입에서 쏟아져 나오는데, 여태껏 그런 기도를 들어 본 적이 있을까 싶을 정도로 조리 있는 기도였다. 나는 할 말을 잃었다. 이제는 몸이 약하여 자기 몸을 가누지도 못하고, 문밖 세계의 일일랑 다 잊어버리셨으며 심지어는 손자의 이름조차 기억 못하시는 이 노인께서…. 그러나 그분은 하나님을 아셨고, 하나님과 대화하는 법을 아셨다. 나는 듣고 있었다. 그분이 성경의 놀라운 약속들을 언급하고, 깨어진 세상에 긍휼을 보여 주실 것을 하나님께 당당히 구하고, 예수님의 사랑에 대해 감사를 표현하는 것을…. 그러는 사이 몇 분이 흘렀다. 그런 뒤 나를 위해서도 기도하시려는 것 같았다.

"그리고 오 하나님, 이번에 기도하려고 하는 사람은…(그러고는 나에게) 이름이 뭐지?" 하고 물으셨다.

나는 "고든입니다" 하고 말씀 드렸다.

"그래, 고맙구나." 그리고 기도가 계속되었다. "…고든을 위해 기도합니다. 그가 복음을 전할 때 하나님께서 그에게 선지자의 능력의 넘치는 기름 부음을 더하여 주시기를 구합니다. 그리고 오 하나님, 또한… (다시 나에게) 이름이 뭐라고 했지?"

"고든입니다." 나는 다시 말씀 드렸다.

"…고든이… 할 때에 그에게 갑절이나 더하는 복을 주옵소서." 나를 위한 기도는 그렇게 네 번 내지 다섯 번 더 내 이름을 물어 보시며 계속되었다.

우리 할아버지는 영혼으로 살아가는 법 외에는 아무것도 모르셨고 사실 알 필요도 없으셨다. 그분의 인생에서 영혼의 차원에 관한 한 노쇠란 찾아볼 수 없었다. 오직 아름다움과 질서와 진실과 힘과 영광만이 있을 뿐이었다!

그분 같은 사람들은 어디에 있는가? 리처드 포스터는 이런 사람을 '깊은 사람들'이라고 부른다.

물론 깊은 사람들도 예기치 못한 반격을 경험할 수 있다. 칼리에트는 단지 바라보기 위해서 로버트 스피어와 함께 아침 식사 자리에 있기를 원했다. 그러나 성경에 기록된 바와 같이, 일부 종교 지도자들은 스데반을 바라보다 거기서 천사의 얼굴을 한 사람을 보고는 (요즘 말로) 제 정신을 잃고 그를 돌로 쳐 죽였다. 영성에는 희생이 뒤따른다.

이 시대의 아주 많은 것들과는 달리, 진정한 영성은 대개 젊은 사람들보다는 나이 든 사람들에게서 쉽게 찾아볼 수 있다. 대중 매체는 젊고 아름다운 여자, 재능 있는 20대 남자 운동 선수, 직업 세계에서 성공 가도를 달려온 젊은 남녀들을 부각시킨다. 그러나 위대한 영성을 지닌 사람들 가운데서 젊은 사람은 여간해서는 찾아보기 힘들다.

내가 이런 말을 하는 것은 젊은 사람들의 기를 죽이기 위해서가 아니라, 영성이란 계발할 시간과 경험을 요하는 것이라는 사실을 지적하기 위해서다. 그것은 주말 수련회에 몇 번 다녀오고 신학교를 1년 정도 다닌다고 해서 얻어지는 것이 아니다. 영성이란 일상의 경험과 위기의 순간이 오래오래 쌓여 이루어지는 것이다. 사실 영혼의 성장은 너무 느려서 여간해서는 측량할 수도 없고 눈에 잘 띄지도 않는다. 이것이 바로 서구의 많은 그리스도인들이, 칼리에트의 표현대로, 임재를 자신의 특징으로 삼지 못하는 더없이 완벽한 이유다. 그들에게는 영성 계발에 요구되는 인내가 없다.

어느 랍비를 찾아갔던 한 박식한 사람의 이야기가 있다. 그는 결코 나이가 어리지 않았지만, 살아오는 동안 한 번도 랍비를 찾아가 본 적이 없었다.
"평생 무엇을 했는가?"라고 랍비가 물었다.
"탈무드 전체를 세 번 훑었습니다." 그 박식한 사람이 대답했다. 그러자 그 랍비는 "그래, 하지만 탈무드가 자네를 훑고 지나간 건 몇 번이나 되나?"라고 물었다.

우리가 영성을 보기 드문 것은 그것이 종종 침묵과 복종 – 우리 대부분이 가능한 한 피해야 한다고 배워 온 것 – 의 정황 속에서 빚어지기 때문이다.
우리의 삶 주변을 가득 메우고 있는 거의 악마적인 소음의 영은, 대부분의 사람들이 결코 자신의 영혼을 돌아보지 않으리라는 것을 확실히 보증해 준다.
사무엘 채드윅(Samuel Chadwick)는 영혼은 침묵의 공간을 필요로 한다고 말한다.

우리가 기도를 배우는 것은 바로 침묵 속에서다. 주님은 우리에게 오직 하나님과만 그 침묵 속에 갇혀, 은밀한 중에 계시며 은밀한 중에 보시는 우리 아버지께 기도하라고 명하신다. 고독에 견줄 만한 시험은 없다. … 우리 마음은 하나님과만 단둘이 있는 것을 겁낸다. … 어느 은밀한 곳에서 하루에 30분만 하나님과 함께 갇혀 있는다면, 대부분의 사람들의 삶에 일대 변혁이 일어날 것이다.

나는 뉴햄프셔에 있는 우리 시골집에서 이 장의 초고를 썼다. 지난 16년간 우리가 '평화의 암벽'이라 불러 온 곳이다. 게일과 나는 이따금씩 이 오래된 뉴잉글랜드 농장을 어째서 그런 이름으로 부르게 되었느냐는 질문을 받곤 한다. **암벽**이라는 말은 우리 땅이―뉴잉글랜드가 대부분 그러하듯―15센티미터밖에 안 되는 별로 안 좋은 표토(表土)에 덮인 암석층에 지나지 않기 때문에 붙여진 것이다.

평화라는 말은 이곳에 뭔가 평화의 기운을 풍기는 것이 있기 때문에 생긴 것이다. 살면서 큰 문제를 당한 사람들이 우리의 초청을 받고 이곳에 오는 경우가 종종 있었다. 그들은 탈진, 절망, 패배 혹은 실패 그리고 영적 공허 가운데 이곳에 왔다. 그런데 이곳에서 그들에게 뭔가 특별한 일이 일어났다. 게일과 나에게 늘상 그러하듯이 평화가 그들 위에 내려온 것이다. 회복이 찾아왔다. 은혜와 내적인 힘과 외적인 힘을 얻고 하나님 및 자신과 화해를 한 것이다.

우리가 소금 그릇형 지붕 가옥(앞면은 이층이고 뒷면은 단층이기 때문에 뒷면의 지붕이 앞면보다 낮고 긴 가옥―역주)을 짓고 난 직후 게일은 우연히 루스 벨 그래함(Ruth Bell Graham: 빌리 그래함의 아내―역주)이 쓴 아름다운 시 한 편을 접하게 되었다. 이 시에서 그래함 여사는 자신이 침묵을 얻고자 찾아가곤 했던 노스캐롤라이나 주 몬트리트의 그래함 가(家) 땅에 있는 어느 장소에 대해 이야기하고 있다. 그래함 여사는 그곳을 시적으로(특히 싯구 전체를 암벽 모양으로 배열하여―역주) 묘사하고 있다.

딴 세상을 품고 있는

구불구불한 울타리로

둘러싸인

이곳은 나의

고요의 암벽,

평화의 암붕(岩棚).

위로는,

나의 하늘 한 조각을

가로지르는

구름에 대들며

한 마리 매가 높이 날으고

아래로

계곡에는,

저 멀리 희미하게

소리들,

고요한 미사곡이

들며 나고

여기 나의 암벽에는,

새들과

귀뚜라미들과

미풍이 부르는

저마다 다른 모양의

고요한 찬양—

나 또한 찬양하는

제목은—

나의 고요의 암벽,

나의 하늘 한 조각

그리고 평화.

게일이 이 시를 나에게 가져와 이 시가 뉴햄프셔에서의 자신의 경험을 표현하고 있다고 말했을 때, 우리는 그 순간 우리 집 이름을 뭐라고 해야 할지 알았다. **평화의 암벽**. 지금도 우리 시골집 앞문에 들어서면 제일 먼저 눈에 띄는 것이 액자에 넣어 통로 벽에 걸어 놓은 그래함 여사의 시다.

내가 여러분에게 이런 이야기를 장황하게 하는 이유는 이곳에서 우리가 침묵을 발견했기 때문이다. 평화의 암벽은 우리의 인생이 가장 어두웠을 때 달려온 곳이요, 우리 아이들과 손자들이 깊은 가족 체험의 진수를 알게 된 곳이요, 우리가 연구를 하고 영혼을 새롭게 하고 또 새 힘을 얻고자 찾아온 곳이다. 뉴햄프셔의 소박한 아름다움 외에 이곳의 가장 큰 특징은 바로 침묵이다. 침묵! 이곳의 침묵을 깨는 것이라고는 새들과 귀뚜라미, 재잘거리는 다람쥐며 숲 속 가득한 미풍 등 피조물 천연의 소리밖에 없다.

여기 와서 몇 주일만 있으면 삶의 우선 순위에 대한 의식과, 하나님을 가까이 하는 태도와, 소박한 것들에 대한 사랑에 언제나 변화가 있었는데, 나는 겨우 엊그저께야 도대체 그 이유가 무엇일까 하고 자문해 보았다. 그러면서 하나님이 내주하신다는 느낌을 주는 사람이 왜 그리 적을까에 대해 한 가지 통찰을 얻게 되었다. 즉 그런 영성을 갖기 위해서는 소음이 아니라 침묵 속에서 사는 삶이 필요하다는 것이다. 소음은 우리의 귓속 깊이 뚫고 들어와 영혼에 이르러서, 마치 오하이오 강 유역에서 하늘로 스며든 산성비가 뉴잉글랜드와 캐나다 동부의 여러 도(道)에 내려 그곳의 삼림을 오염시킨 것처럼, 우리의 영혼을 오염시켜 놓았다.

우리가 선망의 대상이 될 만한 영성을 지닌 위대한 성도들을 찾아 역사를 되짚어 보아야만 하는 이유로 결코 빼놓을 수 없는 것은 그들의 삶이 다분히 침묵 속에서 이루어졌다는 사실이다. 그런 침묵 속에서 하나님은 영혼의 세포 속으로 당신의 약속과 뜻을 막힘 없이 자유로이 속삭여 주셨다.

토머스 켈리(Thomas Kelley)는 이렇게 말한다.

우리는 솔직히 많은 의무들로 인한 부담을 느끼며 그 모든 걸 다 이루려고 애쓴다. 그러면서 불행하고 불편해 하며 긴장과 압박을 느끼고 또 자신이 얄팍한 사람이 되지나 않을까 두려워한다.… 우리는 이 모든 쫓기는 삶보다 훨씬 더 풍부하고 깊은 삶 즉 쫓기지 않는 여유와 평화와 힘이 넘치는 삶이 있다는 사실을 어렴풋이나마 알고 있다. 그 한가운데로 홀연히 나아갈 수만 있다면…. 우리는 삶의 이 깊은 한가운데를 발견한 사람들을 알고 있다. 그곳은 삶의 애타는 외침들이 하나로 모이는 곳이요, '예'뿐 아니라 '아니오'도 자신 있게 말할 수 있는 곳이다.

내가 침묵과 연결지어 말했던 단어를 잊지 말기 바란다. 그것은 바로 **복종**이라는 단어다. 복종이란 공동체 및 지도(指導)라는 취지를 위하여 다른 사람(들)과 더불어 언약에 들어가기로 선택하는 것을 말한다(이에 관해서는 나중에 좀더 말하겠다).

영적 스승들의 전통을 잇는 사람들은, 나와 같은 전통을 따르는 우리가 대단히 오해하고 있는 사실을 몇 세기 전부터 알고 있었다. 그것은 곧 영성을 추구함에 있어 혼자서 여행할 수 있는 사람은 아무도 없다는 사실이다. 하물며 성장은 더 말해 무엇하랴! 사람은 누구나, 영혼 속까지 꿰뚫고 들어가 가치관과 선택과 동기와 성향을 검토하는 질문을 자유로이 던질 수 있는 관계 안에서 누군가 다른 사람에게 복종해야만 한다.

그러나 우리 서구인들―특히 우리 미국인들―은 독립을 좋아한다. 우리는 자신의 일을 혼자서 처리할 수 있으며 아무도 필요로 하지 않는 사람 즉 단독 수행자의 개념이 몸에 배어 있다. 분명히 말하지만, 그리고 앞으로도 더 강력하게 말하겠지만, 복종이라는 언약의 관계를 피하려 한다면, 영성 지니기를 꿈꿀 수 없다.

이제 영성의 몇몇 특징을 알아볼 터인데, 지금 우리가 하려는 것이 방관자들로부터는 비웃음을 사고, 문화로부터는 인정을 받지 못하고, 동료들한테서는 별 칭찬을 받지 못하는 것이라는 사실을 염두에 두기 바란다.

나는 지금 우리 모두가 속해 있는 좀더 큰 사회에 대해 이야기하고 있다. 영성이란 우리 시대에 적합한 가치는 아니다. 영성은 일자리를 보장해 주지 않으며, 골프 클럽에 입회할 수 있는 길을 닦아 주지도 않으며, 대개 사회 칼럼이나 잡지식으로 구성된 텔레비전 쇼의 시선을 끌지도 못한다. 사실 삶의 질(質)로서의 영성이란 심지어 성격의 연약함과 혼동될 수 있으며, 따라서 영적인 것이라면 몽땅 없애고 보는 생활 양식에 젖은 사람들은 영성을 특징으로 하는 사람 앞에 서면 불편해 할 수도 있다. 그들도 자신의 감정을 잘 이해하지 못하겠지만, 비슷한 극끼리 닿으면 서로를 밀어내는 자석처럼, 그들 내면의 삶은 영성 앞에서는 필경 밀려나게 될 것이다. 그들은 내면 가장 깊은 곳에서 책망, 죄책, 불안 등의 감정을 느낄 수 있다. 그래서 탈출구를 찾고 싶을 것이다.

계속해서 영성이란 지식 관리 능력이나 매력적인 개성의 소유와는 무관하다고 말하면 어떨까? 자신의 내부를 향해 걸었던 사람들은 가장 꾸밈없는 사람들 축에 들었고, 명사(名士) 인기 순위에서 정상을 차지할 필요도 전혀 느끼지 못한 사람들이었다.

영성의 추구에는 우리들 대부분이 상당히 인기 없는 것으로 알고 있는 두 가지가 뒤따를 공산도 커진다. 그것은 바로 **자기 발견의 고통과 굴욕**이다.

영혼의 계발에 있어 자기 발견이란 자아의 주장을 부인하는 것을 뜻한다. 이것은 그 누구에게도 결코 만만한 싸움이 아니다. 하나님의 음성을 들을 수 있는 내면의 장소를 키우려 하다 보면, 거룩한 길에 어긋나는 태도와 욕심들을 불가피하게 발견하게 된다. 그것들을 합리화하거나 변명하거나 부정할 수는 없다. 우리는 그것들을 고백하고 내버려야 한다. 이 중 그 어느 것도 즐거운 경험은 아니다.

어느 겨울 주말, 우리 집의 하수 정화 장치에 문제가 생겼다. 일꾼들은 하수 탱크가 묻혀 있는 뒷마당을 파야만 했다. 탱크 뚜껑이 들리면서 눈에 들어온 그 모습과 냄새는 차마 말로 표현할 수 없을 정도였다. 내가 흔쾌히 다른 사람에게 돈을 주고 일을 맡긴 적이 있다면 그때가 유일한 때였다.

일꾼들을 격려하며 구멍 곁에 서 있노라니, 사람이 영혼을 향해 내면의 공간으로 들어갈 때 어떤 일이 일어날까에 대한 예화를 찾고 싶은 유혹을 떨칠 수 없었다. 아름다운 잔디가 벗겨지고 땅 파는 일이 시작된다. 뚜껑을 들어올렸을 때 발견되는 많은 것들은 전혀 유쾌한 것이 못 된다.

젊은 시절의 대부분 자기 영혼의 뚜껑을 아래로 못질한 채 한 번도 열지 않았던 사도 바울이 내면 깊은 곳에 있는 것에 대해 생각하게 되었을 때 이렇게 탄식하며 부르짖은 것도 무리는 아니다. "오호라, 나는 곤고한 사람이로다. 이 사망의 몸에서 누가 나를 건져내랴"(롬 7:24).

여기서는 몇 가지 것들을 사색하는 정도에 그쳤지만, 나는 많은 영적 스승들이 영혼에는 우리가 평생 지은 죄와 잘못된 태도뿐 아니라 우리에게 돌아온 우리 조상들의 잔재까지 담긴 무한한 어두움이 있다고 보았던 것을 알고 있다. 과거의 정욕, 욕망, 분노가 우리 영혼의 하수구 속에까지 내려온 것이다. 이것들 역시 구속의 하나님이 치유하시도록 대면하고 지적하여 밝히 드러내야 한다.

나는 성경에서 이런 과정들을 많이 통과한 숱한 남녀들을 보며, 곤경이 닥쳤을 때 그들이 보인 반응에 감동받는다.

항변도 한 번 못해 보고 죽도록 맞다가 감옥에 던져진 바울과 실라는 한밤에 깨어서 노래하며 예배를 드렸다. 무엇이 이런 악조건 속에서도 그들로 하여금 그런 행동을 하게 한 것일까?

앞에서도 말했지만, 뼈를 부러뜨리면서 목숨을 앗아가는 돌세례를 받으면서도 무릎 꿇고 적들의 용서를 위해 기도한 스데반이 있다. 하나님의 지혜를 구하며 예루살렘을 향해 매일 세 차례씩 무릎을 꿇은 다니엘도 있다. 자기 민족을 대학살에서 구하기 위해 모든 용기를 다해 극도의 위험 속으로 들어간 에스더도 있다. 홍해 바닷가에 홀로 서서 백성들에게 "가만히 있어 하나님이 너희를 위하여 행하실 일을 보라"고 말한 모세도 있다.

이런 사람들은 어디에서 나오는 것일까? 이들은 영적 체험만으로는 본질적인 것을 결코 찾을 수 없음을 알고 있는 사람들이다. 그리고 테이야르 드 샤르뎅(Teilhard de Chardin)이 말한 바와 같이, "우리는 영적 체험을 하는 인간이 아니라 인간의 체험을 하는 영적 존재다"라는 사실을 이해한 사람들이다. 이들에게는 영혼 차원에서 만나 주시는 하나님을 대면하는 것이 그 무엇보다 중요하다.

조안 치테스터(Joan Chittester)는 수사(修士)들의 문서를 연구하다가 한 나라에 대군(大軍)이 쳐들어와 가는 곳마다 파괴를 일삼던 시기를 떠올리게 된다. 적들의 극에 달한 분노는 성스러운 사람들 특히 수사들이 감당해야 할 몫이었다. 치테스터는 이렇게 쓰고 있다.

> 침략자들이 어느 한 마을에 도착했을 때… 그 마을의 지도자는 지휘관에게 이렇게 보고했다. "장군님 일행이 오신다는 말을 듣고 수사들이 전부 산 속으로 도망갔습니다."
>
> 그러자 지휘관은 얼굴 가득 차가운 웃음을 지었다. 자기가 그렇게 무서운 사람으로 평판이 나 있다는 것이 뿌듯했던 것이다.
>
> 그때 마을 지도자가 덧붙였다. "다 도망갔는데 한 명은 가지 않았습니다."
>
> 그러자 지휘관은 격노했다. 그는 수도원으로 진격하여 문을 걷어찼다. 남아 있는 한 수사가 거기 뜰 안에 서 있었다. 지휘관은 그를 노려보았다. "너는 내가 누구인지 아느냐? 나는 눈 하나 깜짝 않고 단칼에 너를 벨 수 있는 사람이다."
>
> 수사는 여유 있고 느긋한 시선으로 지휘관을 꼼짝 못하게 하며 말했다. "그러는 너는 내가 누구인지 아느냐? 나는 너로 하여금 눈 하나 깜짝 않고 단칼에 나를 베게 할 수 있는 사람이다"[치테스터, 「일상에서 얻는 지혜」(Wisdom from the Daily), p. 184].

이 이야기는 오래된 것이고 정확한 증거 자료도 없다. 어쩌면 전설에 지나지 않을지도 모른다. 그러나 여기에는 영성의 표식이 잘 나타나 있다. 이런 사람들의 말을 듣노라면, 그들이 달짝지근한 체험만으로는 결코 만족한 적이 없다는 사실을 알게 된다. 실화든 지어낸 이야기든 이 수사야말로 영혼으로 사는 사람의 정확한 화신이다.

6. 뱀의 눈빛

거기서 빠져 나와 새로운 삶을 찾으려면?

나는 사람들이 덜 다닌 길을 택했고
그것이 모든 것을 달라지게 했다네.
─로버트 프로스트

대부분의 삶을 인도에서 보낸 스페인의 수사 카를로스 빌라스(Carlos Villas)가 영적 생활을 심도 있게 다룬 책을 보면, 인도의 시골 지방에서 자전거를 타고 가다가 이상한 경험을 한 이야기가 나온다. 그는 자연의 모든 소리와 동작이 멎어 버린 듯한 이상한 정적을 느끼게 되었다. 처음에는 전혀 이유를 알 수 없어 상당히 당황했다고 한다.

그러나 그때 저만치 한쪽에서 뭔가가 보이면서 신비가 풀렸다고 한다. 수사가 서 있는 곳에서 그리 멀지 않은 곳에 뱀 한 마리가 있었던 것이다. 뱀은 관목의 낮은 가지에 앉아 있는 작은 새 한 마리를 노려보며 머리를 위아래로 양옆으로 천천히 움직이고 있었다. 새는 최면 상태에라도 빠진 듯 뱀의 움직임에 몸이 마비되어 버린 것 같았다. 새는 날 수 없는 듯이 보였다.

빌라스는 한편으로는 이 불운한 새를 위해 할 수 있는 일이 없을까를 생각하고 다른 한편으로는 뱀이 자기에게 일격을 가해 올 경우를 예상하며 잔뜩 긴장하고 있었다. 다른 대안이 전혀 떠오르지 않자 수사는 손을 흔들고 큰 소리를 지르며 뱀 있는 쪽으로 뛰어가 뱀의 주의를 산만하게 했다. 그렇게 하면 새도 그 마비된 듯한 상태에서 깨어날 것 같았기 때문이다.

그의 시도는 성공했다. 상대를 빨아들일 듯한 뱀의 눈빛은 흩어지고 말았고, 새는 '최면 상태'에서 깨어나 즉시 날개를 펴고 하늘로 날아 올랐다.

카를로스 빌라스의 순간 묘사를 읽으면서 나는 이보다 훨씬 비참한 문제—인간이 영적으로 포로가 되어 있는 모습, 악의 문제로부터 심각하게 영향을 받아 영혼으로 사는 것이 어려워짐—에 대해 작은 통찰을 얻었다.

수면 문제와 관련하여 작성한 목록은 악의 문제—그 위력과 결과—를 고려하여 궁극적으로 다음과 같은 질문들을 던지지 않는 한 그 어느 것도 결코 유용하지 않을 것이다. 즉 인간의 경험 속에서 뱀의 눈빛은 어떻게 해야 깨지는가, 그것을 깨뜨릴 힘을 가진 자는 누구인가, 그리고 자유를 얻은 자의 비행(飛行)은 어떤 것인가와 같은 질문이다.

뱀의 눈빛은 성경 전체를 관통하는 하나의 중심 주제다. 인간의 상태는 언제나 볼모 잡힌 신세, 노예로 매인 모습, 낯선 땅에서 아무런 희망 없이 잃어버려진 존재, 병의 말기에 있는 참혹한 상태 등으로 묘사되고 있다. 이 못지않게 반갑지 않은 비유들이 그 밖에도 더 있다. 각 경우마다 성경 기자들은 인간 영혼에 가해진 끔찍한 손상을 묘사하려고 애쓰고 있다. 그 손상으로 인하여 인류는 한때 하나님의 성품과 인격을 닮았던 아름다운 신분에서 속물 수준으로 전락해 버렸기 때문이다.

분명 인류의 상태에 대한 성경의 시각은 유쾌한 것이 되지 못하며, 이 때문에 '문명인'들은 성경을 불편하게 느끼거나 아예 적대감을 품기도 한다. 그렇지만 우리가 볼 수 있는 악의 근원은 두 가지밖에 없다. 하나는 우리가 살아가고 있는 외부 세계로, 우리는 지금까지 축적되어 온 이 세상의 모든 세력들과 함께 살아가고 있다. 또 하나는 모든 사람의 내면 깊은 곳에 있는 영적 근원인 인간의 영혼이다. 예수님은 인간의 행동과 관계가 타락한 이유를 설명하는 것은 전자가 아니라 후자임을 분명히 하셨다.

> 마음에서 나오는 것은 악한 생각과 살인과 간음과 음란과 도둑질과 거짓 증언과 비방이니 이런 것들이 사람을 더럽게 하는 것이요 씻지 않은 손으로 먹는 것은 사람을 더럽게 하지 못하느니라(마 15:19-20).

성경이 극단적으로 단순하게 이런 입장을 취하고 있는 것은 아니다. 일부 사람들의 생각과는 달리, 성경은 인류를 턱없이 깎아 내리지 않는다. 오히려 성경은 인간에 대한 더할 나위 없이 아름다운 묘사로 시작하고 있다. 성경의 맨 처음 부분은 인간을 하나님의 형상대로 지음받아 모든 만물 중에서 최고의 위치를 누리는 존재로 묘사하고 있다. 최초의 남자와 최초의 여자에 대한 하나님의 궁극적인 목적은 그들이 그분의 영광을 나타내며 그분과 친밀한 연합 관계를 이루는 것이었다. 그게 어떤 것이었는지는 그저 추측해 볼 수밖에 없지만, 나는 최초의 남자와 최초의 여자가 생각하고 발견하고 대화하고 동역하는 능력은 오늘날 우리가 알고 있는 그 모든 것을 훨씬 뛰어넘는 것이라고 상상하지 않을 수 없다.

그러나 성경은 모든 것이 최초의 목적을 외면한 일련의 사건으로 인해 거의 상실되고 말았다고 말한다. 최초의 불순종 행위는 오늘날의 모든 반항 행위의 온상이다. 프랭크 시나트라(Frank Sinatra)의 노래 "마이웨이"(My Way) 중 '내 방식대로 살았다'는 소절은 창조주를 떠나 곁길로 가기 좋아하는 모든 사람의 주제가가 된다. 이 노래는 듣기에는 용감하고 동경할 만하지만, 전체 가사 내용의 아주 적은 부분에 지나지 않는다.

토저(A. W. Tozer)는 수면 아래쪽의 몸부림에 대해 다음과 같이 생각했다.

인간 심령의 깊은 질병은 의지가 중심에서 떨어져 나간 것이다. 이것은 마치 한 행성이 그 중심인 태양을 떠나, 자기를 끌어내리려고 외계로부터 온 어떤 이상한 물체를 축으로 돌기 시작한 것과 같다.

지금으로부터 50년도 더 전에 도로시 세이어즈(Dorothy Sayers)가 쓴 글에도 뱀의 눈빛의 상태에 대한 논평이 생생하게 실려 있다.

어느 날 한 젊고 똑똑한 신부(神父)가 나에게 말하기를, 자기 생각에 현대 기독교의 가장 깊은 힘의 원천들 중 하나는, 인간 본성에 대해 취하고 있는 아주 깊은 비관적 견해인 것 같다고 했다. 그의 말 속에는 많은 것이 들어 있다. 오늘날 인간 행동의 야만성과 우둔성 때문에 가장 낙심하고 기가 죽은 사람들은, 바로 호모 사피엔스를 진화의 산물로 높이 치켜세우며, 아직도 진보와 계몽이 문명화에 상당한 영향력을 발휘할 수 있다는 낙천적 신념을 고수하고 있는 사람들이다. 이들에게는 전체주의 국가의 야만적 만행 도발과 자본주의 사회의 집요한 이기성이 단순한 충격과 경고 정도가 아니다. 이들에게 그런 현상들은 자신이 믿어 왔던 그 모든 것에 대한 절대적 반증이다. 모든 것이 이성을 부정하는 것처럼 보이기 때문에 이들은 자신과 세상이 다 함께 미쳐 간다고 느낀다.

그러나 그리스도인의 경우는 그렇지 않다. 그리스도인도 누구 못지않게 깊은 충격과 비애를 느끼지만, 그토록 놀라지는 않는다. 그리스도인은 인간 본성 자체를 한 번도 그렇게 고귀하게 여겨 본 적이 없다. 그리스도인은 인간 본성의 중심부에는 깊은 내면의 단층(斷層)이 있다는 개념, 그리고 법도 인간이 만든 것인지라, 인간의 불완전하고 자기 모순적인 본성을 함유하고 있기 때문에, 흔히 하는 말로 결코 '법으로 인간을 선하게 만들' 수는 없다는 개념에 이미 익숙해 있다.

그러므로 인간이 말할 수 없이 아름답게 지음받았음에도 불구하고 현재의 실상은, 성경의 표현을 빌리자면, "의인은 없나니 하나도 없다." 여기서 의롭게 된다는 것은 하나님의 본래의 창조 목적 및 말씀에 부응하는 것을 뜻한다.

포로 혹은 노예 상태—뱀의 눈빛 아래 사는 삶—는 인간의 삶에서 준엄한 경험이다. 그것은 어떤 물건이나 사람에 대한 중독 유형, 습관, 기분, 감정 등의 포로 상태로 식별될 수 있다. 우리는 야망, 욕심과 정욕, 쾌락, 물건 그리고 자신도 모르는 이상한 욕망에 포로가 될 수 있다. 이것은 단지 비난의 대상이 되기 쉬운 도시의 노숙자에게만 해당되는 이야기가 아니다. 여기에는 심각하게 타락한 종교 지도자, 은밀하게 감춰 둔 뭉칫돈을 불리려고 내부인 거래 규정을 위반하는 투자 금융인, 인종 혐오적 태도를 거둘 줄 모르는 백인 지상주의자, 뇌물을 바라는 정치가가 다 포함된다.

우리는 모두 타인과는 구별되는 독특한 포로 상태에 있다. 각자의 경우가 다 다르며 포로 상태와 관련하여 장점이나 약점도 모두 다르다. 그러나 우리는 악의 포로가 된 죄인이라는 똑같은 딱지를 달고 있다. 즉 우리는 악의 포로가 된 죄인으로 외부에서 와야만 하는 해방을 필요로 하는 존재다.

성경 기자들은 그때나 지금이나 존재하는 인간 상태에 관해 한결 같은 시각을 공유하고 있다. 한 남자와 한 여자가 하나님의 법을 등진 에덴 동산의 그 무서운 선택을 소재로 삼아, 시인과 선지자와 사도들은 영혼을 황폐하게 만든 가혹한 상처에 관해 종종 언급하고 있다. 이들은 어느 세대에나 있었던, 영적 방향이 나선형으로 하향하는 것과 악의 비참한 결과들에 대해서 잘 알고 있었다. 성경 기자들이 영혼을 도덕성 질환의 말기 증세라는 저주를 받은 것으로 보고 있다고 해도 과언은 아닐 것이다.

내가 판단하기로는, 구약의 선지자 예레미야가 심령의 수면 문제와 관련해서는 다른 어떤 사람보다 더 명확하게 말하고 있다. 그는 "만물보다 거짓되고 심히 부패한 것은 마음이라. 누가 능히 이를 알리요"(렘 17:9)라고 말했다. 또 사도 바울은 단호히 이렇게 말했다. "모든 사람이 죄를 범하였으매… 이르지 못하더니"(롬 3:23). 이들의 공통된 결론은 우리가 창조주의 선물이었던 영광스러운 자유의 삶을 누리지 못한 채, 뱀의 눈빛 아래 살아가고 있다(혹은 한때 그렇게 살았다)는 것이다.

그렇다면 다시 똑같은 질문을 하게 된다. 뱀의 눈빛을 깨뜨릴 자는 누구인가? 그리고 뱀의 눈빛이 깨어진 다음 자유를 얻은 자의 비행은 어떤 것인가?

성경의 대답은 다음과 같다. 그 힘은 구세주 예수의 희생적인 죽음에 있다. 십자가 사건은 태양 천 개의 에너지라도 무색하게 만들 힘—이것은 변화의 힘 혹은 회심의 힘이라 부를 수 있다—을 뿜어냈다. 그것은 모든 인간을 변화시킬 수 있는 잠재력을 지닌 엄청난 사건이었다.

결과는 무엇인가? 이제 영혼—수면 아래쪽의 삶—은 개혁될 수 있으며, 하나님이 거하실 곳이자 특별한 삶의 근원이라는 본연의 취지로 돌아갈 수 있게 되었다. 이런 일이 일어났다는 증거는 무엇인가? 영적인 방향에 찾아온 놀랄 만한 변화와 생활 태도, 관점, 행동 등이 모두 새워졌다는 것이 그 증거다.

변화 또는 회심—이 말들은 어떤 사람에게는 고리타분한 것이 되어 버렸고 또 어떤 사람에게는 숫제 비위에 거슬리는 말이 되어 버렸다—이야말로 수면과 관련된 어휘에서 '출발선'에 선 단어가 되어야 한다. 이것은 근본적인 선택을 한 경험을 말한다. 그 선택이 모든 선택의 모체가 된다.

자신이 쓴 시의 한 대목이 그리스도인의 변화라는 개념과 연결된다는 사실을 로버트 프로스트가 알면 기가 막혀 할 말을 잃겠지만, 어쨌든 "가지 않은 길"(The Road Not Taken)이라는, 선택에 관한 시에는 이 점이 분명하게 나타나 있다. 그는 두 가지 갈림길에 서서 어느 길로 갈까 고민하는 사람이 결국은 하나의 길을 택하는, 인생 최대의 중요한 순간을 포착하고 있다. 어떤 길을 택할 것인가? 오른쪽으로 난 길인가, 왼쪽으로 난 길인가?

나는 사람들이 덜 다닌 길을 택했고
그것이 모든 것을 달라지게 했다네.

뱀의 눈빛이 깨어져 버린 기독교 역사를 보면 변화 혹은 회심에 대한 극적인 예들이 많다. 정원에서 있었던 성 아우구스티누스(St. Augustine)의 변화의 선택은 극적이다. 마르틴 루터(Martin Luther), 존 뉴튼(John Newton),

존 웨슬리의 선택도 마찬가지다. 최근 들어서는 찰스 콜슨의 생애에 찾아온 변화의 순간이 많은 이들에게 영감을 주었다.

최근에 나는 내 친구 클리프 배로우즈(Cliff Barrows)―빌리 그래함의 가까운 동역자로 거의 50년 동안 그의 전도 집회마다 동행했다―와 즐거운 대화를 나눈 일이 있다. 우리는 인생을 변화시킨 위대한 체험들의 역사에 대해 이야기했다. "짐 바우스(Jim Vaus)를 잊지 말게"라고 그는 말했다.

그 말을 듣는 즉시 나는 어렸을 때 들었던 짐 바우스의 이야기가 생각났다. 바우스는 1940년대에 도청(盜聽) 정보 제공자이자 폭도의 하수인이었으며 갱이란 갱은 모두 친구처럼 알고 지내던 사람이다. 그러던 그가 빌리 그래함의 설교를 듣고 십자가의 단순한 이야기 속에서 뱀의 눈빛을 깨뜨릴 힘을 발견했다. 그의 선택은 급작스런 결과를 가져오는 극적인 것이었다.

"나는 그의 회심이 어땠는지 아네. 그 자리에 있었거든." 배로우즈가 나에게 말했다. "나는 기사가 운전하는 리무진 뒷좌석에 그와 함께 앉아 여기저기를 돌아다녔네. 이 사람에서 저 사람으로, 이 회사에서 저 회사로, 그렇게 찾아다녔다네. 그는 자기가 나쁜 짓을 했거나, 돈이나 전기 장비를 훔친 사람들을 적은 긴 명단을 가지고 다녔네. 이제까지 자기 때문에 피해를 입은 모든 사람과 기관에 배상을 하기로 결심했기 때문이지. 그리고 정말로 그렇게 했다네. 그러다가 완전히 파산했는데도 말일세. 하지만 그 일을 끝냈을 때는 완전히 자유로운 사람이 되었지."

내게 교회 역사상 가장 위대한 변화를 한 사람을 하나 뽑으라면 단연 찬송가 "나 같은 죄인 살리신"(Amazing Grace)의 가사를 쓴 존 뉴튼을 뽑을 것이다. 파괴되어 버린 인생과 성품을 재건하는 것이 불가능하다고 말하는 사람들에게 나는 존 뉴튼을 잘 보라고 말한다.

뉴튼은 아프리카인들을 서인도 제도와 영국으로 운송하는 일에 깊이 관여하며 노예 무역상으로 성년의 초기를 보냈다. 그의 전기를 읽어 보면 우리가 지금 이야기하고 있는 이 사람이 도덕적으로 더 이상 타락할 수 없을 정도로 타락한 사람임을 알게 된다. 언젠가 한 번 뱀의 눈빛에 사로잡혀 본 적이 있는 사람이 있다면 뉴튼이 바로 그 사람이다.

그러나 사건이 발생했다. 그리고 그 사건의 일부는—여러분도 짐작하겠지만—폭풍과 상관이 있다. 격렬한 허리케인을 만나 바다에서 사선을 넘나들던 중에 존 뉴튼은 깨어진 것이다. 갑자기 '그의 길'은 산산조각 나고 말았다. 그리고 신앙의 모든 관심사가 생생하게 다가왔다. 폭풍에 운명을 내맡기기보다는 폭풍의 하나님을 아는 것이 더 좋았다.

존 뉴튼은 노예 무역 세계를 깨끗이 등지고 그리스도를 따르기 시작했다. 그 결과 그 후 40년의 여생을 사는 동안 영국에서 가장 훌륭한 목사 가운데 한 사람이 되었으며, 실은 목사들의 목사가 되었다. 부패하고 악하기 그지없던 사람이 변화를 겪자 성품이 달라진 것이다.

사람이 변화되면 어떤 일이 생기는가? 그리스도께서 정해 주시는 새로운 방향을 따르기 위해 지금까지 살아온 방향을 버리기로 하는 최초의 선택을 하게 된다. 그 선택이 모든 것을 달라지게 한다.

인류 역사상 사도 바울만큼 회심의 순간이 삶의 분기점이 된 사람도 없다. 그의 인생의 방향 전환에 대해서는 깊이 연구해 볼 필요가 있다. 인생의 새 출발을 경험하기 위해 우리가 꼭 알아야 할 세부 사항이 그 안에 거의 다 들어 있기 때문이다.

다소(바울의 출생지)의 사울(바울의 유대 이름)이 놀랄 만한 지성과 열정을 가진 사람이라는 것은 모두가 아는 사실이다. 그는 구약 성경을 깊이 공부한 사람이었고, 예루살렘 종교 권력부의 떠오르는 별이었으며, 유대교 안에 갑작스레 일어난 기독교 운동에 분개한 이들의 지도자였다. 사울은 이스라엘의 가장 위대한 랍비 중 한 사람인 힐렐의 손자 가말리엘 밑에서 훈련 받았다.

사울의 변화 과정은 스데반으로부터 시작된다. 스데반은 성경을 다루는 지혜와 역량이 너무나 예리하여, 가장 똑똑하다는 비판자들도 그의 설파를 반박할 수 없었던, 생기에 찬 그리스도의 제자였다. 성경 기사로 미루어 보건대 바울 일당이 스데반과의 설전에서 참패와 모욕을 당했으리라는 것을 짐작할 수 있다. 사울이 정말 똑똑했다면 이쯤에서 포기했을 것이다. 그러나 그는 포기하지 않았다.

오히려 그는 자신의 훈련과 품위에 대한 다짐을 어긴 채 스데반에 대한 인민 재판 및 그 결과에 따른 린치 행위에 가담했다. 잔인 무도한 사건들이 끝나자 성경의 렌즈는 사울에게 초점을 맞춘다. 그는 죽어가는 스데반이 "주여, 이 죄를 그들에게 돌리지 마옵소서"(행 7:60)라고 드리는, 도저히 믿어지지 않는 은혜 충만한 기도를 들었을 것이다. 다시 말해서 자기를 돌로 치는 사람들을 용서해 달라는 기도였다. 사울 쪽에서는 전혀 청하지도 기대하지도 않았던 은혜를 구하는 기도였다.

처음에는 스데반의 기도가 사울에게 아무런 영향도 주지 않은 것 같았다. 그러나 우리는 사울의 저항에도 불구하고 스데반의 기도가 사울의 인생 수면 아래쪽 깊은 곳에 있는 영혼으로 파고들었다는 인상을 받게 된다. 그러고는 콧구멍을 간질이는 연기처럼 계속해서 위쪽으로 피어 올랐으므로 사울은 그 말을 잊을 수가 없었을 것이다.

스데반이 순교한 뒤, 정확한 기간은 알 수 없지만, 얼마 동안 사울은 급속도로 퍼져 나가는 기독 신앙을 진압하기 위해 조직적인 운동을 이끌어 나갔다. 사울은 이 회당에서 저 회당으로, 이 동네에서 저 동네로 돌아다니며 그리스도를 따르는 자들을 찾아내려고 구역(해공 협동 구조팀이 실종된 선원들을 찾아 바다를 수색할 때 사용함직한 용어)을 훑어 나갔다.

많은 성도를 옥에 가두며 또 죽일 때에 내가 찬성 투표를 하였고 또 모든 회당에서 여러 번 형벌하여 강제로 모독하는 말을 하게 하고 그들을 대하여 심히 격분하여 외국 성에까지 가서 박해하였고(행 26:10-11).

사울의 미친 듯한 행동에는 배울 점이 있다. 인생의 수면 아래쪽이 제대로 정리되지 않을 때 삶이 얼마나 제멋대로일 수 있는가를 알게 해주기 때문이다. 이상하겠지만 지금 나는, 방탕하다거나 가학적이라거나 악당 행위를 일삼는 사람에 대해 이야기하고 있는 것이 아니다. 오히려 내면 세계가 종교적으로 극단적이리만치 정돈되어 있는 사람에 대해 이야기하고 있다. 그는 몇 년 후 자신의 '변화되기 이전' 생활을 돌아보며 "율법의 의로는 흠이 없는 자라"(빌 3:6)고 쓸 수 있을 만한 사람이었다. 그리고 그것은 과장이 아니었다. 종교적인 면에서 본다면 사울이야말로 완제품이었다.

사울이 현실을 보는 관점은 어떤 것이었을까? 어떤 것이기에 그로 하여금 스데반을 비롯하여 그리스도를 따르는 사람들을 공격하게 만들었을까? 그는 모세의 율법과 예루살렘 성전을 중심으로 짜여진 종교가 모든 것이라는 관점을 가지고 있었다. 강박 관념이 그의 인생의 전모였다. '율법대로 하는 것'이 그의 목표였다. 그러므로 그의 사명은 유대교에 호의적인 이방인들을 찾아내 그들로 하여금 일체의 고유 의식(儀式)을 치르도록 하는 것이었다. 그것은 곧 이방인 신분을 버리고 유대교를 받아들이는 것을 뜻했다. 그런 사명을 맡을 사람으로는 사울만큼 적임자도 없었다.

후에 바울이 '(그리스도인들로 하여금) 강제로 모독하는 말을 하게' 했다고 쓴 것은, 유대인들에게 이교도 재판 비슷한 것을 행할 때 회당에서 있었던 신문(訊問) 사건을 언급하는 것이 분명하다. 흔히 이런 신문에는—특히 남자를 신문할 경우에는—금속이 박힌 가죽끈으로 서른아홉 번 채찍질을 하는 굴욕적이고도 위험한 매질이 뒤따랐다. 신체적으로 또는 심리적으로 이 매질을 이겨 내지 못한 사람들이 많았다.

이 '재판' 기간 중 피고에게는 변호의 권리가 주어졌고 원고는 들을 의무가 있었다. 이것은 상당히 중요한데 그 이유는 바로 이 과정을 통해 사울이 그리스도를 따르는 신앙에 대한 '증언'을 어쩔 수 없이 무수히 많이 들어야만 했기 때문이다. 그는 결과적으로 변혁, 삶의 변화, 새로운 방향, 달라진 선택 등의 주제를 몇 번이고 반복해서 들었을 것이다. 고난을 당하고, 심지어는 떳떳하고 결연하게 죽기까지 하는 사람들을 볼 때면 필경 스데반이 생각났을 것이다. 그 동안 사울이 힘들게 힘들게 획득한 재기와 헌신이 수면 아래쪽 삶을 건드릴 수 없는 사람들 앞에서 갑자기 모든 가치를 잃고 말았다.

급속도로 확산되며 성장하고 있는 기독교 공동체에 대한 잔혹한 공격을 계속하기 위해, 예루살렘 북동쪽으로 열나흘 여행 거리에 있는 다메섹으로 가고 있을 때도 사울은 바로 그런 강박 관념에 사로잡혀 있었다.

정오가 되어 길에서 보니 하늘로부터 해보다 더 밝은 빛이 나와 내 동행들을 둘러 비추는지라.…내가 소리를 들으니… "사울아, 사울아, 네가 어찌하여 나를 박해하느냐? 가시채를 뒷발질하기가 네게 고생이니라"(행 26:13-14).

타고 있던 짐승에서 땅으로 떨어진 다소의 사울은 순간적으로 자신이 지금 예수님 앞에 있다는 사실을 알았다.

한 기사에 따르면 사울은 "주님, 누구시니이까?" 그리고 "주님, 무엇을 하리이까?"라는 두 가지 질문을 드렸다(행 22:8, 10). 내가 보기에 이 두 질문은 모든 변화의 중심이 되는 기본 질문이다.

스데반으로부터 시작해서, 밝은 빛—사막에 내리쬐는 한낮의 태양마저 무색하게 할 정도로 밝은 빛—을 두른 나사렛 예수에 대해 증언하는 증인들을 숱하게 거치는 사이에, 사울은 깨어지는 순간들—존 뉴튼의 폭풍, 아우구스티누스의 정원의 위기—의 계보 속으로 떠밀리지 않을 수 없었다. 그가 하늘의 환상 속에 나타난 분을 주님으로 부르며 "무엇을 하리이까?"라는 질문으로 복종을 표하는 순간 그의 회심 과정은 시작되었다.

사울의 변화는 이 두 질문을 끝으로 종결되었는가? 나는 그렇게 생각하지 않는다. 만일 그리스도께서 요구하시는 것에 대한 심화된 인식이 그 즉시 뒤따르지 않았다면, 다메섹 도상에서의 사건은 유성(流星)처럼 타버리고 말 극적인 순간 즉 하나의 영적 체험에 지나지 않았을 것이다. 그러나 이후 며칠 동안 스승들 및 영적 지도자들과 만남으로써 심화된 인식을 갖게 되는데 그 중 가장 잘 알려진 사람이 아나니아이다. 변화가 완전히 일어났다고 말할 수 있기까지 바울은 긴 과정을 거쳐야 했다.

다메섹 도상에서 예수님을 직면하는 체험을 하면서 사울은 눈이 멀어 무력한 상태가 되었다. 며칠 동안, 그는 자신을 인도해 줄 사람들에게 완전히 의존하여 지냈다. 다메섹에 살고 있는 그리스도의 제자 아나니아가 와서 그를 '형제'로 부르며(이것 자체로 놀랄 만한 일이다) 손을 얹고 기도해 준 다음에야 그는 시력을 회복했다. 바울이 자신의 영적 무력함을 상징하는 이 끔찍한 시력 상실의 경험을 결코 잊지 못했으리라는 것은 충분히 짐작이 가는 일이다.

이 모든 충격은 하나의 깨어지는 순간이었다. 그것은 위기였을까, 경이였을까, 아니면 둘 다였을까? 그것은 만사를 통제하는 데 익숙해 있던 한 사나이가 자기 힘으로는 전혀 통제할 수 없는 것을 경험하는 순간이었다. 그리고 그로서도 설명한다는 것 자체가 불가능한 그런 경험이었다. 아무튼 깨어진 것만은 분명하다! 위세 등등한 지도자로서 자신 만만하게 다메섹으로 가고 있던 그는 시력 상실과 내적 혼수 상태에 빠져 겸손한 모습으로 그곳에 도착했다. 그가 진압하려 했던 바로 그분이 길가에 숨어 그를 기다리시다가 오히려 그를 신참 제자로 만들어 보내셨다. 뱀의 눈빛이 다시 한 번 깨어진 것이다.

사울은 수백 년 동안 종교적 성공과 지배를 누려 온 바리새인 출신이다. 그들은 예수님이 오셔서 사물을 보는 새로운 방식을 제시해 주셨을 때도, 영적 도약의 가능성을 전혀 볼 줄 몰랐다. 그리고 사울은 그런 면에서 둘째 가라면 서러워할 정도로 완고한 사람이었다. 얼마나 저항적이었던지 핍박을 일삼을 정도였다.

다메섹 도상에서의 체험이 그토록 통렬한 이유가 바로 여기에 있다. 그 극적인 대면이 너무도 위력적이어서 현실에 대한 그의 기존 관점은 산산조각 나고 말았다. 율법대로 하는 것—이전의 입장—이 그리스도처럼 되는 것—새로운 입장—으로 바뀌었다. 사울은 변화의 계기가 되는 깨어지는 순간을 결코 거기서 끝내지 않았다.

인생의 수면 아래쪽에 필요한 만큼의 무게를 쌓는 일은 여기서부터 시작된다. 그것은 진정한 내적 변화의 체험을 요구한다.

여기서 나는 수면과 관련된 어휘 중 두 번째 단어로 들어가고자 한다. 이미 알고 있는 단어인데 좀 다르게 쓴 것이다. 내가 보기에 다소의 사울은 한 번 회심한 데서 그치지 않고 **계속해서 회심하고 있다.**

몇 년 후에 사울(이제 바울)은 고린도 교인들에게 변화에 대해 다음과 같이 썼다. "우리가…그와 같은 형상으로 변화하여 영광에서 영광에 이르니 곧 주의 영으로 말미암음이니라"(고후 3:18).

일회적 회심과 계속적 회심. 이것은 사람이 수면 아래쪽으로 내려가 변화의 의미와 중요성을 찾으려 할 때 열쇠가 되는 단어다.

두말 할 것도 없이 사울은 이전의 그가 아니다. 이후 10년 동안 그는 자신의 영혼을 다시 빚어내는, 종종 아픔과 고난으로 얼룩진 과정을 통과해야만 했다. 사건마다—형언할 수 없을 만큼 고통스러운 사건도 많았다—수면 아래쪽에 새롭고도 막강한 무게가 더해져 결국에는 흔들릴 줄 모르는 사람이 되었다. 구약 성경에만 매달려 예루살렘 성전 공동체에서 지도자적 위치를 추구하게 했던 그 다듬어지지 않은 에너지가 이제는 로마 제국 전역에 복음을 전하고, 교회를 세우며, 오늘날까지 존속되고 있는 이 막강한 운동을 이끌어 갈 지도자들을 길러 내는 다듬어진 에너지가 되었다.

나와 신앙 전통이 같은 사람들은 변화 혹은 회심에 엄청난 강조를 두고 있다. 우리는 교회에 모일 때면 예배가 끝날 때마다 사람들을 회심으로 초청하기 위해 무진 애를 썼다. 우리는 이 회심이라는 한 순간에 관심을 너무나 집중한 나머지 그 뒤에 따르는, 평생 동안 지속되어야 할 과정—지속적인 회심의 과정—의 중요성은 잘 이해하지 못하는 수가 많았다.

사울(이방 세계를 여행하는 사이 바울이 됨)은 자신이 계속적으로 회심하는 혹은 변화되는 상태에 있다고 생각했다. 심지어는 육체마저 자신을 버린 노인이 되어서도 주저하지 않고 이렇게 적었다. "우리의 속사람은 날로 새로워지도다"(고후 4:16).

예수님이 한편으로는 호령하시고 한편으로는 두 팔을 흔들며 반기시던 그날 다메섹 도상에서 뱀의 눈빛은 깨어졌다. 그러나 바울은 뱀이 할 수만 있다면 다시 돌아와 왕년의 패권을 장악하고 싶어한다는 사실을 언제나 인식하고 있었다. 그리하여 이 노(老)사도에게는 하루하루가 수면 아래쪽을 지어야 하고 변화의 과정을 완성해야 하는 또 하나의 도전이었다. 그리고 그것은 결국 이루어졌다.

7. 어떤 노인이 되고 싶은가?

'축복'의 추구는 어디서 끝날 것인가?

> 많은 것이 사라졌지만 또 많은 것이 남아 있다.
> 한때 천지를 휘두르던 그 힘은 없어졌지만
> 지금 이 모습 이대로 우리는 우리다.
> 용감한 마음이 시간과 운명 때문에
> 약해지긴 했지만, 노력하고 추구하고
> 찾아내며 굴하지 않으려는 의지만은 강하다.
> ─테니슨, "율리시즈"(Ulysses)

구약 성경에는 짤막하지만 매력적인 숨은 이야기가 하나 있다. 그 주인공은 히브리 역사 중 40년이 좀 넘는 광야 역사의 단편 속에 가끔씩 등장하는 노인 갈렙이다.

갈렙의 의미 있는 첫 등장은, 그가 모세로부터 가나안 정탐의 책임을 위임받은 열두 명 가운데 들면서 시작된다. 그와 여호수아─모세의 후계자─는 아주 가까운 사이였던 것 같다. 이것은 열두 사람이 사명을 마치고 돌아왔을 때 분명히 나타난다. 정탐 보고는 열 사람의 보고와 여호수아와 갈렙의 보고, 둘로 나뉘었다.

열 사람의 보고는 비관적인 것이었다. 그들의 보고에서 좋은 소식은 그 땅에 부와 자원이 풍부하여 누구라도 거주지로 삼고 싶어 할 만한 곳이라는 점이었다. 나쁜 소식은 그 땅에는 거인들이 살고 있다는 것이었다. 그들에 비하면 자신들은 메뚜기라고도 했다.

그러나 여호수아와 갈렙은 다르게 보았다. 물론 그들도 거인 같은 사람들이 있다는 사실은 인정했지만, 이스라엘의 하나님은 전에도 '거인들'을 위압하신 적이 있기 때문에 지금도 충분히 그렇게 하실 수 있으리라고 했다. 이 두 사람이 보기에는 하나님의 약속과 능력을 의지하여 앞으로 나아가는 데 지금 같은 호기가 없었다.

그러나 이스라엘은 다수 쪽으로 기울었고, 그 결과 이 백성은 믿음 없는 세대가 완전히 죽어 없어질 때까지 그 후 40년 동안이나 광야를 떠돌게 되었다. 물론 여호수아와 갈렙만은 예외였다.

그 40년 동안 성경에는 갈렙에 대한 이야기가 별로 나오지 않는다. 그러나 분명 그는 한때 선두에 서서 거인들의 땅으로 돌격할 준비가 되어 있었던 그 저돌적이고 신앙 일변도인 사나이의 모습에서 조금도 달라지지 않았다. 이제 40년이 지난 지금 히브리 백성의 또 다른 세대가 여호수아의 지도 아래 여리고에서 멀지 않은 요단 강에 모여 다시 한 번 침입을 계획하고 있다. 이스라엘은 강을 건너고 거의 모든 공격에서 성공하여 얼마 지나지 않아 가나안의 대부분을 점령하게 되었다. 오직 산지만 예외였다.

산지는 아낙 사람들이 사는 곳이었다. 신장과 전투 능력이 무시무시한 전설적인 부족민, 바로 그 아낙 사람들 말이다. 사람과 지형 모두가 모든 사람에게 겁을 주기에 충분했으므로 감히 누구도 결전에 나설 엄두를 내지 못했다.

그러나 갈렙만은 달랐다! 그는 그때 80대 중반의 노령이었다! 그가 여호수아와 나눈 대화를 성경은 다음과 같이 기록하고 있는데 이는 얼마든지 읽어 볼 만한 가치가 있다.

…갈렙이 여호수아에게 말하되 여호와께서 가데스 바네아에서 나와 당신에게 대하여 하나님의 사람 모세에게 이르신 일을 당신이 아시는 바라. [7]내 나이 사십 세에 여호와의 종 모세가 가데스 바네아에서 나를 보내어 이 땅을 정탐하게 하였으므로 내가 성실한 마음으로 그에게 보고하였고 [8]나와 함께 올라갔던 내 형제들은 백성의 간담을 녹게 하였으나 나는 내 하나님 여호와께 충성하였으므로 [9]그날에 모세가 맹세하여 가로되 네가 내 하나님 여호와께 충성하였으므로 네 발로 밟는 땅은 영원히 너와 네 자손의 기업이 되리라 하였나이다.

[10]이제 보소서. 여호와께서 이 말씀을 모세에게 이르신 때로부터 이스라엘이 광야에 방황한 이 사십오 년 동안을 여호와께서 말씀하신 대로 나를 생존하게 하셨나이다. 오늘 내가 팔십오 세로되 [11]모세가 나를 보내던 날과 같이 오늘도 내가 여전히 강건하니 내 힘이 그때나 지금이나 같아서 싸움이나 출입에 감당할 수 있으니 [12]그날에 여호와께서 말씀하신 이 산지를 지금 내게 주소서. 당신도 그날에 들으셨거니와 그곳에는 아낙 사람이 있고 그 성읍들은 크고 견고할지라도 여호와께서 나와 함께하시면 내가 여호와께서 말씀하신 대로 그들을 쫓아내리이다.

[13]여호수아가…갈렙을 위하여 축복하고 헤브론을 그에게 주어 기업을 삼게 하매 [14]헤브론이…갈렙의 기업이 되어 오늘까지 이르렀으니 이는 그가 이스라엘의 하나님 여호와를 온전히 좇았음이라(수 14:6 하-14).

평생토록 영혼으로 산 사람을 묘사하는 데 **온전히**(wholeheartedly: '전심을 다하여'라고도 옮길 수 있다—역주)라는 말이 세 번이나 사용되고 있다. 우리는 갈렙이 하나님의 약속을 중심으로 살아왔다는 느낌을 받게 된다. 결과는 그가 어떤 노인이 되었는가를 보면 알 수 있다. 그의 강인함과 열정 그리고 굳센 믿음은 결코 우연이 아니다. 그것은 인격의 수면 아래에서 흘러나오는 것이다.

오늘날, 80대 중반에 들어선 할아버지와 할머니들은 많다. 그러나 갈렙과 같은 노인은 보기 드물다! 그의 활력은 커다란 함성과 같다. 이 짧은 이야기를 통해 우리는 그가 다음과 같은 자질들을 지니고 있었음을 알 수 있다.

- 그는 무엇을 하든 전심을 다했다.
- 그는 언제나 굳은 확신을 갖고 살았다.
- 그는 언제나 도전을 좋아했는데 그것도 가장 힘들고 고된 도전을 선호했다.
- 그는 젊었을 적의 하나님이 그대로 노년의 하나님이라는 무한한 믿음을 지녔다.
- 다른 사람들은 두려워해도 그는 두려워하지 않았다. 다른 사람들은 뒤로 물러서도 그는 곧장 행동으로 들어갔다.

한번 말해 보라. 여러분은 이런 사람을 몇 명이나 알고 있는가? 수면 아래쪽의 문제들에 관심을 기울여 영혼으로 산다는 것의 의미가 무엇인지 알려면, 이 질문은 대단히 중요하다. 영혼으로 살려고 한다면 우리는 우리보다 먼저 그렇게 살았으며, 그리하여 '구름같이 둘러싼 증인들'의 체험을 들려줄 사람들과 함께 걸어야 한다.

오십줄에 들어서면서 나는 앞에서 이야기한 그 깨어지는 순간들 중 하나에 부딪히게 되었다. 그 순간은 노화의 과정이라는 푯말을 달고 찾아왔으며, 나는 다음과 같은 질문과 씨름하기 시작했다. **나는 어떤 노인이 되고**

싶은가? 그것은 수면 차원의 물음이었다.

최근 들어 나는 이 물음에 대해 자주 이야기하곤 한다. 때로 사람들은 내가 이 질문을 던지면 그냥 웃고 만다. 내가 장난삼아 이런 생각을 하고 있다고 여기는 것이다. 그러나 나는 그렇지 않다.

'어떤 노인이 되고 싶은가'라는 질문은 나의 말년을 어디서 보내고 싶은가—나는 뉴잉글랜드가 좋다—를 이야기하려는 의도로 던지는 질문이 아니다. 재정 문제—물론 재정이 든든하기를 바라지만—에 중점을 둔 것도 아니다. 오히려 이 질문은 성품과 인격 그리고 존재 양식과 관련된 것이다.

솔직히 말해 이 질문을 하게 된 데는 다음과 같은 사실 그대로의 관찰이 일부 작용했다. 즉 대부분의 사람들은 노년을 가장 매력 있는 시기로 생각하지 않는다는 점이다. 이것이 옳다면, 늙은 사람은 젊은이들로부터 이런 저런 구기(球技) 운동을 같이 하자는 제안을 받기를 기대하지 말아야 한다.

이 기분 내키지 않는 사실에 나는 마음이 불편했다. 때 이르게 목숨을 잃는 사건만 일어나지 않는다면 나도 그리 멀지 않은 미래에 노인이 될 것이고, 그렇게 되면 젊은 사람들은 내 세대의 사람들에 관해서 똑같은 이야기를 하리라는 것을 잘 알았기 때문이다. 나도 당연히 그들의 이야깃거리가 될 것이다.

그러나 갈렙은 몇 사람 안 되는 예외에 끼일 그런 사람인 것 같다. 구기 운동에 끼워 주고 싶을 뿐 아니라, 가능하다면 항상 따라다니면서 성품 및 결단의 힘을 함께 맛보고 싶은 그런 사람 말이다.

성경의 노인들을 살펴보자면 비단 갈렙만 있는 것이 아니다. 에녹은 "하나님과 동행하며"(창 5:22)라고 묘사되어 있다. 아브라함에 대해서는

"나이가 높고 늙어서…죽어"(창 25:8)라고 기록되어 있다. 여기 노인에 대해 뭔가 긍정적인 내용이 나온다. 모세는 다음과 같은 비문과 함께 생을 마감했다. "지금까지 모세처럼 큰 권능을 보이거나 위엄 있는 일을 행한 사람은 없었더라"(신 34:12, NIV).

노년에 강력하고 긍정적인 영향을 미친 사람은 이외에도 많다. 예를 들어 여호수아를 보라. "이스라엘이 여호수아가…사는 날 동안 여호와를 섬겼더라"(수 24:31). 영혼의 신실함이라는 특성이 두드러져 하나님께 보상 받았던 사람들도 얼마든지 더 있다. 성전에서 아기 예수에 대해 예언했던 시므온은 "의롭고 경건하여 이스라엘의 위로를 기다리는 자라. 성령이 그 위에 계시더라"(눅 2:25)고 묘사되어 있다. 또한 바울은 자신을 평가하며 이렇게 말했다. "내가 벌써 부어지고…나는 선한 싸움을 싸우고…믿음을 지켰으니"(딤후 4:6-7).

조금 전에 말했듯이 이들은 알고 지내기에 좋은 사람들이었으리라는 기분이 든다. 아울러 이들의 말년이 전 생애를 통틀어 최고의 시간이었을 거라는 인상도 받게 된다.

바로 이 점이 어떤 노인이 되고 싶은가라는 질문에 부딪혔을 때 내가 가장 중요하다고 본 사항이다. 이 질문에 대한 나의 답은 이것이다. 즉 비록 늙었더라도 최선의 일을 해내고 최고의 성품을 보임으로써 다가가기가 즐거운 사람, 그런 사람이 되자는 것이다.

이 점을 염두에 두면서 내가 아는 노인들 가운데서 말년에 인생의 절정을 달리고 있다고 생각되는 이들을 꼽아 보기 시작했다. 그러자 즉시 한 가지 사실이 분명해졌다. 그것은 내가 아는 노인은 많지만 나의 명단에 들 정도로 '모범'이 되는 노인들은 놀라울 정도로 적다는 것이다.

명단을 만들면서 나는 많은 사람들의 이름을 갖가지 이유로 명단에서 제외시켰다. 어떤 사람은 자기 중심주의에 빠져 타인의 삶과 생각에는 아주 조금밖에 관심을 보이지 않았기 때문에 명단에 들지 못했다. 또 어떤 사람은 젊은이들에게 너그럽지 못한데다 그들의 아이디어와 성취에서 좋은 점이라고는 거의 찾아볼 줄 몰랐기 때문에 나의 명단에 들지 못했다.

나의 명단이 짧아진 이유는 그 밖에도 더 있다. 노화라는 인간적 위기에 대해 쉽게 화를 내거나 천박하게 나오거나 짜증을 부리는 사람은, 지금까지 그런 유감스러운 속성을 보유하고 있었는데 다만 겉으로 드러내지 않았을 뿐이라는 것을 암시한다. 주의 깊게 살펴보니 말년을 푸념조의 비난으로 일삼는 듯한 사람들이 있다.

나는 많은 사람들이 그저 과거에 파묻혀 살 뿐, 나이를 먹어 감에 따라 새로 등장할 다음 세대들을 위해 붉은 융단을 깔아 주는 일에는 별로 관심이 없다는 것을 알게 되었다. 간단히 말해, 나는 본보기가 될 수 있는 사람들의 명단에서 여러 노인들을 제외시킬 수밖에 없는 수많은 이유들을 발견했다.

앞에서도 말했듯이 명단이 완성되었을 때 거기 적힌 이름은 아주 적었다. 사실 다섯 손가락 안에 다 꼽을 수 있을 정도로 적었다. 물론 여자들을 포함시켰다면 더 많았겠지만, 내가 남자인 만큼 동성(同性)을 벗어나지 않기로 했으며, 내가 뽑은 사람들은 모두 70대, 80대, 혹은 90대의 연로하신 분들이다.

명단에 있는 사람들은 성격이 각자 달라서, 서로 만난다면 상대방에게 호감을 느끼지 못할지도 모르겠다는 생각이 들기도 했다. 그러나 그들과 그들의 인품을 곰곰이 생각하면서 나는 계속 이런 질문을 던졌다. (갈렙 같은) 온전한 생활 방식, 영혼으로 사는 생활 방식에서만 나올 수 있는 특성은 어떤 것일까?

머리 속에 맨 처음 떠오른 단어는 **감사**라는 단어였다. 그들은 모두 감사하는 사람이다. 그들의 대화, 그들의 서신, 사건에 대한 그들의 반응은 하나같이 감사가 그 특징이다. 그들은 누군가가 자기를 위해 혹은 다른 사람을 위해 하는 일을 금방 알아차린다. 그리고 그 사람에게 그가 타인의 유익을 위해 행동했다는 사실을 얼른 알려 준다.

감사의 특성은 건강한 영혼의 핵심을 이룬다. 사도 바울도 이 점을 주시하여 로마서에서 퇴폐 문화의 첫 번째 특징은 감사하지 않는 것이라고 쓰고 있다(롬 1:21). 문화나 우정에 대해 이야기할 때마다 그 문화나 우정에 생명력이 없다고 판단될 경우, 가장 먼저 검토해 보아야 할 게 바로 감사다.

감사는 노화 과정 중에 타격을 입는 것 같다. 감사 대신 권한 행세나 불만에 찬 요구가 들어서기 때문이다. 감사의 마음이란 저절로 생겨나는 것이 아니라 하나의 훈련으로 삼아 노력해야 하는 것이다.

오래 전에, 나의 명단에 오른 노인 중 한 분이 며칠 동안 우리 집에 놀러 오신 적이 있다. 기독교 지도자로서 국제적인 명성이 있는 분인 만큼 얼마든지 호텔에서 묵으실 수도 있었다. 그러나 그분은 우리 집에서 묵는 것을 좋아하셨다. 우리 집은 별로 크지 않기 때문에 우리 부부는 아들 마크에게 그분을 위해 며칠 동안만 방을 좀 빌려 달라고 부탁했다.

그분이 떠나시고 며칠 지나지 않아서 마크 앞으로 편지 한 통이 왔다. 바로 그분한테서 온 것으로, 노인을 위해 자기 방을 너그럽게 내준 마크에게 깊이 감사한다고 적혀 있었다. 우리 아들은 몇 년이고 그 편지를 소중하게 간직했다. 나는 지극히 작은 일에도 이렇게 감사를 표현하는 것이 그분이 살아오신 인생의 하나의 특징이라는 사실을 배우게 되었다.

감사를 하려면 무심코 지나칠 수 있는 일들도 놓치지 않는 예리한 눈이 필요하다. 내 명단에 오른 노인들에게는 그런 눈이 있다. 그래서 그들은 좋은 건강과 새로운 기회들을 주시는 하나님께, 사랑을 다하는 배우자에게, 격려와 우정을 베푸는 친구들에게 그리고 자신을 찾아와 힘을 얻고 가는 젊은이들에게 늘 감사하다는 말을 잊지 않는다.

나의 명단에 든 노인들의 두 번째 특징은 **젊은 세대가 성취한 것들에 지대한 관심을 갖고 있다는 점**이다. 그들은 젊은 친구들이 성취할 수 있는 일들을 보며 큰 기쁨을 얻는다. 젊은 세대를 격려하고 젊은 세대가 새로이 성취한 것을 인정하는 일에도 결코 인색하지 않다.

그게 뭐가 그리 어렵겠냐고 반문하는 젊은이가 있다면 그것은 그들이 오해하고 있기 때문이다. 젊은 세대가 성취하는 것을 볼 때, 기성 세대에게는 그것을 얕잡아보거나 질투하는, 좀처럼 저항하기 힘든 유혹이 있다. 노인들은 리더십과 주도권이 신세대에게로 넘어가고 있음을 떠올릴 때마다, 본의 아니게 왜 **나는 저런 일을 할 수 없었을까**라고 생각하게 된다.

그러나 나의 명단에 있는 노인들은 이런 현실을 이미 해결하신 분들이다. 이들은 젊은이에 대한 적개심이 전혀 없을 뿐만 아니라, 오히려 할 수만 있다면 그들이 늘 성공할 수 있도록 도와주는 일에 전적으로 자신을 바치고 있다.

나는 명단에 있는 분들의 공통점을 연구하다가 **그들이 모두 마음을 항상 예리하고 민감하게 하기로 결심한 자들**이라는 사실을 알고는 깊은 인상을 받았다. 다른 사람들과 달리 그들은 사고를 멈추지 않았으며 새로운 아이디어를 습득하는 일에 게으르지 않았다. 그들은 산지의 아낙 사람들에게 달려들고 싶어 하는 갈렙과 같은 사람이다. 그들은 새로운 것들을 아주 기뻐한다.

그리하여 그들은 항상 책을 읽는다. 그것도 넓고 깊게 읽는다. 그들은 신학, 시사, 역사, 신흥 기술뿐 아니라, 우리 시대의 문화적 패러다임이 어떻게 변화하는지에도 흥미를 갖는다. 그들은 언어 구사 능력이 뛰어나며 일이 어디서 어떻게 되어 가고 있나에 대해 나름대로의 확신을 갖고 있다. 완고한 정도는 아니지만, 자기만의 의견을 가지고 있으며, 질문을 받았을 때 자신의 의견을 표현하는 법도 알고 있다. 그들의 세계관은 어제의 세계관이 아니라 오늘의 세계관이다. 그들에게 변화는 적이 아니라 친구다.

일요판 뉴욕 타임즈에 실린 신간 서적에 관한 이야기를 듣는 것 못지않게, 이들 중 한 사람이 이제 막 셰익스피어의 어느 희곡을 다 읽었다는 이야기를 듣는 것도 있을 법하다. 그런가 하면 일각의 공공 정책에 관심을 가질 뿐 아니라, NFL에서 일차 선발 선수와 노련한 중견 선수 간의 트레이드에 관해 이야기하는 것도 들을 수 있다.

나의 노(老) 친구들이 내게 좋은 영향을 미친 성격적 특성을 내 식으로 표현한다면, **거시적 관점에서 사고하는 능력**이라고 할 수 있다. 이들은 시계(視界)가 넓은 사람들이다. 인생을 가장 넓은 관점에서 바라보기 때문에 급작스런 사건들이 신문 머리기사를 장식하고 젊은 사람들이 종말이 왔다고 확신해도 공포에 질리거나 하는 법이 없.

거시적 사고는 역사의 장구한 흐름과, 하나님이 얼마나 느리게—거의 인식할 수도 없게—일하시는가를 생각하게 한다. 여기에 역설이 있다. 내가 가장 좋아하는 이분들은 변화하는 법을 알고 있지만, 변화를 위한 변화는 거부한다. 다르게 표현해서, 유행과 본질적 변화의 차이를 알고 있는 것이다.

이들은 전자에는 아무런 감동도 받지 않지만, 후자에는 굽힐 줄 안다.

갈렙은 거시적으로 사고하는 사람이었다. 그는 하나님이 역사하시는 것을 몇 번이고 보았고 그리하여 "여호와를 온전히 좇았다." 이스라엘의 하나님을 별로 경험하지 못한 사람들은 산지와 아낙 사람들 앞에서 사기를 잃을 수밖에 없었지만 갈렙은 그렇지 않았다. 그의 영혼 속에는 경험이 충분히 새겨져 있어서, 산지 정복은 가벼운 수고 정도로밖에 보이지 않았다.

나는 은퇴를 결코 모르는 노인이 되고 싶다. 은퇴를 한다면 아마도 그 즉시로 지루함을 느끼게 될 것이다. 퇴직? 물론 퇴직해야 하는 건 분명하다. 그러나 은퇴는 절대 하고 싶지 않다. 은퇴를 모르는 노인들은 나중에 늙으면 무엇을 할 것인가를 이미 오래 전에 정리해 두었기 때문일 것이다. 그것은 평생 사명 또는 소명 의식 같은 것으로 표현할 수 있다.

내가 가장 좋아하는 노인들의 경우 그런 사명은 돌려받음 없이 주기만 한다는 개념에서 시작한다. 이들은 후세에 가치를 더해 주는 행위에 삶과 생명력 모두가 있다는 사상으로 부름받았다.

어느 날 내가 소중히 여기는 한 친구가 우리 집에 놀러 왔다. 우리는 현재의 직업에서 손을 떼고 다른 일을 하게 될 미래에 대해 이야기하기 시작했다.

"나는 개인적인 시간이 더 많아지면 하고 싶은 일이 두 가지 있다네"라고 그 친구가 말했다. "첫째로는 큰 트럭을 한 대 사서 온갖 공구로 가득 채운 다음 우리 동네에서 몰고 다니면서, 어디가 고장 나 수리공의 도움이 필요한 노인들을 도와주고 싶네. 그런 노인들은 간단한 수리 하나 해주고 그 노인네들의 팔다리까지 다 뜯어 가는 수리업자들에게 이용당하는 경우가 너무 많거든. 그래서 나는 직접 그런 일도 해주고 그런 일을 하고 싶게 만든 내 신앙에 대해서도 함께 이야기하고 싶다네."

"또 한 가지는 약간 이상하게 들리겠지만, 나는 언제 시간을 내서 우리 동네 주변의 숲 속 오솔길을 손보고 싶다는 생각이 간절하다네. 내가 산책길을 좀더 좋게 만들어 다른 사람들이 창조 세계를 즐기며 좋은 시간을 보내게 된다면 그보다 더 큰 만족이 어디 있겠나?"

여기 은퇴할 의사가 전혀 없는 사람이 있다. 단지 하는 일의 초점이 수입 산출에서 가치 산출로 바뀔 뿐이다. 이 두 가지 소원은 성인기를 다 보내고 인생의 마지막 3분의 1을 남겨 두고 있는 그의 삶의 본질을 여실히 보여 준다.

우리가 젊었을 때인 거의 20년 전부터 나는 그에게서 이런 시각이 싹트는 것을 보았다. 나는 한창 성장하고 있는 어느 교회의 목사였고 그는 최고 지도자 회의의 구성원이었다. 그는 회장 옆자리에 앉아 회의록을 쓰곤 했다. 그가 쓴 회의록을 한 번이라도 읽어 본다면 그 회의록이 다른 회의록과는 다르다는 것을 단번에 알아차릴 수 있을 것이다. 필체는 읽기 쉽도록 남다른 활자체로 되어 있었다. 회의에서 나온 중요한 내용들이 하나도 빠짐없이 명확히 기록되어 있을 뿐 아니라 간간이 유머도 곁들여져 있어서 읽는 즐거움을 더해 주었다.

어느 주말, 교회 지도자들로 구성된 이 모임이 수련회를 갔다. 첫날 저녁은 난롯가에 앉아서 보냈는데, 나는 좀더 친밀한 차원의 대화에 불을 붙이고자 우선 나의 인생과 꿈에 관한 개인적인 부분을 약간 털어놓음으로써 분위기를 돋우려 했다. 나의 노력은 헛되지 않아 곧 다른 사람들도 개인적인 이야기와 자기에게 중요한 것들에 대해 돌아가며 말하게 되었다.

그 친구가 이야기할 차례가 되었다. 그가 한 말을 최대한 더듬어 본다면—그 말이 너무나 인상적이어서 지금껏 결코 잊어 본 적이 없다—다음과 같다. "나는 나를 사람들이 흔히 말하는 종으로 생각합니다. 나는 다른 사람들이 잘되게 도와주는 일이 즐겁습니다. 맡은 일을 하다 보면 나보다 높은 분들에게 보고해야 하는 경우가 종종 있는데, 그분들은 내가 그분들의 일을 잘하려고 최선을 다하리라는 것과 또한 내가 그들의 명예를 조금도 가로채지 않으리라는 것을 알고 있습니다. 그분들에게는 명예가 필요하지만 나한테는 전혀 필요없습니다. 결국 그들은 더욱 열린 마음으로 나를 믿게 됩니다."

나는 그의 말을 듣고 깜짝 놀랐다. 그는 최고 교육을 받은 뛰어난 기술자였다. 실은 지난 10년 동안 있었던 일 중에서 최고의 기밀 사항으로 꼽을 수 있는 중요한 군사 사업에서 '요인'(그들이 좋아하는 표현으로) 역할을 하기도 했다. 그러나 그에게는 전문 기술이나 경력을 더할 필요보다도 종의 도(servanthood)의 의미에 대한 인식이 훨씬 중요했다. 그리고 20년이 지난 지금 직업 전선에서 물러날 준비는 하고 있지만, 은퇴할 생각은 추호도 하지 않는다. 그는 단지 종으로서 자신이 해야 할 역할을 다른 사업의 장(場)으로 옮길 뿐이다.

아 참. 그 친구에 대한 이야기가 하나 더 있다. 이 장을 쓰기 불과 몇 주 전에 우리 교회는 연례 크리스마스 작품을 공연했다. 많은 사람들의 관심을 끈, 크리스마스를 주제로 한 뮤지컬이었다. 12년이 넘도록 그 친구는 무대 장치와 소품을 옮기는 일을 해 왔다. 60대가 된 지금도 그는 거의 매일 자전거를 타고 사무실에 나와 젊은이의 노역(勞役)을 맡아 무대 뒤쪽에서 일하고 있다.

어느 날 밤 뮤지컬이 진행되고 있는 동안에 무대 뒤로 가 보니, 그가 두

세 명의 젊은이와 함께 머리부터 발끝까지 무대 단원 특유의 까만 복장을 하고는 다음 번 무대 교체를 기다리고 있었다.

"자네, 관객석에서 쇼를 본 적이 있는가?" 내가 물었다. "그야말로 환상적일세."

"아니." 내 친구가 대답했다. "언제고 전부 다를 보지는 못하지. 무대 뒤에서 일하는 것은 마치 텔레비전 뒤쪽에 앉아 다른 사람들은 화면으로 보는 것을 나는 소리만 듣고 상상해 보려는 것과 같다네." 모두 우스갯소리로 한 말이었다. 그러나 거기에는 진리가 있었다. 뮤지컬을 보는 관객이 있다면 무대 뒤에서 도와주는 사람도 있어야 할 것이다. 이것이 내 친구가 살아온 방식이자, 노인이 되었을 때의 그의 모습을 매우 잘 보여 주는 것이다.

내가 되고 싶어 하는 노인은 오늘날에는 찾아보기 힘든 특성을 한 가지 가지고 있는데, 나의 명단에 있는 사람들에게는 그것이 보인다. 그것은 **친절과 인정**(人情)이라는 단어로밖에 표현할 수 없는 특성이다. 이렇게 단어 한두 개만 내놓는 것보다는 내가 말하려는 바를 설명하는 것이 더 나을 것 같다.

남자들로만 구성된 어느 그룹과 토론하는 자리에서 나는 이렇게 물어보았다. "이제까지 살아오는 동안 당신에게 가장 큰 영향을 미친 사람은 누구입니까?" 대화에 가담했던 여남은 명의 사람들 중 대다수는 자기 할아버지를 꼽았다. 이런 결과가 나로서는 뜻밖이었지만, 실은 그러지 않았어야 했다. 이내 우리는 할아버지 이야기에 빠져들었고 주제는 거의 다 똑같았다.

할아버지는 우리들의 부모에 대항하여 우리와 거의 공모 관계에 있던,

마음 느긋하고 반응을 서두르지 않는 다정다감한 그런 남자였다. 아버지와 어머니는 그들 자신의 성장과 매사를 철저히 올바로 처리하는 데, 그리고 현재로서는 아무것도 잘못된 것이 없음을 확인하는 데 마음이 팔려 있었다. 그러나 할아버지들(그리고 할머니들)은 그렇지 않았다.

"우리 할아버지가 어떤 분이셨는지를 잘 보여 주는 이야기를 하나 해 드리죠" 한 남자가 말했다. "그분은 농부이신지라 온갖 농기계류—트럭이니 트랙터니 하는 것들—를 다 갖추고 계셨는데, 여름이면 나에게 기계 하나하나마다 운전하는 법을 가르쳐 주셨습니다. 하루는—내가 열두 살쯤 됐을 때인데—할아버지와 둘이서 밭에 나가 있는데 그분이 내게 '창고에 가서 트럭 좀 끌고 오너라.' 이러시는 겁니다. 나는 할아버지가 그런 부탁을 하셨다는 사실에 감격하여 창고로 가 트럭에 올라탄 다음 밖으로 후진하기 시작했습니다. 그런데 바퀴를 갑자기 너무 빨리 돌리는 바람에, 트럭 앞쪽 범퍼가 문 옆에 꽉 끼고 말았지 뭡니까. 전진을 하든 후진을 하든, 트럭이나 창고 중 하나가 망가질 것만 같았습니다. 할아버지께서 내가 할아버지 기계를 운전하기엔 아직 어리다고 여기실 것을 생각하니 정말이지 곤혹스럽기 짝이 없었습니다."

"하지만 그 상황에서는 선택의 여지가 없었기 때문에 다시 밭으로 나가 말씀드렸습니다. '할아버지, 오셔서 도와주셔야겠어요. 트럭이 문간에 끼었거든요.' 그러자 할아버지는 짧은 턱수염을 쓰다듬으시며 잠시 말없이 나를 보고 서 계시더군요. 그러더니 이렇게 말씀하시는 겁니다. '얘야, 네가 끼게 했으니 네가 다시 빼낼 수 있을 것 같구나.' 우리 할아버지를 그 순간보다 더 사랑한 적은 없습니다."

모두 다 웃고 난 다음 그는 말을 이었다. "우리 아버지였다면 이렇게 말

쏨하셨을 겁니다. '이래 가지고서야 뭐 하나라도 너를 믿고 맡길 수가 있겠니? 일하는 법을 도대체 몇 번이나 말해 줘야 되니? 관두자. 내가 하마!' 그러나 할아버지는 그러지 않으셨습니다. 그분은 트럭 흙받이가 좀 우그러지는 것보다 사내 아이가 체면을 잃지 않는 것이 얼마나 더 중요한지 알고 계셨던 겁니다."

이 이야기는 내 심중에 있는 바를 잘 나타내고 있다. 친절, 인내, 배려. 인생의 좀더 큰 문제들을 이해하고, 완벽, 최종 기한, 축적보다 더 중요한 것들이 있다는 사실을 이해하는 자상한 사람이 되는 것. 그럼으로써 사람은 오히려 커지는 것이다. 그리고 이것이 바로 훌륭한 노인들이 가장 잘하는 일이다.

내가 뽑은 노인들에게는 또 다른 특성이 있다. **바로 자신의 아내를 여전히 극진히, 심지어 낭만적으로 사랑하고 있다는 점이다.** 그들은 결혼한 지 40년, 50년이 지난 뒤에도 결혼 생활에서 기쁨을 발견한다. 부드러운 애정으로 아내를 어루만져 주고, 아내를 쳐다볼 때는 줄곧 반짝반짝 눈을 빛내며, 대화를 나눌 때면 언제고 애정 어린 말을 사용한다.

그러나 그들은 여기서 그치지 않고 아내의 성장을 독려하고, 아내를 돌보고, 위안을 주며, 아내의 삶의 질에 관심 쏟는 일을 한 번도 멈춰 본 적이 없다. 그들은 험한 영적 여정을 아내와 같이 걸으며, 중요한 결정 사항들에 대해 함께 이야기하고, 또한 함께 즐기는 법을 알고 있다. 이들은 아내에 대해 이야기할 때면 고상한 어조로 말하며, 인생의 대부분을 함께 통과해 온 것에 대해 칭찬과 감사를 듬뿍 돌릴 뿐이다.

이것은 저절로 되는 것이 아니다. 관계의 시초부터 있어 온 하나의 습관인 것이다. 이 습관으로 인해 노년은 훈훈하기 이를 데 없는 최상의 시간이 되는 것이다.

지금 게일과 나는 우리가 가장 좋아하는 노부부들 가운데 한 부부와 자리를 함께하고 있다. 말을 하는 동안에도 종종 남편이 아내의 손을 톡톡 치는 것을 볼 수 있다. 두 분이 서로 눈빛을 나누는 모습, 외모에 대해 서로를 치켜세우는 모습, 농담 섞인 대화조차도 가장 깊은 존경으로 표현하는 모습을 보며 우리는 깊은 감명을 받는다.

"결혼한 지 60년이 넘었는데 다투신 적이 있나요?" 게일이 묻는다.

"있고 말고요. 웬걸요, 오늘 아침만 해도 이 사람이 운전을 하는데 정지 표시판 앞에서 완전히 서지를 않았다오. 그래서 내가 말했지. '여보, 나중에 더 적절한 시기가 오면 내 당신한테 할 말이 있소'라고 말이오."

그분은 계속 말을 이었다. "들어 보구려. 나는 이 사람이 비평에 아주 민감하다는 것을 오래 전에 터득했다오. 장인 어른은 아주 안 좋은 면이 있는 분이어서, 이 사람이 어렸을 때 감정을 심히 상하게 한 적이 많았다오. 그래서 나는 그런 순간들을 떠오르게 할 만한 말들을 하지 않으려고 조심하지요. 그러다 보니 가장 좋은 방법은 아내가 내 비평을 잘 받아들일 수 있을 때까지 기다리는 것이라는 것을 발견했다오."

나는 믿어지지가 않았다. '80년 전의 일로 상처받을 수 있는 민감함이 아직도 남아 있다는 말씀이십니까?"

"있다마다요." 나의 위대한 노인께서 대답하셨다. "어떤 일들은 영원히 잊혀지지 않는다오. 노년에까지 서로 사랑하려 한다면 그런 일들을 절대로 간과해서는 안 되지요. 젊었을 때와 똑같이 늙어서도 서로 상처를 주지 않도록 조심해야 한다오. 그래서 나도 오늘밤, 훌륭한 식사를 마친 다음 해가 지는 모습을 바라보며 현관에 앉아 서로 아주 행복할 때 이렇게 말할 참이라오. '여보, 당신을 정말로 깊이 사랑하오. 하지만 오늘 아침 운전할 때는 당신 정말 심했소.'"

우리는 권력과 지배력의 문제로 씨름하느라 인생 대부분에 걸쳐 엄청난 양의 에너지를 소모하고 있다. 물론 사람은 누구나 이 두 가지를 조금씩은 갖고 있어야 한다. 그러나 노화의 과정에 접어들었을 때 많은 사람을 고통스럽게 하는 것 중 하나는 권력과 지배력을 잃어버린 듯한 현실이다.

일부 노인들에게는, 이것이 숨은 원한과 반발적인 성격의 원인이 된다. 이들은 한때 지녔던 힘—자신의 신체와 인간 관계와 일과 조직(교회도 포함하여)에 대한 힘—의 상실을 견딜 수 없어 한다.

그러나 다른 종류의 힘이 있다. **현명한 노인들은 제도적인 힘에 매달리려 하지 않는다.** 그들은 사람을 통제하려 하지 않는다. 물론 그들도 자신의 육체를 돌보긴 하지만, 건강이 뜻대로 되지 않는다고 해서 크게 놀라거나 하지는 않는다. 그것으로 인생이 끝나지는 않기 때문이다.

내가 존경하는 노인들은 영혼으로 살아왔기 때문에 늙어 갈수록 다른 종류의 힘을 더욱 인식하게 된다. 그것은 바로 하나님께 기도하는 힘이요 지혜의 힘이다. **이들은 기도하는 법을 알고 있으며, 하나님과 가까이 교제하는 순간보다 더 중요한 순간은 없다는 사실을 깨우쳐 알고 있다.**

앞에서도 말했듯이 예수님이 탄생할 당시에 성전에 있었던 노인 시므온이 바로 이런 사람이었다. 그에 관해서는 이렇게 기록되어 있다. "예루살렘에 시므온이라 하는 사람이 있으니 이 사람은 의롭고 경건하여 이스라엘의 위로를 기다리는 자라. 성령이 그 위에 계시더라"(눅 2:25). 마리아와 요셉이 갓난아기 예수를 성전에 데리고 갔을 때, 시므온이 예수에게서 날마다 성전에 오는 다른 모든 아기들과 구별되는 독특성이 있음을 즉각 알아보았다는 사실 빼고는 시므온에 대해 알려진 바가 거의 없다.

나는 시므온이 예수를 팔에 안고 축복할 때, 그 노인과 갓난아기 예수의 만남은 도대체 어떤 것이었을까 하는 생각에 잠길 때가 종종 있다. 시므온은 이 아이의 의미를 온전히 인식한 첫 번째 사람—마리아를 빼고는—이었던 것 같다. 영혼의 깊은 곳으로부터 그는 아무도 인식할 수 없는, 이 아기에 관한 진리를 식별했다. 그는 예수님의 사명과 사람들의 반응을 미리 내다보며 단언했다.

> 이는 이스라엘 중 많은 사람을 패하거나 흥하게 하며 비방을 받는 표적이 되기 위하여 세움을 받았고 (또 칼이 네 마음을 찌르듯 하리니—이는 마리아에게 한 말이다) 이는 여러 사람의 마음의 생각을 드러내려 함이니라(눅 2:34-35).

예수님이 어떻게 세상을 뒤집어엎으실 것이고, 얼마나 많은 사람이 그분의 사역에 극도의 노여움을 품을 것이고, 또 얼마나 많은 사람이 회개에 이르는 반면 다른 사람들은 반감을 품게 될 것이며, 가장 크게는 십자가 사건을 통하여 마리아의 마음이 어떻게 상할 것인지, 시므온은 이 모든 것을 꿰뚫어 보았다. 세상이 권력 추구에 집착한 나머지 볼 수도 반응할 수도 없었던 것을, 보고 식별한 사람은 단 한 사람의 노인—영혼의 차원에 하나님의 성령이 가득 찬—이었다.

내 명단에 오른 노인들은 시므온을 떠올리게 한다. 그들은 프로그램 및 조직의 운영일랑 일체 젊은이들에게 넘기고 이제는 한걸음 물러서 있다. 그들은 행사마다 연사가 될 필요를 느끼지 못한다. 사실 그들은 너무 조용하여 다른 사람들이 연사가 되어 달라고 간청해야 할 정도다. 그들은 더 이상 경쟁하지 않는다. 그럴 필요가 없다. 꼭 대화를 해야 할 경우에도 사람들과 이야기하기에 앞서 먼저 하늘과 대화하는 것이 중요하다는 것을 인식하고 있다.

내가 참으로 흠모하는 노인 한 분이 몇 년 전에 타계하셨다. 그분이 돌아가시기 일 년인가 이 년 전에 우리는 함께 아침 식사를 한 적이 있다. 그때 그분은 80대 초반이셨다. 식사 도중에 그분은 최근에 볼 일이 있어 보스턴에 차를 몰고 가야 했던 이야기를 들려주셨다.

"유료 도로로 내려가는 길목에서 휴게소에 잠깐 멈춰 기도하는 시간을 가졌다네."

"어떤 기도를 해야 하셨길래요?"

"글쎄, 차를 몰고 쭉 가는데 곧 컴뱃존(Combat Zone: 당시 보스턴의 음침한 홍등가—역주)을 걸어 지나야 한다는 생각이 나지 않겠나. 포르노 잡지 가게며 안마 시술소도 몇 개 지나야 한다는 것을 알고 있었지. 들여다보고 싶은 유혹을 뿌리치기 위해서는 주님의 도움이 필요했지."

"잠깐만요." 나는 약간 무뚝뚝하게 말했다. "기분 나쁘게 해 드리고 싶지는 않지만 선생님은 지금 80대의 노년이십니다. 그런데 아직도 성적 유혹에 부딪히고 있으며, 그런 유혹을 통제하기 위해 기도를 해야만 한다는 말씀이십니까? 제 생각에는 이미 제가…."

"젊은 친구." 그분은 내 말을 끊고 말씀하셨다. "내가 여든두 살이라고 해서 붉은 피가 순환을 멈추는 것은 아니라네. 자네도 좀더 간절히 기도하는 법을 배우지 않는다면 나중에 늙었을 때 이 문제가 자네를 괴롭힐 걸세."

내가 닮고 싶은 노인들은 "나를 떠나서는 너희가 아무것도 할 수 없음이라"는 성경 말씀을 온전히 이해함으로써 삶의 어떤 경지에 도달한 분들이다. 이들은 이 진리를 터득하기 위해 씨름할 필요가 전혀 없다. 이들은 젊은 사람들이 세력 기반을 다지고 사람과 조직과 돈을 통제하며 아주 세련되게 말하려고 기쓰는 것을 지켜보며 짐짓 웃는다. **그게 아니라**는 것을 이미 알고 있기 때문이다. 그래서 이들은 그런 일일랑 기꺼이 젊은이들에게 맡기고 자신은 하나님과의 조용하고 막힘 없는 교제를 소중히 여기며 쉼을 누린다.

내가 닮고 싶은 분들에 관하여 마지막으로 한 가지 더 이야기하고 싶다. 그것은 **이분들이 죽음을 두려워하지 않는다는 것이다**. 물론 죽는 과정은 나에게와 마찬가지로 이분들에게도 신경 쓰이는 것이다. 함께 이런 이야기를 나누며 우리 중 더러는 웃기도 했다. 우리는 죽는 데 수백 가지 방법이 있다고 이야기한다. 그러나 그 중 딱 두 가지만 괜찮은 방법이고 나머지는 모두 피해야 한다.

하지만 죽음 자체? 두려움? 결단코 그렇지 않다! 이들은 사도 바울이 임박한 죽음을 이야기하며 고백한 갈등을 십분 이해하고 있다.

> 이는 내게 사는 것이 그리스도니 죽는 것도 유익함이니라. 그러나 만일 육신으로 사는 이것이 내 일의 열매일진대 무엇을 택해야 할는지 나는 알지 못하노라. 내가 그 둘 사이에 끼었으니 차라리 세상을 떠나서 그리스도와 함께 있는 것이 훨씬 더 좋은 일이라 그렇게 하고 싶으나 내가 육신으로 있는 것이 너희를 위하여 더 유익하리라(빌 1:21-24).

나의 이 노친구들은 환상 속에 살고 있지 않다. 그들은 삶을 즐기고 있으며, 그 삶이 언제까지나 계속되어도 좋아할 것이다. 남을 섬길 수 있고, 가치를 부여할 수 있으며, 젊은이들을 세워 줄 수 있고, 하나님의 영광을 위해 빛을 발할 수만 있다면 말이다.

갈렙이 그런 사람이었다. 우리는 이 사람의 외적 생활—키가 얼마였고, 생계 유지에는 얼마나 뛰어났으며, 식구는 몇 명이었고, 남다른 유머 감각이 있었는지—에 대해서는 아는 바가 거의 없다. 만일 그가 현대인이었다면, 우리는 그가 어느 대학을 나왔고, 어느 회사에 다녔으며, 기업 사다리에서 얼마만큼까지 올랐는지 등에 대해서는 잘 모른다고 말할 것이다. 그가 얼마나 먼 곳까지 돌아다녔고, 돈을 얼마나 벌었으며, 운동 실력이 얼마나 되었는지 우리는 모른다.

그러나 갈렙의 영혼에 관해서는 분명히 아는 바가 있다. 그것은 자기가 하는 일을 온전히—영혼으로부터—했다는 사실이다. 그리고 85세가 되어서도 산지의 아낙 사람들과 대결할 준비가 되어 있었다는 사실이다. 이 사람에 대해 많이 알지는 못하지만 결론으로 이 한 가지를 말하고자 한다. 나도 나이가 더 들면 그 사람처럼 되고 싶다는 것이다.

8. 사명에 따라 사는 영혼
영혼을 이끌어 갈 바른 방향

> 아무도 자기가 가는 곳을 모른다.
> 인생의 목표는 잊어버렸고, 존재의 이유는
> 뒷전에 내팽개쳐졌다. 인간은 갈 길 모른 채
> 숨가쁘게 걸어간다.
> ─자크 엘륄(Jacques Ellul)

보스턴에 본사를 둔 어느 보험 회사 사장이 우리 교회에 출석하고 있었다. 우리는 아침이나 점심을 먹으러 그 사람의 사무실에 종종 찾아가곤 했다. 사적인 문제들, 또는 우리가 속해 있는 교회, 그리고 사업 생활의 특징 등에 대해 이런 저런 이야기를 하면서 대화는 활기를 띠어 갔다.

그날의 화제는 사업이었다. 나는 그 회사의 관심과 활동이 매우 다양하다는 것을 알고 있던 터라 그에게 조직의 제반 활동을 가장 간단하고도 그럴싸한 표현으로 요약해 줄 수 있는지 물었다. 그러자 그는 "쉽습니다. 우리의 사명이 무어냐고 묻고 계신 건데, 그게 무엇인지 우리는 알고 있습니다. 전원이 다 말입니다. 우리 회사의 사명은…"으로 시작해서 30단어쯤 되는 간략한 진술로 대답을 완벽하게 마무리했다. 어찌나 유창하고 명확하던지, 듣고 있는 내용이 세심하게 정리되고 암기되어 자주 인용되었으며 지금 말한 사람도 그것을 강한 신념으로 받아들이고 있음을 알 수 있었다. 그는 말을 마친 다음 이렇게 덧붙였다. "그리고 최고 경영자로서 제가 할 일은 우리 이사진으로 하여금 확신을 갖게 하여 이 사명을 가능한 한 최고 수준으로 수행하는 것입니다." 나는 그의 말을 믿었다. 누구라도 그 눈에서 결의를 볼 수 있었다.

그 대화를 나누고 몇 시간 후 나는 내 친구로서 같은 기관에 속해 있는 다른 간부 사원을 찾아갔다. 대화 도중 나는 회사의 취지와 목표 이야기를 꺼냈다가, 그가 고개를 끄덕이며 방금 들었던 문구를 그대로 반복하는 것을 보고 깜짝 놀랐다. 단어 하나까지도 아까 들었던 것과 똑같았기 때문이다.

그래도 다른 사람과 한 번 더 대화하기까지는 그 말의 중요성을 인식하지 못했다. 이번에는 같은 회사에 근무하는 제3의 인물과 대화를 나누었다. 나는 무엇보다도 재미있다는 생각에서 이렇게 말했다. "저, 궁금한 게 있습니다. 누군가 당신에게 이 회사가 하는 일에 대해 묻는다면 당신은 어떻게 대답하시겠습니까?"

"우리의 사명 문구를 말해 줄 겁니다." 대답은 그렇게 나왔다. "바로 이런 것이죠 우리 회사의 사명은…."

"저도 들었습니다." 나는 그의 말을 가로막으며 말했다. "모든 사람이, 심지어는 우편물실의 아이들까지도 성경 구절처럼 그 말을 외운 것 같습니다."

"예, 다들 외웠죠." 그는 대답했다. "우편물실은 복도 저쪽에 있는데 그리로 내려가서 제 말이 맞나 안 맞나 한 번 확인해 보십시오."

나는 로켓을 만드는 과학자도 아니고 하버드 경영 대학원 출신의 경영학 석사도 아니지만, 조직의 리더십에 관하여 전에는 결코 온전히 인식하지 못했던 다음의 사실을 배우게 되었다. 즉 많은 고용인을 둔 규모가 큰 회사는 날마다 회사 문을 여는 이유와, 자기 회사가 해야 할 일, 각 사람이 전체의 노력에 최대한 기여할 수 있는 방법 등을 가장 간단한 용어로 설명하는 방법을 찾아내야 한다는 것이다.

사람들이 회사의 '사업' 또는 사명을 이해하지 못한다면 그만큼 업무의 혼동 및 대화의 결렬이 따를 것이며 실패는 당연한 것이다. 벌써 여러 해가 지난 그날, 나는 그 사무실을 나와 보스턴을 빠져 렉싱턴 쪽으로 가면서 내가 배운 것을 되새겨 보았다. 조직이란(여기에는 가정, 교회, 정부도 포함된다) 구성원들의 마음과 머리 속에 구체적 문구로 쓰여 있는 공동 사명 의식보다 더 강할 수 없다는 것이다.

그 방문과 학습 경험은, 그 회사의 경우와 똑같은 이야기를 사업 지도자들에게 들려 주는 수많은 경영 서적들이 나오기 오래 전에 있었던 일이다. 얼마 후 스티븐 코비(Stephen Covey)는 「성공하는 사람들의 일곱 가지 습관」(*The 7 Habits of Highly Effective People*, 김영사)이라는 책을 펴내 이 원리를 한 단계 더 깊이 끌고 들어갔다. 즉 회사 못지않게 사람도 개인적 사명을 정의하는 일이 꼭 필요하다는 것이다.

잠시 마이클 플랜트가 뉴욕에서 그 불운한 항해를 떠나던 날로 되돌아가 보자. 목적지가 어디냐고 묻는 사람들에게 그가 이렇게 말했다고 생각해 보라. "나도 모릅니다. 지금은 항해하기 좋은 달이고 바다에는 갈 길이 얼마든지 많습니다. 나는 그저 바람과 물결이 이끄는 데로 갈 생각입니다."

그러나 플랜트의 경우 사명은 분명했다. 프랑스에 닿는 것이었다.

자기의 사명이 너무 조그맣고 너무 모호하고 너무 편협하면, 결국 다른 사람의 사명에 끌려다니게 될 위험성이 아주 높다.

길 나오는 대로 말을 달리던 돈키호테가
한 번은 어느 갈림길에 이르렀는데,
모험의 순수성을 잃지 않으려고
어느 길로 갈지를 자기가 결정하지 않고
말에게 선택을 맡겼다는 글을 읽은 적이 있다.
자기가 가는 곳이면 어디나
영광이 있는 줄 알았기에.
그의 머리는 교만으로 현기증이 나고
말의 편자는 무거워 결국 그는
외양간으로 가고 있었다.
—리처드 윌버(Richard Wilbur)

  이 모든 것이 중요한 이유는 무엇인가? 대답은 간단하다. 이 책은 내면의 인격 즉 영혼이라 불리는 그 낯선 영역에 관한 것이다. 영혼은 표류하는 경향이 있다. 물론, 그래서는 안 된다. 그렇게 지음받지 않았기 때문이다. 그러나 영혼은 표류한다. 영혼은 창조주와 친밀한 교제를 나누도록 지음받았으나 지금은 그렇지가 못하다. 최초의 두 남녀가 잘못된 선택을 하여 죄의 노예가 되던 그날—성경이 들려 주는 바와 같이—비극적인 단절이 찾아왔다. 영혼이 지닌 굉장히 중요한 부분—인간의 나머지 부분을 인도하는 능력—은 깊은 절망에 빠지고 말았다.

  소설가 에반 코넬(Evan Connell)은 「브릿지 씨」(Mr. Bridge)라는 책에서 1930년대에 캔자스시티(Kansas City)에 살고 있는 어느 변호사의 삶의 한 순간을 묘사하고 있다. 그는 외관상으로는 주변 사람들에게 성공의 전형으로 통하고 있다. 부유한데다 가정도 견실해 보이고 존경도 많이 받고 있다. 그러나 그것은 우리 표현으로 수면 위쪽의 삶이다. 영혼의 차원—수면 아래쪽—을 본다면 브릿지 씨는 그 자체가 감춰진 두려움의 또아리 같다.

한밤중에 잠에서 깨어 폭풍이 몰아치는 창밖을 내다보며 브릿지 씨는 자신의 인생의 향방에 대해 깊은 생각에 잠긴다.

나뭇잎 하나가 그의 머리 옆쪽으로 창문에 바싹 다가왔다가 어둠 속으로 홀연히 사라지자, 자신이 해 온 모든 일이 부질없다는 생각에 깊은 절망감이 그를 덮쳐 왔다. 자신이 믿었던 것과 해 보려 했던 것이 모두 초라하게 보였다. 인생을 완전히 허비한 것이다.

브릿지 씨가 한밤에 한 이 생각은 비단 그만 하는 것이 아니다. 시인 에드 시스먼(Ed Sissman)도 비슷한 생각을 이렇게 쓴 바 있다.

사십을 넘긴 남자들이
밤마다 일어나
도시의 불빛을 내다보며
자기가 어디서 길을 잘못 들었으며
인생은 왜 이리 긴지
의문에 잠긴다.

이와 같은 사고는 우리에게 영혼의 방향 감각이 얼마나 중요한가를 상기시켜 준다. 영혼에는 방향이 주어져야 한다. 그리고 잊혀지지 않도록 그 방향을 자주 확인해 주어야 한다. 부분적으로 그것은 사명 의식의 개발을 통해 이루어진다.

그러므로 우리가 사용하는 **사명**이라는 단어는 인생 전체에 의미와 방향을 제시해 주는 근본 목표를 뜻한다. 잘 규정된 사명은 평생 동안 길잡이가 될 뿐 아니라, 선택과 가치관의 근거가 되어 줄 것이다.

피터 센게(Peter Senge)는 그의 역작 「다섯 번째 훈련」(The Fifth Discipline)에서 하노버 보험 회사의 최고 경영자 빌 오브라이언(Bill O'Brien)의 말을 인용하고 있다.

사람들은 똑똑하고 잘 교육받고 기운 넘치는 모습으로 뭔가 변화를 일으켜 보겠다는 힘과 열의에 넘쳐 직업에 뛰어든다. 30세쯤 되면 현대의 숨가쁜 직업 세계에서 오직 소수만 잘 해내고 있을 뿐, 나머지는 주말이면 사적으로 중요한 일에 시간을 쏟는다. 이들은 헌신과 사명 의식, 그리고 직장 생활을 시작하던 당시의 흥분을 잃는다. 우리는…이들의 능력은 별로 얻어낼 수 없고 정신은 거의 하나도 얻어낼 수 없다.

센게는 계속하여 이렇게 말한다.

놀랍게도 자신의 탁월함을 철저하게 개발하기 위해 노력하는 성인은 별로 없다. 대부분의 성인에게, 현재 원하는 것이 무어냐고 물어 보면, 대개는 어떠어떠한 것을 좀 없앴으면 좋겠다는 이야기부터 한다.… 이와는 대조적으로, 개인적으로 탁월함을 훈련하는 것은 정말로 중요한 것들을 정확히 규명하는 것으로부터 시작하며, 가장 높은 포부를 이루기 위해 사는 삶을 뜻한다.

성경에 나오는 남자와 여자들 중 우리를 사로잡는 사람들의 공통점은 그들이 이런 개인적 탁월함의 증거를 보이고 있다는 점이다. 무엇보다도 그들이 사명에 이끌려 살아가는 모습이 그렇다.

한 예로 구약의 선지자 에스라를 생각해 보자. 그의 사명은 이것이었다. "에스라가 여호와의 율법을 연구하여 준행하며 율례와 규례를 이스라엘에게 가르치기로 결심하였었더라"(스 7:10). 어쩌면 이것은 당시의 에스라 같은 사람들을 설명하는 표준적인 문구였을 것이다. 그러나 어쨌든 이 세 가지 사명—연구하고, 준행하고, 가르치는—은 에스라의 인생의 골자였다. 그의 인생의 모든 것은 이 세 가지에 의해 좌우되었다.

모세의 사명 의식은 그의 인생의 처음 3분의 1 기간에 출현하기 시작했다. 가장 기본적인 형태로 자기 백성 히브리인들의 해방이 그의 사명이 되었다. 그러나 이 사명을 추구하기 위해 그가 첫 번째로 시도한 것은 시기와 방식이 좋지 않았다. 그는 충동적으로 한 애굽인 감독을 죽였다. 필시 그것이 히브리인들에게 경각심을 불러일으켜 무슨 운동 같은 것을 촉발하리라고 생각했을 것이다. 그러나 그렇게 되지 않았다. 그래서 모세는 목숨을 건지기 위해 도망을 가게 된다.

40년 후에 그의 사명은 다시 확인된다. 그러나 이번에는 하나님의 뜻대로 하나님의 방식을 따른 것이었다. 사명은 여전히 히브리인들의 해방이었지만 전략은 약간 달랐다. 폭력이 있어야 한다면 하나님이 알아서 하실 것이다. 모세는 백성들을 애굽에서 이끌고 나와 하나님의 율법을 가르쳐주고 약속의 땅으로 인도하는 이 사명을 충실히 수행해 냈다.

사도 바울도 사명이 있었다. 형태는 각각 다르게 표현되었지만, 그의 사명을 가장 간명하게 표현한 문구는 골로새에 보낸 편지에 들어 있다.

"우리가 그(그리스도)를 전파하여 각 사람을 권하고 모든 지혜로 각 사람을 가르침은 각 사람을 그리스도 안에서 완전한 자(그리스도를 닮은 자)로 세우려 함이니"(골 1:28).

"바울, 당신은 무슨 일을 하고 있습니까?" 어떤 사람이 바울에게 이렇게 묻는 소리가 들린다.

"사람을 개발하는 사업을 하고 있습니다." 바울의 대답이 들린다.

"당신이 개발한 사람들은 어떤 모습을 하게 됩니까?"

"예수님의 특성을 갖게 됩니다."

"그것이 당신의 사명이라면 당신은 어떻게 사람들을 개발하고 있습니까?"

"나는 그들에게 그리스도에 대해 말해 주고, 확신 가운데 그분을 주님과 구주로 따르게 합니다. 그리고 함께 일하면서(알다시피 장막을 만들면서) 그들과 많은 시간을 보냅니다. 우리는 함께 많은 이야기를 나누며, 나는 그들에게 말로만 아니라 나의 삶으로 예수님을 보여 주려 합니다. 나아가 그들이 다른 제자들과 함께 모여 회중을 이루게 합니다. 모두가 그렇게 자라게 됩니다."

예수 그리스도께는 사명이 있었다. 그리고 그분은 한 번도 그 사명에서 벗어나신 적이 없었다. 가장 가까운 친구들과 가장 드센 비난꾼들이 그분을 단념시키려 했을 때에도 마찬가지였다.

여리고 도성. 누가는 예수님이 예루살렘으로 가시는 길에 이곳을 지나시던 날을 기록하고 있다. 그분이 십자가에 달리실 날은 이제 며칠 남지 않았다. 그러나 아무도 그걸 모르고 있다. 그분의 친구들이 추측한 바는 고작 자기들이 예루살렘에서 유월절 명절을 지내게 될 것인데 어쩌면 거기서 폭동이나 부흥 운동이나 대규모 시위 같은 것이 있을지도 모른다는 것뿐이다. 그들의 마음에는 십자가의 죽음에 대해 생각할 여지가 조금도 없다.

그들이 걸어가고 있는데 길가에서 한 외침 소리가 들려 온다. "다윗의 자손 예수여, 나를 불쌍히 여기소서"(눅 18:38).

사람들은 그에게 잠잠하라고 말한다. 그는 가난하여 아무짝에도 쓸모없는데다 눈까지 멀었다. 예수 그리스도도 이번만큼은 그를 위해 멈춰 서실 시간이 없을 것이다. 예루살렘까지 가는 데는 불과 몇 시간밖에 남지 않았기 때문이다.

그러나 예수님은 멈춰 서신다. 그분은 그 사람에게 다가가 원하고 바라는 것이 무엇이냐고 물으신다. 그는 눈으로 보는 것이라고 대답한다. 그러자 이내 시력이 회복된다.

좀더 가시다가 다시 한 번 걸음이 중단된다. 어떤 사람이 그리스도를 한 번 보고 싶어 나무 위에 올라앉아 길을 내려다보고 있는 것이다. 그는 키가 작고 무리는 그에 비하면 키가 크다. 그는 세리인데 무리는 세리들을 본능적으로 경멸한다. 아무도 그에게 시간을 내주지 않을 것이다. 그가 예수님을 보려 한다면 나뭇가지 위에서나 보아야 할 것이다.

사람들은 모두가 나무 위의 이 사람을 무시하며 그냥 지나친다. 그러나 예수님만은 예외다. 그분은 멈춰 서서 그에게 "나무에서 내려오라" 하시며 함께 대화하자 하신다. 예수님이 그 세리와 대화한다는 것 자체가 대부분의 사람을 격노케 한다. 선량한 유대인들은 세리들과 사귀는 것을 좋게 보지 않기 때문이다.

예수님과 삭개오의 대화가 끝나자 이들은 더욱더 큰 분노에 휩싸인다.

삭개오가 중대 발표를 했기 때문이다. 그는 과거에 자신이 저지른 착취 및 사기 행각에 유감을 표한다. 그래서 다른 사람들로부터 비윤리적으로 취한 것을 도로 갚을 것인데, 그것도 두 배, 네 배로 갚겠다는 것이다. 무리는 여기에 별로 큰 감동을 받지 않는다. 필시 그의 말을 믿지 않은 것이다.

이어 예수님은 그렇잖아도 화가 나 있는 그들이 더욱 기분 상하게 되는 말씀을 하신다. "오늘…이 사람도 아브라함의 자손임이로다. (그리고 이어 예수님의 사명 문구가 나온다) 인자의 온 것은 잃어버린 자를 찾아 구원하려 함이니라"(눅 19:9-10).

왜 예수님이 걸음을 멈추사 소리쳐 관심을 구하는 길가의 맹인에게 반응해 주시는지, 왜 호기심 때문에 나무에 오른 한 세리와 대화를 나누시는지, 우리는 이제야 알게 된다. 둘 다 잃어버린 자들이었고 예수님은 바로 그런 사람들-자기가 잃어버려진 자임을 알고 찾은 바 되기 원하는 사람들-을 만나는 사명을 갖고 계셨기 때문이다.

일주일 뒤에 자원하여 십자가를 향해 가셨을 때도 예수님은 똑같이 이 사명을 수행하고 계셨다. 그분은 찾고 또 구원하는 이 사명을 죽음의 순간에 가장 놀랍게 이루셨다. 그분의 죽음은 그 사명에 그대로 부합하는 것이었다.

우리는 예수님이 하나님 아버지를 붙들고 고통스럽게 기도로 씨름하신 겟세마네 동산의 그 밤을 잊지 못한다. 그 고통의 순간에 문제가 된 것은 무엇인가? 바로 그 사명이다. 우리는 감히 예수 그리스도의 어느 한 부분 정도는 그 십자가 사명을 모면하고 싶어했으리라고 상상할 수도 있다. 그러나 그 기도 시간에 일어난 일은 그 모든 고통과 씨름하는 가운데 사명이 재확인되는 것이었다. 그리고 그분은 그것을 받아들이셨다. "아버지의 원대로 되기를 원하나이다."

만일 영혼이, 겉보기에는 선택과 대안이 무한하고 왜곡과 불화가 무수한 세상에서 표류하고 있다면, 그리스도를 따르는 우리에게는 우리가 되어야 할 바와 행해야 할 바라고 믿는 것을 쉽게 표현한, 우리 자신과 창조주 사이에 맺은 간단한 언약이 절실히 필요하다.

몇 해 전 나는 이 사명의 문제를 심각하게 고려한 적이 있다. 그 문제는 내가 미래에 대해 갈피를 잡지 못하고 있을 때 찾아왔다. 많은 것들이 나의 혼돈을 부추겼다.

삶에 선택의 길이 너무나도 많다는 느낌이 들었다. 물론 여러분도 알겠지만 그것이 불만 사항은 아니었다. 그러나 해야 할 좋은 일들도 많고, 관계를 맺을 만한 단체들도 많고, 알고 지내며 유익을 누릴 사람들도 많다는 사실은 여전히 남아 있었다. 우리한테로 와라, 저기로 가 봐라, 이것을 터뜨려라, 저것을 시인하라 등등 제각기 내 인생에 대해 어떤 계획이라도 있는 양 당차게 말하는 사람들의 이런 저런 의견이 분분했다.

불확실하기는 마찬가지였다. 낭패가 아닐 수 없었다. 자신감은 떨어질 대로 떨어졌다. 미래는 불확실해 보였다. 베드로의 말이 심중에 울려 퍼졌다. "너희가 어떠한 사람이 되어야 마땅하냐?"(벧후 3:11)

스탠리 존스(E. Stanley Jones)의 다음과 같은 말이 내게 깊은 인상을 남겼다.

인간이 가장 절실히 필요로 하는 것은 인생을 한데 모아 전체 의미와 전체 목표를 갖게 해줄 그 어떤 것이다. 동양인이든 서양인이든 현대인은 조각조각 분열된 삶에 전체 의미를 가져다줄 그 어떤 것을 필요로 한다. 이들에게는 일상의 상대적인 것들을 빚어내는 바탕이 되어 줄 하나의 절대적 형태가 필요하며, 모든 것을 볼 수 있게 해주는 원광(原光)이 있어야 한다. 사방에서 이들을 밀고 당기고 손짓하고 꾀며 들볶고 난리 법석이다. 상대주의에서 상대주의로 밀려다니는 것이다. 현대인은 혼란스럽다. 이제껏 존재한 그 어떤 존재보다 혼란스러우면서도 가장 똑똑한 사람들이 현대인이다. 이들은 인생을 살아가는 법만 빼고는 인생에 대해 모든 것을 알고 있다[존스, 「왕국」(*Kingdom*), p. 11].

나의 기억은 보험 회사를 찾아갔다가 회사의 본무를 잘 알고 있는 사람들에게 깊은 인상을 받았던 그날로 거슬러 올라갔고, 또한 사람들과 함께 우리 교회의 본연의 직무를 알아보려 하던 그 시기로 돌아갔다. 그러면서 이런 생각을 하게 되었다. 나의 본무는 무엇인가? 좋은 질문이다. 그러나 혼란에 빠진 영혼에서는 아무런 지침도 나오지 못한다.

이런 생각들이 계기가 되어 나는 나의 사명에 대한 이해를 좀더 새롭게 하게 되었다. 소명이라는 단어로 표현한다면 내 생각을 더 잘 이해할 사람도 있을 것이다. 나의 소명은 무엇인가? 좀더 쉽게 말해, 창조주께서 나에게 주신 부르심은 무엇인가? 그 보험 회사의 사장실에서 처음 들었던 사명 문구처럼 명료하고 도전적이며 간단한 문구 하나로 줄여 말할 수 있을까? 암기해 두었다가 날마다 곱씹어 생각하며 하루하루의 스케줄에 그대로 반영함으로써, 그야말로 인생의 가장 사소한 일들조차도 그것으로 인해 의미를 띠게끔 그렇게 작성할 수 있을까?

또 나의 개인적 부르심의 요지는, 평온한 시절은 물론 어려운 시절에도 나를 지탱해 줄 만큼 강력한 것일까? 모든 상황이 나를 다른 방향으로 갈 수밖에 없게끔 하거나, 혹은 압력으로 인해 뒤로 물러서고 싶을 때에도 똑

바로 앞만 보고 나아갈—내 '사명'을 알고 있기 때문에—충분한 동기가 되는 것일까?

내가 보기에는 이것이 바로 예수 그리스도께서 겟세마네 동산에서 씨름하신 문제인 듯싶다. 내 논리에 이의를 제기할 사람도 있을 것이다. 그러나 나는 그분이 분명 아버지로부터 강화(强化)를 구하고 계셨다고 생각한다. 그리고 문제는 바로 그분의 사명이었다. "잃어버린 자를 찾아 구원할 것인가?" 십자가 위에서? 예수님은 무엇을 놓고 기도하셨을까? 무엇보다도 그분은 아버지께서 그 사명—잃어버린 자를 찾아 구원하는 것—을 당신의 영혼 속에 더욱 깊이 심어 주실 것을(그것이 가능하다면) 구하고 계셨다.

우리는 여기에서 전지에 전류를 가득 충전시키는 비유를 생각할 수 있다. 일단 십자가에 달려 모든 것이 걷잡을 수 없게 되고—그 고통, 그 무리, 격노에 찬 모욕—모든 것이 기계적으로 돌아가는 것처럼 보일 때는, 오직 영혼 안에 있는 것만이 중요하기 때문이다.

예수 그리스도께서 아버지에게 하시는 말씀이 들려오는 것만 같다. "사명에 대해 다시 한 번 나에게 말씀해 주옵소서. 다시 한 번 확언해 주옵소서. 내 영혼으로 그 사명을 다시 한 번 듣게 하옵소서." 그러고 나서 최후의 순종이 나온다. "아버지의 원대로 되기를 원하나이다."

바울도 마찬가지다. 파선, 채찍에 맞음, 굶주림, 추위, 불안, 돌에 맞음, 위협 등으로 점철된 그 머나먼 여정을 계속하는 이유가 무엇인가? 믿기 어려울 정도의 질병과 우울과 고독을 초래하는 극심한 연약함을 자랑하는 이유는 무엇인가? 바로 사명 때문이다. 바울이 하나님께 부르짖는 소리가 들린다. "제게 사명을 말씀해 주옵소서." 이어 "각 사람을 그리스도를 닮은 자로 세우기 위해 각 사람을 권하고 각 사람을 가르친다"는 사명이 다시 한 번 확인된다.

이렇게 사명을 개발하는 작업은, 새로운 일도 아니고 현대에 와서야 있는 일도 아니다. 에스라와 바울 같은 인물들에 대해서는 사명을 개발하는 것과 관련하여 이미 이야기한 바 있다. 고금을 막론하고 사명을 품은 자의 모습을 보여 준 남자와 여자들은 헤아릴 수 없이 많다. "자기보다 훨씬 더 중요한 일에 파묻혀 자신의 정체를 잃을 때 엄청난 만족을 맛볼 수 있다." 킹만 브루스터(Kingman Brewster: 전 예일대 총장-역주)의 말이다. 역사는 이 원리를 좇아 산 사람들로 가득 차 있다.

성 프란체스코, 마르틴 루터, 윌리엄 윌버포스(William Wilberforce, 영국의 관습과 도덕을 개혁한 사람), 마틴 루터 킹 2세. 이들은 모두 사명을 좇아 산 사람들이었다. 맬콤 머거리지는 이렇게 생각했다.

나에게는 앞으로 살아가는 동안 그리스도의 실체를 따르고 싶은 소원이 있다. 또한 내게 있는 모든 설득의 은사를 사용하여, 다른 사람들에게 어떤 대가를 지불하고라도 그 실체를 붙잡아야 하며 거기에 자신을 붙들어 매야 한다고 권해 주고 싶은, 말로 표현할 수 없는 소원이 있다. 마치 옛날의 항해사들이 폭풍이 몰아치고 바다가 사나울 때면 자신을 돛대에 붙들어 맸던 것처럼 말이다. 왜냐하면, 의심할 여지 없이 과연 폭풍과 거친 바다는 우리 앞에 있기 때문이다[『그리스도와 미디어』(*Christ and Media*), p. 43].

알코올 중독자를 위한 모임(Alcoholics Anonymous)의 발전에 중요한 기여를 한 바 있는 20세기의 위대한 영적 지도자 사무엘 슈메이커(Samuel Shoemaker)는 다음과 같은 글을 통해 자신의 사명을 이야기했다.

나는 문간에 서 있다.

문 안 깊숙한 곳도 아니고 문 밖 멀리 떨어진 곳도 아니다.

이 문은 세상에서 가장 중요한 문이다.

하나님을 찾아 들어가는 문이기 때문이다.

아직도 저렇게 많은 사람들이 바깥에 서서

나 못지않게 문 있는 곳을 알고 싶어 하는 이 마당에

내가 안으로 쑥 들어가 버리는 것은 부질없는 일이다.

…세상에서 가장 엄청난 일은

그 문—하나님께 이르는 문—을 찾는 것이다.

인간이 할 수 있는 일 중 가장 중요한 일은

앞 못 보고 더듬는 그들의 손을 잡아 주는 것이다.

그리고 그 손을 문고리—본인이 직접 손을 대야만 소리가 나면서 열리게 되어 있는—에 대어 주는 것이다.

…그래서 나는 문간에 서서 기다린다.

문을 찾는 사람들을….

"…문지기로 있는 것이 좋사오니"(시 84:10).

그래서 나는 문간에 서 있는다.

막상 사명 문구를 만들려고 하니, 거기에 어떤 내용이 포함되어야 하는가 하는 물음이 생겼다. 그래서 결국 이런 결론에 이르게 되었다.

첫째, 나의 사명은 하나님의 영광과 그분의 성품을 드러내는 거룩한 삶을 염두에 둔 것이라야 한다. 영혼이 하늘과 만나기를 바라는 사람이라면 하나님의 존재를 드러내야 한다는 성경의 부르심을 피해서는 안 된다.

시편 기자들은 모든 만물의 사명은 하나님의 영광을 선포하는 것이라고 말한다. 만물 가운데 이 일을 위해 지음받지 않은 것은 단 하나도 없다. 인간도 마찬가지다. 그러나 인간은 역사의 초반부에 하나님께 불순종함으로써 그 사명을 거부했다. 그때 이야기가 안 좋은 쪽으로 돌아선 이후로 항상 그래 왔다. 인간이 반항심에 빠져 선택한 것들은 하나같이 하나님의 영광을 선포하지 못했다. 인간은 자신의 명예를 드러내려 했다. 하지만 뜻대로 되지 않았다.

설상가상으로 인간의 손이 닿았다 싶은 것은 무엇이든, 하나님의 영광을 선포하는 일을 그치고 만다. 인간이 착취한 결과로 지구가 너무나 오염되고 더럽혀지다 보니, 피조물 본연의 목표를 그대로 간직하고 있는 것을 찾기가 날이 갈수록 점점 더 어려워지고 있다. 일각에서 이 점을 인식하고 지구의 단순한 생존뿐 아니라 그 아름다움까지도 되찾기 위해 나서고 있는 것은 참으로 감사한 일이다. 성경을 따라 사는 사람도 이런 노력에 가담할 수 있지만 그 목표는 한 단계 더 높다. 즉 만물을 그 본연의 목적—하나님의 영광 선포—과 화목하게 하는 것이다.

만물에게 하나님의 영광을 선포해야 하는 사명이 있듯이, 심령으로 하나님을 구하는 자에게도 이 사명이 있다. 이 사명은 성품 혹은 그리스도를 닮은 인격의 계발을 통해 이루어진다. 별과 그 밖의 천체들이 하나님의 영광을 비추고 있는 것처럼, 그리스도를 따르는 사람들도 거룩—우리의 성품이 그분의 성품과 하나가 될 때까지 그분께 시선을 고정시키는 것—이라는 특성을 통해 빛을 발해야 한다.

둘째, 나의 사명에는 자기 세대를 향한 정의와 봉사에 헌신해야 한다는 명령이 포함되어야 한다. 이 말을 좀 심사숙고해야 할 사람들도 있을 것이다.

경영학자들은 상품이나 공정(工程)에 부가 가치를 더하는 것에 관한 이야기를 즐겨 한다. 사명이란 이 부가 가치 원리를 잘 반영하는 것이라야 한다. 예수 그리스도의 이름으로 우리 세대에 가치를 부가해야 하는 것이다.

정의란 다른 사람들을 위한 복지를 확보하는 데 참여하거나, 그들의 복지를 막는 상황을 바로잡는 데 참여하는 것을 말한다. 누구라도 성경을 읽다 보면, 신구약 모두 어느 세대를 막론하고 정의에 대한 부름으로 가득 차 있다는 것을 분명히 알게 된다.

봉사란 우리 세대의 향상을 위해 나의 재능과 은사를 어디에 투자할 것인가 하는 문제와 관련된 것이다. 봉사라는 도전이 있기에, 나는 '주는 자'가 아니라 '받는 자'로 살려고 하는 덫이나 습관을 피해 가게 된다.

셋째, 나의 사명에는 예수님의 성품과 구속 사역 및 사람들을 악의 포로 상태에서 건져 내시는 그분의 능력을 직접적으로 증거하는 부분이 포함되어야 한다. 통상 이것을 전도—복음의 기쁜 소식을 선포함—라 한다.

이것은 인간의 사명 가운데서 가장 가치 있는 것이다. 예수님은 제자들에게 그리스도를 따르는 삶이 증거의 삶이요 제자를 삼는 삶이라는 것을 분명히 말씀하셨다. 안타깝게도 현대식 열심에 익숙한 우리는 이 사명을 캠페인과 프로그램으로 전락시켜 왔다. 그런 시도가 결국은 많은 사람들로 하여금 그리스도를 전하는 것은 해도 되고 안 해도 되는 일이며, '전문가들'한테나 그런 책임이 있다고 생각하게 만들지 않았나 싶다.

몇 년 동안 뉴욕 시에 산 적이 있는데, 그때 게일과 나는 그 어느 때보다도 많은 친구들을 사귀었다. 우리는 스스로가 따뜻한 사람이 되려고만 한다면 그 도시도 결코 차가운 곳이 아니라는 것을 배웠다. 뉴욕에는 분명 문제들이 많지만 그 이유 중 하나는 문화와 인종이 다른 친구들을 찾아 나서는 데 적극적이지 않기 때문이라는 사실도 알게 되었다.

퀸즈보로 다리 밑, 이스트 강의 한복판에 있는 길다란 손가락 모양의 루즈벨트 섬에서 셔틀 버스를 왕복 운행하던 많은 남녀 운전사들을 우리는 가장 특별한 친구들로 꼽는다. 우리는 그 섬에서 아파트 생활을 한 터라 매일 아침 저녁으로 그 버스를 타고 케이블카가 있는 데까지 가서 케이블카를 타고 강 위쪽의 맨하탄으로 올라가곤 했다.

우리와 친하게 지내던 버스 운전사들은 가끔 우리 집에 와서 우리 부부와 함께 아침을 먹곤 했다. 그들은 모두 그리스도인이었고 우리는 그들과 깊은 우정을 나누었다. 그러던 어느 날 아주 재미있는 대화를 나누게 되었다.

"고든, 당신은 정말 재미있는 일을 하고 계십니다." 손님 중 한 사람이 말했다. "여행도 많이 다니고, 사람들도 많이 아는 것 같고, 항상 즐거워 보이니까요."

"더할 나위 없이 행복합니다."

"당신이 하는 일이 우리 일보다 훨씬 낫습니다. 당신은 사람들을 돕습니다. 우리는 기껏해야 말 못하는 버스를 끌고 섬이나 왔다갔다 할 뿐이지요. 왜 이렇게 사는지 참…."

화제가 바뀌고 나서도 나는 한참 동안 그 말을 생각했다. 그리고 이렇게 말했다. "여러분 모두를 위해 한 가지 제안을 하고 싶습니다."

"뭡니까?"

"나는 하나님이 우리를 쓰기 원하신다는 사실을 우리가 믿기만 한다면, 그분은 어떤 일이든 재미있게 만들어 주시리라 믿습니다. 그래서 하는 말인데, 내일 아침 여러분 버스에 사람들이 타기 전에, 문을 닫고 빈 자리를 쳐다보며 큰 소리로 이렇게 말해 보십시오. '예수 그리스도의 이름으로 지금부터 여덟 시간 동안 이 버스를 성소(聖所)로 선포한다. 또한 이 성소에 들어서는 모든 사람은 그들이 알든 모르든 나를 통하여 그리스도의 사랑을 경험하게 될 것을 선포한다'고 말입니다."

기사들은 미친 사람이라도 보는 양 나를 쳐다보았다. 뉴욕 버스를 성소로? 그러나 어떤 사람이 말했다. "못할 것도 없습니다." 그러자 다른 사람들도 뒤따라 말했다. "그렇죠. 못할 것도 없죠."

그리하여 이후 몇 주 동안 게일과 나는 셔틀 버스에 탔다가 기사가 우리 친구이면 언제고 몸을 기울여 작은 소리로 이렇게 묻곤 했다. "오늘 당신은 버스를 운전하고 계십니까, 성소를 운전하고 계십니까?"

그러면 대개 씩 웃으며 이렇게 대답했다. "성소입니다. 그럼요, 성소고 말고요."

몇 달이 지난 어느 이른 아침 그 기사들 가운데 한 명을 만나 이야기할 기회가 있었다.

"당신이 내 삶을 변화시켰다는 것을 알고 있습니까?"

"어떻게 말입니까?"

"물론 알다시피 성소 얘깁니다. 지금까지 그대로 해 봤습니다. 그런데 정말 효과가 있는 겁니다. 날마다 내 버스를 성소로 바꾸자, 나의 일하는 방식이 완전히 달라졌습니다. 하루는 어떤 남자가 버스에 탔는데 불법 정차 지역에서 내려 달라기에 안 된다고 했더니 마구 화를 내더군요. 입에 담지 못할 욕을 해대면서 말입니다. 그런데 말이죠, 다른 날 같았으면 나도 일어나 한바탕 퍼부었을 텐데 그날은 그러지 않았습니다. 성소에서는 그러면 안 되기 때문이지요."

"그래서 어떻게 했습니까?"

"다음 정거장에 내려 주면서 이렇게 말했습니다. '선생님, 좋은 하루 보내시기 바랍니다. 제 차에 타 주셔서 감사합니다.' 그랬더니 내 뒤에 앉은 아주머니가 이렇게 말하더군요. '찰리, 저런 못된 사람한테 어쩌면 그렇게 잘 해주실 수 있으세요?' 나는 버스가 아니라 성소를 운전하면 어려운 일이 아니라고 그저 혼잣말을 하고 말았습니다."

그 일이 있은 뒤로 나는 이 이야기를 자주 하곤 한다. 그러면 사람들은 나중에 나를 찾아와 자기도 한 번 해 보겠노라고 말한다. 내가 만난 어떤 사람은 지금 델타 항공에서 비행기가 아니라 성소를 조종하고 있다. 또 어떤 외과 의사는 수술실이 아니라 성소에서 수술을 하고 있다. 이들은 모두 사명 지향적인 삶의 첫발을 내딛고 있는 것이다.

일단 사명이 있으면 영혼으로 살아갈 준비가 된 것이다.

네 번째, 사명에는 어떤 식으로든, 내가 창조 세계의 조화라고 즐겨 표현하는 것에 대한 관심과 책임이 표명되어야 한다고 말한다면 혹자는 깜짝 놀랄지도 모르겠다. 아담과 하와에 대한 하나님의 부르심은 하나의 사명 문구—생육하라, 정복하라, 땅을 다스리라—로 제공되었다. 그러나 동물들의 이름을 지었다(분명, 이 행위에는 우리가 생각하는 것보다 훨씬 많은 뜻이 들어 있을 것이다)는 점을 빼고는 그들이 이 사명을 가지고 어떻게 했는지 자세히 기록되어 있지 않다.

그러나 최초의 세대에게 한 번 주어진 그 사명은 결코 죽은 것이 아니다. 지금도 가슴 아픈 것은 내가 태어난 곳의 전통이 이 사명에 거의 관심을 쏟지 않거나, 이 사명의 의미가 무엇이며 그것이 아직도 유효한지 등을 알아볼 책임을 거의 느끼지 않았다는 점이다. 나는 이 사명이 지금도 유효

하다고 믿기로 했다. 이 사명은 세상과 환경과 만물의 체계에 내가 지속적인 책임을 져야 함을 상기시켜 준다.

그것은 아마도 화목케 하는 책임일 것이다. 파괴된 피조 세계에서 아주 작은 부분이라도 하나님의 영광을 선포하는 그 본연의 사명을 다시 회복하도록 내가 할 수 있는 일을 하는 것이다.

마크와 크리스틴이 아직 열 살 전이었을 때 우리는 그 아이들을 데리고 캐나다로 야외 카누 여행을 떠났다. 우리는 며칠 동안 사람들을 떠나 멀리, 호수와 강이 하나로 맞닿은 곳으로 노를 저어 나갔다. 수로를 따라 한참 가는데 작은 섬이 하나 눈에 띄기에 거기서 야영을 했다. 금세 우리는 계속 가기를 원하는 사람이 아무도 없을 정도로 우리만의 그 섬을 만끽하게 되었다. 그래서 그 섬에 얼마 더 머물기로 했다.

그러나 이내 우리는 우리보다 앞서 그 섬을 다녀간 사람들이 있다는 사실을 알게 되었다. 수많은 플라스틱 병이며 맥주 깡통이며 다른 쓰레기가 그 증거였다.

"나한테 좋은 생각이 있어요." 어느 날 아침, 게일이 말했다. "우리의 섬을 네 부분으로 나눈 다음, 각자 쓰레기 봉지(몇 개 가지고 있던)를 들고 맡은 부분을 청소하는 거예요. 그러면 우리가 이 섬을 하나님께 돌려 드렸다고 말할 수 있겠죠. 이 섬은 하나님을 위해 다시 아름다워질 거예요."

그래서 우리는 모두 봉지를 들고 나섰다. 이내 모든 인공 제품이 사라져 섬—이미 말한 것처럼 아주 작은 섬—은 깨끗하게 되었다. 본연의 자연 상태를 회복한 것이다. 우리는 봉지들을 다 채워 꼭꼭 묶은 다음 무거운 돌을 매달아 호수 가장 깊은 곳에 가서 빠뜨렸다. 환경 보호론자들이 듣는다면 질겁할 일이겠지만, 그때 우리는 본부에서 너무 멀었으며 '쓰레기 되가져오기'를 하기에는 장비가 시원치 않았다.

섬의 아름다움을 되찾아 주고 이전 방문객들의 '죄'를 처리한 다음 우리는 가정 예배를 드리며 하나님께 영광이 되도록 그 섬을 다시 봉헌했다. 나는 결코 그 순간을 잊은 적이 없다. 단순한 행위였지만, 우리가 부르심을 받았다고 믿고 있는 일—창조 세계의 조화에 관심을 갖고 창조 세계가 다시 한 번 하나님의 영광을 찬양할 수 있도록 하는 일—을 상징적으로 잘 보여 주었다.

끝으로, 사명 문구에 포함되어야 할 것이 한 가지 더 있다면 그것은—내 표현으로—하나님께 대한 헌신에 관한 것이다. 헌신이란 구약 시대에 어떤 사람 혹은 어떤 물건에 대한 지극한 열정을 표현할 때 즐겨 사용되던 단어다. 헌신한다는 것은 자신의 가장 깊은 열망을 어떤 물건이나 사람을 기쁘게 하고 영화롭게 하는 쪽으로 돌리는 것을 뜻한다. 헌신이라는 단어 속에는 충직함과 신실함에 대한 약속, 깨어질 수 없는 맹약의 의미가 들어 있다. "나는 성경의 하나님과 그 아들 예수 그리스도께 헌신되어 있다." 이렇게 말하는 것은 작은 일이 아니다. 이것은 성경을 좇아 살면서, 회개하는 자를 구속하사 풍성한 삶으로 회복시키시는 하나님을 발견한 사람이 고백하는 말이다.

이렇듯 나는 보험 회사 사장인 내 친구에게서 받은 교훈을 통해 배운 바가 있다. 바른 목표를 추구하고자 사람들을 결속시키기 위해 그 회사에 사명 문구가 있어야 했다면, 그리고 에스라와 바울과 예수님이 문구 형태로 표현할 만큼 자신의 일에 대해 깊이 생각했다면, 나 또한 그래야 한다는 것이다.

그래서 몇 해 전에 나는 자칭 그리스도인인 나에게 하나님이 원하신다고 믿는 바, 내가 어떤 사람이 되고 어떤 일을 해야 하는가에 대한 짧고 간결한 문구를 쓰기 시작했다. 아내 게일에게 이야기할 수 있을 정도로 준비하는 데만도 몇 달이 걸렸다. 그러면서 나는 문구에 대해 깊이 생각하고 그것을 내 영혼의 의향으로 여길수록, 하나님이 내 영혼 깊은 곳에 들려주신 말씀을 최대한 정확하게 표현했다는 확신이 들 때까지 몇 번이고 뒤로 물러서서 다시 다듬어야 한다는 것을 깨달았다.

나의 사명 문구는 해마다 검토와 개정을 거쳤다. 그리고 현재의 것은 다음과 같다.

나의 평생 사명은 나를 창조하신 분과 그분의 뜻에 내 삶을 드려 그 아들 예수를 신실하게 따르는 자가 되는 것이다. 또한 내 삶의 신앙과 행동이 바깥 세상이 아니라 내 영혼에 뿌리를 둘 수 있도록 내면 세계에 질서와 활력을 도모하는 것이다. 끝으로 희망과 지혜와 용기와 단합과 봉사와 영적 안목을 키워 주는 생산적인 (씨를 뿌리는) 사람으로서 예수의 이름으로 사람들을 섬기는 것이다.

이 사명은 다음 사항을 통해서만 실현될 것이다.

- **예배, 찬양을 통해 하나님과 친밀한 대화를 나눈다**. 나 자신의 거룩함과 하나님 나라 건설을 진지하게 추구하며 그분의 뜻에 순종하는 삶을 산다(시 1:1-2; 9:1-2; 19:1, 14).
- 나의 가치관, 선택 능력, 은사, 역량, 개인적 성취를 개발함에 있어 **예수님을 따르며 영화롭게 한다**. 성품과 지혜에 있어서는 그리스도를 닮은 사람이 되고자 힘쓴다.
- 내가 만나는 사람마다, 내가 가는 곳마다, 하나님 나라의 실체와 그 자유케 하는 힘의 영향을 받을 수 있도록 **하나님의 성령께 능력 주실 것을 구한다**.

- 가장 깊은 자아의 음성을 주의 깊게 듣는다. 피조 세계의 영광스럽고 말 없는 메시지에 귀 기울이며, 하나님을 열심히 찾은 나의 '조상들'과 다른 모든 사람들이 전해 준 역사의 교훈과 질문을 잘 받아들인다.
- 나의 삶과 그 역할들을 성경의 관점에 따라 잘 정리한다. "내 아들아…너는 네 아버지의 하나님을 알고 온전한 마음과 기쁜 뜻으로 섬길지어다. 여호와께서는 모든 마음을 감찰하사 모든 사상을 아시나니 네가 만일 그를 찾으면 만날 것이요 만일 네가 그를 버리면 그가 너를 영원히 버리시리라"(대상 28:9).

나는 날마다 하루를 시작하면서 이 사명을 읽고 그것을 성취할 수 있게 해 달라고 하나님께 은혜와 능력을 구한다. 내가 사용한 단어는 높은 차원의 것이며 이상은 거의 현실을 초월한다. 그러나 그것이 바로 사명 문구의 좋은 점이다. 우리를 한껏 긴장하게 하여 삶의 방향에 대해 절대 실수를 허용하지 않는 것이다.

영혼으로 살려면 반드시 이런 것이 있어야 한다. 어떻게 하면 부를 많이 축적하고 권력을 확보하며 명성을 얻을 것인가를 따지는 마음에서 비롯된 사명들도 많을 것이다. 그러나 사명이란 언젠가는 수면 아래쪽에 있는 영혼 차원의 문제에 부딪히게 되어 있다. 그리하여 사명은 궁극적으로 한 가지 일에 초점을 맞추게 될 터인데 그것은 바로 하나님이 복 주시는 삶을 추구하는 일이다.

9. 아름다운 영혼
버려야 할 것은 무엇인가?

끝까지 옳은 길을 가는 사람은
그 시선이 하나님께 고정된 사람,
그 기쁨이 하나님과의 동행에 있는 사람,
마음이 청결하여
하나님의 뜻에 드려진 사람이라고
그분은 내게 가르쳐 주셨다.
―조지 헌터(George Hunter)의 선교사 훈련생 조지 영(George Young)

"그 사람은 아름다운 영혼을 가지고 있어요." 어떤 사람이 다른 사람에 대해 이렇게 말하는 것을 들은 적이 있다. 그때 나는 혼자 이런 의문을 품어 보았다. 도대체 무엇이 그 사람으로 하여금 보이지 않는 것을 묘사하기 위해 저런 단어를 사용하게 하는 것일까?

여기서 **아름답다**는 말은 분명 다른 의미에서 사용되고 있다. 외관상 멋있는 사람을 지칭할 때 사용하는 아름답다는 말과는 다르다. 어떤 물체나 광경이나 노래를 묘사할 때 사용하는 의미와도 같지 않다. 그럼에도 불구하고, 우리는 이 사람이 이야기하려는 바를 거부하지 않는다. 그것이 곧 인격의 질(質)에 관한 이야기라는 것을 알기 때문이다. 이것이 바로 사람들이 이른바 성인(聖人)에 대해 하는 이야기다.

분명한 점부터 말하자면, 아름다운 영혼이란 사람이 일하거나 사는 장소와는 아무런 관련이 없다. 또한 가문, 인종, 성별, 신체 기능, 업적, 나이, 국적, 지식 등과도 전혀 무관하다. 흔히 우리가 사람들을 묘사하고 평가하는 기준이 대부분 이런 것들임을 고려할 때 참으로 재미있는 사실이 아닐 수 없다!

우리는 의당 아름다운 영혼이란 노년에나 소유하는 것이라고 생각한다. 이렇게 가정하는 데는 그럴 만한 이유가 있다. 통상 아름다운 영혼은 젊은 사람들에게서는 찾아보기 힘들기 때문이다. 그러나 나는 예외도 있다고 생각한다.

문득문득 아이들의 영혼이 아름다워 보일 때가 있다. 예를 들어 우리 손주 녀석들이 그렇다. 물론 다른 사람의 손주들도 아름다운 영혼을 가지고 있다. 진지하게 말하자면, 아이의 영혼 안에는 아름다움이 있다. 바로 이런 이유로 해서, 예수님이 아이들에게 끌리셨고 아이들도 예수님께 끌렸으며, 또한 천국은 어린아이와 같지 않은 자에게는 열려 있지 않다고 말씀하셨다.

아이들의 영혼에는 순수함이 있다. 그들은 숨기지 않고, 솔직하며, 잘 따르고, 잘 믿는다. 그들은 냉소적이지 않으며, 여간해선 낙심에 빠지지도 않고, 파괴적인 경쟁을 일삼을 정도로 야심 차지도 않다. 그러므로 아름다운 영혼의 단면을 보기 원한다면 아이들을 연구해 보는 것도 나쁜 방법은 아닐 것이다.

아름다운 영혼을 지닌 사람들에 대해 생각하다 보면, 한 젊은 남자가 제일 먼저 떠오르곤 한다. 아이들의 영혼이 그 순수함 때문에 아름답다면, 내 마음속에 있는 이 사람은 고난을 통해 정결함을 얻었기 때문에 아름답지 않나 싶다.

나는 지금 남아프리카 국민회의의 고위직에 있는 한 흑인을 생각하고 있다. 만난 적은 딱 한 번밖에 없지만, 그와의 만남은 그를 영원히 잊지 못하게 할 만큼 충분히 길고 인상적이었다.

우리는 겨우 두세 시간 정도 사적으로 만났을 뿐이다. 그때 우리는 남아프리카공화국뿐 아니라 아프리카 전역—그랬던 것 같다—의 정치적 현실에 대해 이야기를 나누었다. 금세기의 역사를 폭넓고 일반적인 시각으로 보면서, 여러 나라가 거대한 정치 기류의 변화에 따라 움직이는 방향을 설명하는 그의 능력에 나는 깊은 감명을 받았다.

화제가 그의 동포와 인종 차별 정책에 대한 그들의 투쟁으로 옮겨 갔을 때, 나는 제반 현안에 대한 그의 식견과, 지난 한 세기 동안 두 인종이 함께 살아온 방식을 반전시키는 데 필요한 요소에 대한 그의 식견에 다시 한 번 감동했다. 그의 말에는 슬픔과 결의와 낙관과 의분이 가득 배어 있었다.

그가 미래의 전망에 대해 이야기할 때쯤, 나는 자신의 생명을 내놓음으로써 남아프리카공화국의 공평과 정의 운동이 진보할 수만 있다면 기꺼이 그렇게 할 준비가 되어 있는 사람과 이야기하고 있다는 사실을 알 수 있었다. 마지막으로, 그가 그리스도를 따르는 자신의 신앙에 대해 거리낌없이 말했을 때, 나는 그 속에서 깊이와 부드러움을 보았고, 자비와 용서를 들었으며, 연민과 긴박함을 느꼈다. 깜짝 놀랐다는 말은 과장이 아니다. 이런 사람을 만나 본 기억이 다시는 없기 때문이다.

대화가 자연스레 잠깐 중단된 틈을 타서, 나는 내내 궁금하던 점을 물어 보았다. "어디서 훈련받았습니까?" 솔직히 말해, 나는 하버드니 옥스퍼드니 소르본느니 하는 말을 듣게 되리라 생각했다. 어쩌면 그 흔하디 흔한 박사 학위나 경영학 석사 학위를 땄다든가 혹은 세계적으로 유명한 두

뇌 집단의 '구성원'이었다는 이야기를 듣게 될지도 모를 일이었다. 그러나 그와는 반대로, 미소와 거의 알아 듣기도 힘들 만큼 작은 대답이 있을 뿐이었다.

"로벤 섬에서 훈련받았습니다." 나는 그의 대답 소리가 아주 작았다는 점을 강조하고 싶다. 자랑스레 하는 말도 아니었고 의기 양양하게 하는 말도 아니었다. 그저 대화 도중에 내가 던진 물음에 대한 답으로 나온 말일 뿐이었다. 만일 내가 묻지 않았다면 그가 자진해서 말하지는 않았을 거라는 인상을 받았다.

백인 정부가 인종 차별 정책에 반대하는 사람들을 모조리 억압하려 하던 시절, 남아프리카공화국의 흑인 지도자들이 으레 가야만 했던 근해(近海)의 교도소가 바로 로벤 섬이었다. 넬슨 만델라도 20년이 넘는 동안 로벤 섬에서 가장 유명한 수감자로 있었다.

"만델라와 함께 있었습니까?" 나는 충격을 감추려 애쓰며 말했다.

"5년 동안 같이 있었습니다. 그분은 바로 제 옆 방에 계셨습니다."

"호기심 때문에 그러는데, 괜찮으시다면 그 시절에 대해 몇 가지만 말해 줄 수 있겠습니까?"

"그러죠." 그는 또다시 미소를 지었다. "몇 년마다 한 번씩 정부는 젊은 흑인 지도자들을 샅샅이 찾아내 몽땅 감옥에 보내곤 했습니다. 닥치는 대로 쓸어 모아서는 로벤 섬에다 처박는 거죠. 하지만 그 전략 때문에 우리는 유익을 얻었습니다. 바로 그 섬에서 교육을 받을 수 있었기 때문이죠. 만델라와 다른 여러 사람들로부터 말입니다."

나는 몇 가지 질문을 더 던졌다. "그 시절에 대해 가장 기억에 남는 것은 무엇입니까?"

"가장 기억에 남는 것이라면…용서하는 법을 배운 일입니다. 우리는 공부하다가 끌려온 처지였습니다. 우리는 분노했습니다. 백인이라면 다 죽이고 싶어 했습니다. 감옥에서 우리는 간수들에게 이름으로도 불리지 못하고 그저 수인(囚人) 번호로만 통했습니다. 게다가 그 간수들은 항상 우리한테 총부리를 겨누고 있었습니다. 아침마다 우리는 줄지어 문밖으로 나가 채석장으로 갔고, 저녁이면 다시 줄지어 돌아왔습니다. 낮 시간은 항상 간수들 소관이었습니다."

"그러나 밤 시간은 달랐습니다. 밤은 우리의 것이었습니다. 저녁이면 우리 젊은 사람들은 나이 드신 분들 곁에 가 앉았습니다. 그러고는 그분들이 자기 부족의 역사며 언어며, 남아프리카공화국의 흑인들에 대한 꿈을 가르쳐 주시는 것을 귀담아 들었습니다. 그러나 무엇보다도 중요한 것이 있었습니다. 만델라는 적을 미워하는 한 아무것도 이루어 낼 수 없음을 가르쳐 주셨습니다. 적의 정치와 그 정치 뒤에 깔린 악과 우리를 감옥에 넣은 정책은 미워하되, 사람만은 절대로 미워하지 말라고 하셨습니다. 그래 봤자 우리 힘만 없어질 뿐이라는 것입니다."

"그래서 미워하는 것을 그만두었습니까?"

"쉽지는 않았습니다. 용서하는 데 거의 5년이 걸렸습니다.…나이 드신 분들한테서 5년 동안 가르침을 받은 것이죠. 그러나 일단 용서했을 때 저는 다른 사람이 되어 있었습니다. 수난절 날 성찬식에 가면서 간수들에게 총을 내려놓고, 같이 가서 성찬을 받자고 청할 수 있었을 때, 제가 이미 용서했다는 것을 알았습니다. 그러니까 이것이 당신 질문에 대한 제 답입니다. 바로 그 섬에서 제가 훈련을 받은 겁니다."

그의 사무실을 나서면서, 나는 다음 약속 장소까지 차를 타지 않고 그

낭 걸어가기로 했다. 그와 대화하면서 듣고 본 바에 대해 깊이 생각할 필요가 있다는 것을 알았기 때문이다. 나는 특별히 누구에게라고 할 것 없이 큰 소리로 이렇게 말했다. "나도 저 사람처럼 되고 싶다. 저 사람처럼 초점 있는 의식과 깊은 자애심, 그리고 평온한 마음을 갖고 싶다." 나는 나보다 열다섯 살이나 어린 사람을 닮으려 하고 있었다.

그때 문득 깨달은 것이 있다. 내가 그토록 간절히 갈망하는 것이 로벤 섬에 있었다. 그 사람 같이 되려면 최소한 로벤 섬에서 5년, 아니 어쩌면 그 이상을 보내야 할 것이다. 그러기 위해 치러야 할 대가는 무엇인가? 5년 동안 중노동을 해야 하고, 하나의 번호가 되어야 하며, 총부리 밑에서 살아야 하고, 외부로부터 올 수 있는 희망을 박탈당해야 한다. 그러고 나면 혹시 그 사람의 성품 즉 내가 방금 만난 그런 영혼의 아름다움을 갖게 될지 모른다. 어느 곳에서도 전혀 도움이 오지 않을 때 영혼은 활동하기 시작하며 그 본연의 모습-하나님이 거하시며 놀라운 회복력과 자애심이 비롯되는 곳-으로 돌아가기 시작하는 것이다.

이러한 고난에 대해 결코 낯선 자가 아니었던 사도 바울은 이렇게 썼다. "다만 이뿐 아니라 우리가 환난 중에도 즐거워하나니 이는 환난은 인내를, 인내는 연단을, 연단은 소망을 이루는 줄 앎이로다"(롬 5:3-4). 내가 그 사람 속에서 보았던 바가 바울의 말을 통해 확증되고 있다.

그보다 며칠 전에, 거의 내 나이 또래의 남아프리카공화국 태생 흑인 목사와 나누었던 대화를 떠올리지 않을 수 없다. 그는 내가 설교를 끝맺으며 한 초청에 따라 앞으로 나왔다. 나는 "영적인 부흥과 새 힘을 얻기 위해 기도가 필요하신 분은 앞으로 나오십시오"라고 말했던 것이다. 그는 앞으로 나와 나를 껴안고는 울음을 터뜨렸다.

안정을 되찾자 그는 이렇게 말했다. "나는 심한 분을 품고 있습니다. 지난 35년 동안 백인들을 미워해 왔습니다. 내 마음은 원한으로 사무쳐 있습니다. 아내를 마땅히 사랑해야 함에도 불구하고 그러지 못하며 설교도 제대로 할 수 없고, 하나님께 진지한 기도 한마디 드릴 수도 없습니다. 나는 자유를 얻어야 합니다."

좀더 이야기를 나눌 수 있게 되었을 때, 그는 열여섯 살 적의 기억을 하나 들려주었다. 그는 부모님과 함께 남아프리카공화국의 어느 소읍에 있는 주유소에 들른 적이 있었다. 그는 남자 화장실을 찾고 있었다. 결국 찾았는데, 흑인이 사용해서는 안 된다는 표시도 보이지 않고 해서 안으로 들어갔다. 그런데 몇 분 후에 백인 한 사람이 들어오더니 다짜고짜 이렇게 묻는 것이었다. "너, 여기서 뭐하고 있니?"

"저는 '표지판에 남자라고만 써 있고 다른 말은 없었어요' 하고 말했습니다." 목사는 흐느끼기 시작하더니, 강조할 뜻으로 그 다음 말은 천천히 했는데 온몸을 떨고 있었다. "내가 일을 다 보기도 전에 그 백인은 나를 문밖으로 집어던졌습니다. 그러고는 이렇게 소리쳤습니다. '너는 인간이 아니라 동물이야.' 그날부터 나는 완전히 달라졌습니다. 그 뒤로 평생 동안 '너는 동물이야, 너는 동물이야'라는 말을 듣고 또 들었습니다."

35년 동안 이 사람의 영혼에는 사실상 발전이 전혀 없었다. 이 사람의 영혼은 하나님의 영광스럽고 무한한 처소이기보다는 차라리 쥐가 들끓고 불빛도 없이 갑갑한 골방—하나님이 계시기에는 합당하지 못한 곳—이라고 할 수 있었다.

우리는 냉엄하게 영혼의 작업을 수행해야 한다. 영혼의 작업에는 자주 씻는 작업과 자주 닦는 작업이 수반된다.

예수님이 공생애를 시작해서 가르치고 제자를 양육하실 때 맨 처음 하신 말씀이 **회개하라**였음을 간과해서는 안 된다. 종종 영적 부흥 운동과 연관되는 이 단어는 성경에서 가장 중요한 말 가운데 하나다.

회개에는 영혼을 활짝 열어 거기서 발견되는 것을 그대로 아뢰는 행위가 따른다. 이것은 대부분의 사람에게 즐거운 경험이 아니다. 쓰레기가 쌓이도록 방치해 둔 지하실 문을 열 때처럼, 영혼을 열 때에도 너무나 볼품없는 것이 많이 노출될 수 있다. 그러니 우리 대부분에게는 영혼을 꽁꽁 잠가 두는 것이 더 편하게 느껴지는 것도 이상한 일이 아니다.

회개란 자신의 이 끝없는 혼란 상태를 인정하고 뭔가 새로운 것을 찾음을 뜻한다. 회개란 낡은 방식과 낡은 태도에서 돌아서서 새로운 것을 받아들이는 것을 뜻한다. 그리고 내 생각에, 회개란 하나님 앞에서 겸손히 자신을 낮추고 순종하는 태도로, 옛 성인들이 드린 "저는 죄를 지었사오니 자비를 베푸소서"라는 기도를 드리는 것을 말하는 것 같다.

나는 영혼에는 거대한 기록 보관소, 즉 과거의 여러 사건과 태도들을 보관해 놓은 도서관이 있다는 생각을 하게 되었다. 이 기록 보관소에는, 밝은 빛 가운데 드러나 그 건강성과 유익성을 점검받아야 할 동기 및 방향의 근원들이 들어 있다. 이 기록 보관소의 탐색에는 필시 여러 물음이 뒤따를 것이다. 사정을 조금도 봐 주지 않는 엄하고 때로는 쓰라리기까지 한 물음 말이다.

옛 영적 스승인 마이스터 에크하르트(Meister Eckehart)는 어딘가에 이런 글을 남겼다. "영적인 삶은 덧셈보다는 뺄셈과 더 많이 관련되어 있다." 이 뺄셈은 물음과 더불어 시작된다.

성경 최초의 가정에 태어난 두 아들 중 하나인 가인으로 하여금 자신의 영혼이 가진 어두움의 실체를 똑바로 보게 하기 위해 하나님은 이렇게 물으셨다. "네가 분하여 함은 어찌 됨이며 안색이 변함은 어찌 됨이뇨?"(창 4:6)

하나님은, 광야로 도망하여 우울과 낙심에 빠진 엘리야에게 이렇게 물으셨다. "네가 어찌하여 여기 있느냐?"(왕상 19:9) 예수님은 동산에서 유다에게 이렇게 물으셨다. "친구여, 네가 무엇을 하려고 왔느냐?"(마 26:50) 또한 숯불 너머 베드로에게 "네가 이 사람들보다 나를 더 사랑하느냐?"(요 21:15) 하고 물으셨다. 그리고 다메섹 도상에서 다소의 사울에게는 "네가 어찌하여 나를 박해하느냐?"(행 9:4)라고 물으셨다. 이 질문들은 하나같이 머리가 아니라 영혼을 향해 던진 것이기 때문에 깊이 생각한 다음에야 대답할 수 있다. 마치 "너 자신을 보라, 너 자신을 깊이 들여다보라"는 말을 듣고 있는 것 같다. 살다가 한 번쯤은 수면 아래쪽으로 내려가 영혼을 찾아보라는 것이다. 거기에 무엇이 있으며, 왜 그것이 내 태도와 행동의 동기가 되고 있는가? 하나님의 임재 앞에서는 이러한 질문에 대해 미연방 헌법 수정조항 제5조(자기한테 불리한 증언을 거부할 수 있도록 규정한 조항—역주)를 빙자하여 그 대답을 피하고자 하는 시도는 감히 상상도 할 수 없다.

나는 수면 아래쪽, 곧 영혼의 기록 보관소 안으로 과감히 내려가는 데 도움이 될 만한 질문을 몇 가지 알게 되었다. 이 질문들은 예수님이 나와 같은 사람과 사적으로 대화하면서 물으실 만한 것들이다.

나는 진정 누구를 기쁘게 하려고 하는가?

이것이 첫 번째 물음이다. 그리고 여기서 중심 되는 것은, 우리가 누구의 신임을 얻는 데 가장 큰 비중을 두는가이다.

우리는 하나님을 기쁘시게 하며 살도록 지음받았다. 영혼은, 하나님의 영광에 초점을 두고 있을 때 그 기능을 최고로 다하게 된다.

내 영혼아, 여호와를 송축하라.
내 속에 있는 것들아, 다 그의 거룩한 이름을 송축하라.
내 영혼아, 여호와를 송축하며
그의 모든 은택을 잊지 말지어다(시 103:1-2).

이런 영혼은 창조주의 영광을 구하고자 힘쓰는 영혼이다. 그러나 영혼의 밑바닥에 있는 악은 종종 인간의 시야를 낮추어 다른 종류의 인정을 목표로 삼게 한다. 그러면 우리는 창조주를 대체하는 우상들의 인정을 얻고자 엄청난 에너지를 소모하기 시작한다. 연예인들은 관객의 인정을 구하고, 일에 미친 사람들은 자기를 한 번도 있는 모습 그대로 평가해 준 적 없는 아버지의 인정을 구하고, 운동 선수들은 금메달이나 좀더 높은 금액이 보장되는 계약으로 표시되는 인정을 구한다.

그리스도인은 대부분 이런 범주에 들지 않지만, 그래도 모두 이와 유사한 인정을 추구하려는 성향을 어느 정도는 가지고 있다. 우리는 누군가가 우리를 흡족해 하고, 현재의 내 모습과 내가 이룬 업적으로 인해 내게 가치를 부여해 주고 있음을 알고 싶어 한다.

사실, 이런 것들 모두가 영혼이 본래 하나님께 간구하도록 되어 있는 좀더 위대한 인정을 반영하는 것이다. '하나님을 송축할 수 있는' 이 추구가 거부당할 때, 영혼은 인간의 다른 부분들을 기쁘게 하려고 노력하고 힘쓰게 된다. 그 결과는 대개 아주 불행한 것이다.

청중이 남자들뿐인 경우에는, 누군가를 기쁘게 하고 싶은 이 욕구에 대해 자주 이야기한다. 남자들한테는 누군가를 기쁘게 한다는 것이 참으로 중요하기 때문이다. 나는 그들에게, 하늘에 계신 아버지 하나님이 그 아들 예수에게 몇 차례 다음과 같이 말씀하셨음을 상기시켜 준다. "너는 내 사랑하는 아들이라, 내가 너를 기뻐하노라"(막 1:11). 그 후에도 예수님은 다음과 같은 하늘 아버지의 말씀을 들으셨다. "이는 나의 사랑하는 아들이니 너희는 그의 말을 들으라"(눅 9:35). 이 두 번째 말씀은 예수님뿐만 아니라, 그분의 세 제자 베드로, 야고보, 요한에게도 들려주신 말씀이다.

아버지께로부터 아들에게 내려온 이런 인정에 대해 이야기하면서 나는 남자들에게 이렇게 말한다. "여기 있는 사람 중에 자기 아버지로부터 '너는 내 아들이다. 나는 너를 사랑한다. 너를 기뻐한다'는 말과, 아버지가 다른 사람들에게 '내 아들은 자기가 무슨 말을 하고 있는지 잘 알고 있다. 그러니 **너희는 그의 말을 들으라**'고 하는 말을 듣기 원하지 않을 사람이 있습니까?" 그러면 내 말을 듣는 사람들은 **항상** 깊은 침묵에 싸인다. 여기저기서 고개를 끄덕이며, 많은 눈들이 반짝반짝 빛을 발한다. 인생을 살아가면서 아버지의 신임을 얻었다는 느낌을 전혀 가져 보지 못한다는 것이 어떤 것인지 우리 남자들은 대부분 알고 있다. 아니, 비단 아버지의 신임뿐 아니라 어머니의 신임 혹은 스승이나 자기 교제권 내의 중요한 사람의 신임을 얻는 것도 상당히 중요하다.

하나님이 아닌 다른 누군가를 기쁘게 하기 위해 살아가는 사람의 영혼은 작게 줄어든 영혼이다. 이 말은 그런 영혼은 다른 사람들을 기쁘게 하려는 시도를 전혀 하지 않는다는 이야기가 아니라, 기쁘게 함이 부차적인 것으로, 언제나 어떤 것의 결과로 나타난다는 말이다.

나는 어떤 필요들을 채우려 하며 어떤 불안 요소들을 내버려두고 있는가? 그리고 어떤 감정들을 쌓아 두고 있는가?

수면 아래쪽으로 가지고 가야 할 두 번째 물음은 이상과 같은 질문들로 이루어진다.

해마다 이런 질문에 대한 책들이 무더기로 나오고 있다. 사람들로 하여금 이렇게 밑바닥에 깔려 있는 욕구와 두려움과 불안과 감정의 흐름을 표면으로 끌어올리도록 돕는 일을 전담하는 산업이 생겨났을 정도다. 그리하여 사람들은 인생의 내면 깊숙한 곳을 탐사하는 데 도움을 얻고자 매주 한 번씩(심하면 두 번씩) 치료자를 찾아가는 데 엄청난 돈을 쓰고 있다. 여기저기서 우리는 이런 활동에 대해 호의적인 보고를 듣곤 한다. 그러나 과연 호의적인 보고가 부정적인 보고보다 많은지는 확신할 수 없다.

이 산업과 더불어, 피해 의식이라는 주제가 부상했다. 내 안에 있는 모든 것들은 누군가 다른 사람이 나에게 저지른 불의의 결과라는 것이다. 이런 모든 것을 바탕으로 후원 모임 및 회복 모임 운동은 이런 저런 노력을 하게 된다. 물론 이것은 바람직한 현상이다. 그러나 자신의 모든 문제를 다른 사람에게 맡길 수 있을 때에야—다른 사람을 탓하고, 분노를 터뜨리며, 다른 사람을 고소하는 등—안전하고 건강해진다는 인상을 사람들에게 심어 준다면, 그렇게 바람직하다고 할 수만도 없다. 그런 논리에 따르면, 필연적으로 그 다른 사람들(누가 됐든) 또한 차례로 다른 누군가를 탓해야 한다는 이야기가 된다. 마치 릴레이 경주를 거꾸로 하는 식으로 우리는 모두 비난과 책임의 배턴을 저 멀리 보이지 않는 곳에 있는 누군가에게로 떠넘기려 하고 있다.

이런 식으로 남에게 비난을 떠넘기는 것이 어느 정도까지 필요한지 알아보는 일이라면 이미 여러 작가들과 강사들이 충분한 도움을 베풀어 왔다. 그러나 그것이 도움이 안 되었을 수도 있다! 어쩌면 우리는 다른 대안을 생각할 수도 있다. 바로 **가해자를 용서하고**, 필요에 매달려 살게 만드는 그 습성들을 버리는 것이다.

필요들과 불안정한 부분들 그리고 감정들(원한이든 두려움이든 분노든 간에)을 거명한 다음 이제는 그것들을 뛰어넘을 때가 되었음을 예수님의 능하신 이름으로 선포할 때, 수면 아래쪽 깊은 곳에서 영혼은 소생된 시각을 갖게 된다. 행동과 신앙 면에서 새로운 양식들을 받아들이는 것이다. 비록 내딛는 첫발은 아직 잠정적이고 고통스러우며 상당한 모험이 뒤따른다 할지라도, 그리스도의 본을 따라 새로운 길을 걷겠다고 선포하는 것이다.

여기서 나는 강인함이라는 새로운 요소를 하나 소개하고 싶다. 그것은 바로 자신을 이렇게 꾸짖는 것이다. "됐어! 이제 나는 내 기록 보관소에 저장된 사건들로 인해 더 이상 무력해지지 않겠어. 그 사건들은 지나간 역사일 뿐이야. 앞날의 역사는 될 수 없어."

사무엘 로건 브렝글(Samuel Logan Brengle)은 당대의 위대한 복음 전도자였다. 그는 구세군에 소속되어 있었으며 아름다운 영혼을 가지고 있었다. 그 이유 중 일부는 그가 수면 아래쪽에 대한 훈련을 게을리하지 않은 데 기인한다. 그는 어느 노숙자한테서 벽돌로 맞아 머리에 입은 상처 때문에 거의 평생 동안 우울증을 앓으면서도, 어떤 감정이나 불안 요소에도 오랫동안 얽매이지 않았다.

브렝글의 전기 작가는 그의 일기장에 있는 다음과 같은 기도를 눈여겨 보았다.

오 주님, 지적으로만 커지고 영적으로는 둔하고 어리석게 되지 않도록 저를 지켜 주옵소서. 제가 육적으로나 지적으로나 영적으로나 운동선수의 기질을 가지며, 날마다 자신을 부인하고 제 십자가를 지고 주님을 따를 수 있도록 도와주옵소서. 제가 하는 일에서 능히 성공하게 하시되 교만하지 않게 하옵소서. 성공과 형통으로 인한 자기 만족에서 저를 구하여 주옵소서. 육신의 허약과 쇠퇴가 저를 덮쳐 올지라도 나태하고 방종한 마음을 갖지 않도록 해주옵소서.

이 기도에 대해, 브렝글의 전기 작가는 다음과 같이 평한다.

매일 매시간 이렇게 기도하며 이 선지자는 말년에 이르러서도 열정은 뜨겁게, 시선은 하나로 지켰다.

애굽의 요셉은 이렇게 사고한 사람으로 좋은 본보기가 된다. 아버지한 테서는 지나친 편애를 받고, 형들에게서는 원한을 사서 버림받고, (처음에는) 노예로 인간성을 박탈당하고, 강간 미수 혐의로 거짓 고소를 받아 옥에 갇히고, 호의를 베풀어 준 사람들한테서 잊혀졌던 그는 정신 질환에 걸려 시름시름 앓다 죽을 만한 이유를 모두 가지고 있었다.

채워지지 않은 필요들, 위력적인 불안 요소들, 원한과 분노의 감정들을 구구절절 품을 권리가 있는 사람이 있다면, 요셉이 바로 그 사람일 것이다. 그런데 무엇이 요셉으로 하여금 자신의 보관소 안에 있는 치욕들에 빠질

'권리'를 버리게 했던 것일까?

성경에는 심리 분석이 전혀 나와 있지 않다. 그러나 요셉의 수면 아래쪽에 있는 시각에 대한 이야기는 분명히 나와 있다. 꿈이 성취되는 순간 형들을 대면하여 서 있을 때가 그 배경이다. 형들은 옛날에 자신들이 저지른 일 때문에 목숨을 잃을까 두려워 울면서 요셉 앞에 엎드려 있다. 그때는 그들에게 힘이 있었지만, 지금은 요셉에게 힘이 있다.

그러나 요셉은 수면 저 아래쪽, 곧 영혼 깊은 곳으로부터 이렇게 말한다.

두려워하지 마소서. 내가 하나님을 대신하리이까? 당신들은 나를 해하려 하였으나 하나님은 그것을 선으로 바꾸사 오늘과 같이 많은 백성의 생명을 구원하게 하시려 하셨나니, 당신들은 두려워하지 마소서. 내가 당신과 당신들의 자녀를 기르리이다(창 50:19-21).

성경 본문은 이렇게 끝을 맺고 있다. "그들을 간곡한 말로 위로하였더라"(창 50:21).

그 후 예수님도 십자가에 달리실 때, 악의에 찬 무리를 내려다보시며 이렇게 말씀하신다. "아버지여, 저들을 사하여 주옵소서. 자기들이 하는 것을 알지 못함이니이다."

오늘날, 어떤 사람들은 요셉과 예수님께 이렇게 충고할 것이다. "소리지르고, 응징을 가하고, 당신을 희생시킨 자들에게 분노를 터뜨린다면, 당신은 더 건강해질 것입니다"라고 말이다. 그러나 성경은 다른 대안(그리고 대체로 비용도 적게 드는)을 제시하고 있다. 용서하고 자비를 베풂으로써 감정과 불안을 손에서 놓으라는 것이다.

그렇게 하지 않는다면, 수면 하단의 무게가 얼마이든 그것을 잃는 결과가 되고 말 것이다. 셰익스피어의 「리처드 3세」(*Richard III*)에 나오는 주인공 리처드 3세는 육체적 불구로 인해 유난히 볼품이 없다. 그는 자기 행동 속에 나타나는 악을 신체의 불운 탓으로 돌려 정당화한다.

> 위선적인 자연한테 용모를 속임당하여
> 불구가 되어, 다 완성되지 않은 채로, 때가 되기도 전에
> 반도 채 만들어지지 않고서 이 산 자들의 세상에 보냄받아,
> 얼마나 절뚝거리며 볼품이 없는지
> 개들 곁에 서면 개들도 보고 짖는
> 그런 나…
> 왜 나는…
> 시간 보내는 것이 하나도 즐겁지 않은지….
> 그리하여 나는 다들 좋다는 이 시절을 즐기는
> **연인이 될 수 없기에**
> **악인이 되기로 했고**
> 이 시절의 나태한 쾌락을 미워하기로 했다.

이것은 자신의 용골을 잃어버린 사람이 하는 말이다. 그는 영혼이 전혀 없는 사람 같다.

나의 경쟁 상대는 누구(무엇)인가?

자신을 다른 사람들과 비교하기 시작하면 영혼은 건강해질 수 없다. 경쟁을 부추기는 생활 방식에 빠져들 때마다 영혼은 조금씩 죽어 간다. 경쟁과 시기와 질투라는 파괴적인 세력 앞에 무릎을 꿇는 것이다.

오스카 와일드(Oscar Wilde)는 다음과 같이 의미 심장한 이야기를 한 적이 있다.

한번은 마귀가 리비아 사막을 지나던 중에 수많은 졸개 귀신들이 어느 경건한 은자(隱者)를 괴롭히고 있는 곳에 이르게 되었다. 그 성인은 귀신들의 악한 꼬임을 너무나 쉽게 떨쳐내고 있었다. 그들의 실패를 지켜보던 마귀는 한 수 가르칠 생각으로 앞으로 나서며 이렇게 말했다. "너희가 하는 식은 너무 뻔하다. 잠깐 내가 하는 것을 봐라." 그러고 나서 마귀는 그에게 이렇게 속삭였다. "네 형이 지금 막 알렉산드리아의 주교가 되었다." 그러자 은자의 평온하던 얼굴은 당장 지독한 질투로 인해 잔뜩 찌푸려졌다. 마귀가 졸개 귀신들에게 말했다. "내가 권하고 싶은 방식은 바로 이것이다."

나는 지금껏 살아오면서 단 한 번도 '내가 저 사람이면 참 좋겠다'는 생각이 들게 하는 사람을 본 적이 없다. 그렇다고 해서 내가 남보다 앞서고 싶고 남과 비교해서 더 잘 보이고 싶은(심지어 더 경건해 보이고 싶은—그 정도로 비비꼬인 유혹을 상상할 수 있다면) 욕심 즉 경쟁의 본능에 휩싸인 적이 없었다는 이야기는 아니다. 그런 생각이 뿌리를 내리도록 내버려둘 때마다, 이내 나는 날카로운 책망을 받곤 했다. 더 많은 관심 혹은 보상을 놓고 다른 사람과 경쟁하는 것이 전혀 쓸모없는 일이라는 사실을 배울 때까지는 늘 그랬다.

브루스(A. B. Bruce)의 위대한 고전 「열두 제자 훈련」(Training of the Twelve, 생명의말씀사)을 읽다가, 나는 인간의 행동에 대한 다음과 같이 뛰어난 통찰에 접하게 되었다. 브루스는 한때 철학가가 되려 했던 알키비아데스라는 그리스 사람에 대한 이야기를 하고 있다. 알키비아데스는 젊은 시절에 소크라테스의 제자였다. 그러나 나중에는 스승에게 등을 돌렸을 뿐 아니라, 자기가 태어난 도시까지 배반하여 적의 손에 넘겨 주고 만다. 그는 소크라테스에 대해 이렇게 말한다.

내가 이런 생각을 한다면 아무도 믿지 못하겠지만, 나는 이 사람과 단 둘이 있으면 수치심을 느낀다. 그에게 반박하여 그가 내게 명하는 바를 거절할 능력이 없음을 알고 있기 때문이다. 그리고 그가 없는 자리에서는, 대중의 존경을 받고 싶어 하는 욕망에 지고 말았다는 느낌이 든다. 그리하여 나는 그에게서 달아나며 피하는 것이다. 그를 보노라면 나의 잘못이 수치스럽게 느껴진다. 그 사람이 더 이상 살아 있지 않았으면 좋겠다고 생각한 적도 종종 있다. 하지만 정말 그렇게 된다면 더욱 큰 슬픔이 내게 찾아오리라는 것도 잘 알고 있다.

그러나 그와는 정반대로 아름다운 영혼을 가진 마이어(F. B. Meyer)의 고백도 있다. 그는 어떤 협의회에서 자기보다 캠벨 모건(Campbell Morgan)에게 훨씬 많은 사람들이 몰려들었을 때 느낀 질투의 유혹을 이렇게 고백했다. "내 감정을 극복할 수 있는 유일한 길은 날마다 그를 위해 기도하는 것이었다. 그래서 실제로 그렇게 하고 있다."

아씨시의 프란체스코에 대해서는 어떤 말을 할 수 있을까?

(성 프란체스코는) 추종자들이 생겨도 자신을 그들에 견주지 않는다. 그들과 비교했을 때, 자기는 스승(master)처럼 보일 수 있기 때문이다. 오히려 그는 날이 갈수록 자신을 주님(Master)과 견준다. 그분 앞에서는 자신이 한낱 종으로 드러날 뿐이기 때문이다[체스터턴, 「아씨시의 성 프란치스코」(*St. Francis of Assisi*), p. 122].

나는 어떤 보상을 구하는가?

자신들과 어울리고 싶어 하는 부자 청년 문객(問客)과 예수님이 나누시는 말씀을 듣고서, 시몬 베드로의 마음속에도 이와 비슷한 생각이 들었다. 예수님은 말씀하셨다. "네 있는 것을 다 팔아 가난한 자들을 주라. 그리고 와서 나를 좇으라"(참고 막 10:21).

시몬은 이 대화를 듣고 예수님께 다가갔다. 내가 보기에, 시몬의 질문은 다음의 강조 부분과 같이 풀이할 수 있을 것이다. "**우리는 모든 것을 버리고 주를 좇았습니다. 그러니 앞으로 우리에게 무엇이 있겠습니까?**" 현금, 권력, 연줄이라는 점에서 볼 때 보상이 무엇이냐는 것이다.

사람들이 예수님께 나아갈 때 미묘한 방식으로 구하는 보상은 종류도 많고 사람마다 다 다르다. 대부분의 사람에게는 그 보상이 인생이 잘 풀리리라는 희망—결혼하리라는 것, 이미 결혼한 경우에는 결혼이 유지 혹은 치유되리라는 것, 아이가 잘못되지 않으리라는 것, 실직하지 않으리라는 것, 사업이 성공하리라는 것, 수용과 사랑과 존경을 받으리라는 것—으로 나타난다.

대부분의 사람들은 그렇지 않다고 부인하겠지만, 상실이나 실패의 순간이 오면 그 숨겨진 실체가 드러나고 만다. 우리 입에서는 하나님이 나를 이렇게 고생하게 내버려두신다는, 분노의 말이 종종 나온다. 우리는 그렇게 탓함으로써, 나는 신실하므로 하나님이 나에게 이런 저런 보상을 해주실 것이라고 기대하고 있었음을 암암리에 인정하는 결과가 된다는 것은 알지 못한다.

예수님이 들려주신 탕자의 이야기에 이와 비슷한 역학이 잘 나타나 있다. 집을 나간 동생은 그야말로 가장 비열한 놈이라 할 수 있다. 그건 누구나 인정하는 바다. 집에 남아 있는 형은 더할 나위 없이 칭찬받을 만한 아들로 보인다. 그는 가업이 무엇이든 상관없이 집에 남아 아버지를 돕는다. 그는 신실한 자요 충성된 자요 사랑스런 자다. 이것은 탕자가 떠나 있는 동안 그 집을 방문하는 모든 사람에 의해 분명히 확인된 사실이다.

그러나 동생이 돌아오자 수면 아래쪽에서 뭔가 다른 것이 나타난다. 탕자는 아버지한테 환영받지만 형한테서는 환영받지 못한다.

야박한 형은 아버지를 따로 만나 순간의 화를 참지 못하여 이렇게 말한다. "아버지, 내가 여러 해 아버지를 섬겨 명을 어김이 없거늘 내게는 염소 새끼라도 주어 나와 내 벗으로 즐겁게 하신 일이 없더니 아버지의 살림을 창녀들과 함께 삼켜 버린 이 아들이 돌아오매 이를 위하여 살진 송아지를 잡으셨나이다."

그러자 아버지가 대답한다. "얘, 너는 항상 나와 함께 있으니 내 것이 다 네 것이다." 바로 이것이 보상이었다. 그리고 지금도 마찬가지다. 그런데 형은 이 점을 조금도 깨닫지 못하고 있었다. 이 분노의 순간에 그는 오랜 세월 영혼 안에서 곪고 있던 것을 드러내고 만다. 그는 보상에 매달려 살았다. 결국 이로 인해 드러난 모습은 결코 보기 좋은 장면이 아니다.

나는 어떤 죄책감이나 수치심을 감추고 있는가?

의로우신 하나님을 슬프게 하는 과거의 사건들과 태도가 영혼 안에 그대로 저장되어 있다면, 그 영혼은 결코 아름다울 수 없다. 오히려 질병의 장소가 되고 만다. 감추어 둔 것들은 암처럼 커지며 영혼에 독을 퍼뜨려, 결국은 영혼을 완전히 파괴시키고 만다.

비밀을 품은 삶의 끔찍함에 대해서는 다른 책에서 내가 아는 바를 전부 기록한 적이 있다. 나 역시 한동안 그러한 삶을 겪어 잘 알고 있다. 점점 영역을 넓혀 가면서 더 크고 더 끔찍한 사건들의 부지(敷地) 노릇을 하는 그 숨은 기만의 상흔(傷痕) 말이다.

이로써 우리는 그리스도인의 삶에서 활력을 사라지게 하는 가장 중대한 원인에 도달한 셈이다. 회개의 중요성에 대한 오해가 바로 그것이다. 비밀은 드러나야 하며 은폐한 것은 걷어 내야 한다. 우리는 날마다 스스로 영혼을 점검해야 하며, 때로는 영적으로 교제하고 있는, 믿을 만한 지체들로부터 점검받아야 한다.

일부 사람들이 미국에서 가장 위대한 신학자로 꼽고 있는 조나단 에드워즈(Jonathan Edwards)는 1772년 11월 22일의 일기에 이렇게 적고 있다.

우리 스스로는 보지 못하거나 적어도 온전히는 알지 못하고 있는 잘못들을 언제나 구경꾼들이 찾아낸다는 점을 생각해 볼 때, 우리의 눈에는 띄지 않되 오직 남들만이 알고 있는 은밀한 타락의 역사(役事)가 많다는 결론을 내릴 수 있다. 그러므로 나는 남에게 지장만 주지 않는다면 어떤 방법을 통해서든, 남들이 내 속에서 찾게 되는 잘못들이 어떤 것인지 또 그들이 보기에 흠 있고 좋지 않고

격에 맞지 않는 것은 어떤 것인지 잘 배울 참이다.

여기서 에드워즈는 깊고 상한 심령을 표출하고 있다. **상한**이라는 단어를 사용할 때, 그것은 점검받고자 드러지고 열린 영혼을 뜻한다.

시편 기자는 이렇게 말했다. "나를 시험하사…내게 무슨 악한 행위가 있나 보시고"(시 139:23-24). 저자를 다윗으로 볼 때, 그 또한 기만을 많이 행한 자였다. 상한 심령이란 심판자이자 구속자이신 하나님의 살피시는 눈앞에 내면 깊숙한 곳의 문과 창을 활짝 연 영혼을 말한다.

알코올 중독자를 위한 모임의 회원들은 이 원리를 누구보다도 잘 이해하고 있는 것 같다. 이들은 '열두 단계 선언'을 이런 말로 시작한다. "우리는 우리가 알코올에 무력한 자였음을, 즉 우리의 삶이 통제 불가능한 상태였음을 인정한다."

열두 단계의 일부 측면에 대해 신학적으로 비난하는 사람들도 있지만, 아마도 그들은 이 첫 문장의 의미를 바로 이해하지 못했을 것이다. 회개란 그런 것이다! 알코올 중독자들은 큰 소리로 외친다. "이게 바로 나다! 나는 내면의 삶을 열어 나의 상태를 공표한다." 무력한 상태에 있는 자의 모습이 이렇다. 보관소의 문들이 넓게 열린 것이다.

이런 물음들을 대하면서 영혼은 아름다움을 향한 순례를 시작한다. 영혼은 회개를 통해 상한 심령이 되어 문을 연다. 은혜와 자비의 햇빛이 그 영혼에 흘러 들어오기 시작한다. 과거의 찌꺼기가 씻겨 나간다. 날마다 신선한 출발이며, 뭔가 새로운 것이 시작된다. 그런 사람에 대해 사람들은 말할 것이다. "그 사람은 참으로 아름다운 영혼을 가지고 있어요"라고

10. 어디에 계시겠나이까?

영혼에게 하나님에 대해 가르치기

하나님은 당신이 찬양한다고 해서
더 나아지시는 분도 아니고, 당신이 비난한다고 해서
더 못해지시는 분도 아니다. 그러나 당신은
선하신 하나님을 찬양하면 더 나아지고 비난하면 더 못해진다.
그분은 언제나 선하신 모습 그대로 계시기 때문이다.
— 성 아우구스티누스(St. Augustine)

놀라운 두 자녀를 둔 아버지로서 가장 기억에 남는 일 가운데 하나로 밤마다 아이들을 잠자리에 들게 해야 했던 책임, 아니 특권을 들 수 있다. 우리 딸 크리스티는 안정감에 대한 욕구가 큰, 민감한 아이였는데, 그것은 취침 의식(儀式) 때 가장 잘 나타났다.

크리스티는 잠자리에 들 때마다 하루를 마감하는 신중한 절차를 매일 똑같이 밟았다. 시트와 담요는 침대 아래쪽에서부터 위쪽까지 주름이라고는 조금도 없게 해서 뺨까지 올려야 했다. 커튼은 창턱 위로 정확히 12센티미터까지 내려와 있어야 했다.

크리스티는 자기 방 바닥에 열일곱 개의 인형을 벽에 쭉 세워 놓았다가 매일 밤 맨 앞에 있는 인형(호랑이든 곰이든 개든)을 꼭 껴안고 잤다. 크리스티는 이 순서를 아주 중시했다. 다섯 번째나 아홉 번째나 열네 번째에 있는 동물이 침대에 올라와 함께 잘 수는 없었다. "그건 다른 동물들한테 불공평해요, 아빠. 다 자기 차례가 있거든요." 어쩌다 한 번씩 내가 제 차례가 아닌 것을 살짝 빼다가 침대에 넣어 주려 해도 전혀 통하지 않았다.

잠자리 기도를 해준 다음 나는 어린 크리스티에게 키스를 하고 문을 닫고 나오게 된다. 이때도 취침 의식은 여전히 중요하다. 거실 불빛이 방안으로 새어 들되 직접 비치지는 않도록 방문을 15센티미터 조금 못 되게 남도록 살짝 당겨야 하는 것이다. 마침내 내가 문밖으로 살짝 빠져 나오려 하면 마지막으로 이런 대화가 오고간다. 거의 언제나 단어 하나 틀리지 않고 그대로다.

"어디 있을 거예요, 아빠?"
"엄마랑 같이 거실에 있을 거란다, 아가야."
"내가 잠들 때까지 거기 있을 거예요?"
"물론이지. 아빠가 필요하면 부르렴."
"네, 내가 잠들 때까지 자러 가면 안 돼요."
"걱정 마라. 사랑한다, 아가야. 잘 자거라."
"저도 아빠 사랑해요. 아빠도 안녕."

어디 있을 거예요? 이것은 아버지나 어머니가 자기가 부르는 소리를 들을 수 있는 곳에 있다는 사실을 확인하고 싶어 하는 어린아이에게는 결코 작은 질문이 아니다. 이것은 또한 우리의 영혼 안에 거하기 원하시며 언제나 가까이 계시리라 말씀하신 그 하나님을 구하는 자에게도 결코 작은 질문이 아니다.

히브리 민족의 해방자 모세에게도 우리 딸 크리스티의 경우처럼 불안의 순간들이 있었다. "내가 누구이기에 바로에게 가며 이스라엘 자손을 애굽에서 인도하여 내리이까?" 그는 그렇게 물었다.

그러자 하나님은 이렇게 대답하셨다. "내가 반드시 너와 함께 있으리라"(출 3:11-12).

하나님은 성경 도처에서 남자와 여자들에게 이 엄숙한 확신을 주셨다. 그분은 여러 번 "내가 너와 함께 있으리라"고 말씀하셨다. 그것은 수면 아래쪽에 무거운 중량이 있어야만 감당할 수 있는 여러 거대한 도전 속에서 혼자 남게 될까 두려워할 필요가 결코 없다는 확신이었다.

퀘이커 교도 루퍼스 존스(Rufus Jones)는 이렇게 말했다. "신비주의에는 함정과 한계가 있다. 그러나 이것만큼은 바르고 진실된 것이니, 곧 하나님을 아는 길이란 **예수님을 경험하는 것**과 **마찬가지로** 마음 내면에서 그분을 경험하는 것이다".

예수님을 경험한다. 공생애 시절의 성자 예수님을 그려 보는 것은 어렵지 않다. 그분은 이 마을에서 저 마을로, 이 사람에게서 저 사람에게로, 이 필요에서 저 필요로 옮겨 다니셨다. 바싹 다가가 잘 들여다보면 우리에게 깊은 감동을 주는 평안한 영혼, 경륜에 찬 활동 그리고 뚜렷한 목적을 보게 될 것이다. 이런 것들은 다 어디서 오는 것인가?

공적인 생활의 소음과 방해로부터 물러나 따로 많은 시간을 보낸 결과로 수면 아래쪽 깊은 곳에서 오는 것이다. 이것이 바로 답이다. 이것은 복음서 기자들이 자주 목격한 꾸준한 리듬이다. 그들은 그분이 산으로 나가셨다 혹은 한적한 곳으로 물러가셨다고 말하고 있다. 그 시간 동안 무슨 일이 있었는지 우리로서는 거의 짐작하기 어렵다. 요한복음 17장의 위대한 중보 기도가 그런 순간에 있었을 일을 알게 해주는 단서가 될 것이다. "(내가 비옵는 것은) 아버지께서 내 안에, 내가 아버지 안에 있는 것같이 그들도 다 하나가 되어"(21절).

우리가 성부 하나님과 성자 하나님 사이의 순전한 관계를 상상하기란 어려운 일이다. 지성은 불가해(不可解) 앞에서 고개를 숙인다. 그것은 분명 우리의 상상력으로는 도저히 짐작할 수 없는 그런 차원의 대화일 것이다.

그분들의 관계의 내용은 우리가 알 수 없다 할지라도 그런 관계가 있었다는 사실만은 분명히 알 수 있다. 예수님은 바로 그런 순간을 통해 당신 영혼의 보이지 않는 곳에 있는 수면 아래쪽을 지어 가셨기 때문이다. 우리는 주님이 늘 그런 시간을 보낸 뒤에 중요한 결정을 내리시고, 또 분명 하늘의 계획 중에 있는 장소들로 옮겨 가신 것을 보아 그런 가정을 할 수 있다.

우리는 그런 시간을 통해 예수님이 사명을 확인하시고, 방향 감각을 다지시고, 그분의 인격 및 아버지와의 관계를 새롭게 하셨다고 결론 지을 수 있다. 예수님에 대해 이런 이야기를 하는 것이 이상하게 들리는가? 우리 못지않게 그분께도 이런 시간들이 절실히 필요했다는 사실이 깊은 감동을 주지 않는가?

예수님이 아버지와의 친밀한 만남을 위해 힘쓰셨다는 사실에는 간과할 수 없는 의미가 담겨 있다. 우리는 그런 만남을 통해, 성육신 상태로 이 땅에 사시는 동안 그분이 품으셨던 천국의 연합에 대한 갈망을 볼 수 있다. 그리고 또 하나 중요한 것은, 하나님이 축복하시는 삶을 구하는 우리 모두에게 보여 주는 관계의 모델이다. 하나님의 아들인 예수님조차 이런 시간을 중요하게 생각하셨다면, 우리는 우리의 일정 중 그런 시간이 차지하는 비중에 대해 어떻게 생각해야겠는가?

예수님을 닮은 그런 교제의 시간에 우리가 수면 아래쪽에 쌓아 가는 무게는 그 시간을 어떻게 보내느냐에 따라 그 결과가 달라질 것이다. 만일 그 시간에 단지 간청이나 요구의 목록을 내놓기만 한다면, 그 결과로 나타나는 영혼의 무게는 아무래도 하찮은 것이 되기 쉽다.

대학 및 신학교 시절 나는 돈을 벌고자 덴버 시의 화물 터미널에서 종종 임시직으로 일하곤 했다. 내가 제일 좋아했던 업무 중 하나는 키블러 과자 공장에서 트럭에 짐을 싣는 일이었다. 거기서 나는 거의 무게가 안 나가는 과자들로 가득 찬 커다란 상자들을 달아 올렸다. 한 트럭을 금방 가득 채웠는데도 고된 일을 한 것 같은 기분은 느낄 수 없었다. 게다가 급료도 좋았다. 게이츠 타이어 및 고무상에서 보낸 시간에 비하면 훨씬 나았다.

그래서 그때를 회상할 때마다 나는 사람에 대해 섣불리 어떤 판단을 내리기 전에, 그 사람의 종교 행위의 무게를 재 보는 일이 얼마나 중요한가 하는 생각을 하게 된다. 우리는 정말 무게라고는 거의 없는 커다란 상자일 수도 있다. 이것은 자신의 한적한 시간을 요구에 둘러싸여 보내게 될 때 얼마든지 일어날 수 있는 일이다.

하나님이 축복하시는 삶은, 그분이 어떤 분이신지를 자세하게 알고자 하는 집요한 열망을 특징으로 한다. 그분의 본질, 그분의 능하신 행사, 그분의 뜻 그리고 우리를 향하신 그분의 계획 등을 알아 가는 것이다. 실은 이런 연습이 바로 **신학**—하나님 및 그분의 뜻에 대한 공부—이다.

사람들은 대부분 **신학**이라는 단어에 진저리를 친다. 복잡하고 또 시대착오적인(감히 이렇게 말해도 될까?) 지식 체계라는 인상을 주기 때문이다. 교회 다니는 사람들의 생각을 잘 관찰해 보라. 십중 팔구 자기가 신학을 싫어하기 때문에, 신학교에 다니는 소수의 사람들이라도 신학을 좋아하는 것을 다행으로 여기고 있음을 발견하게 될 것이다. 돈 버는 일과 사업을 번창시키는 일과 집안 꾸리는 일을 인생의 전부로 생각하는 사람들에게 신학은 별 장래성이 없어 보인다.

그러나 신학은 바로 '어디에 계시겠나이까?' 하는 질문의 뿌리에 있다. 스스로는 의식하지 못할지도 모르지만 깨어지는 순간이 찾아와, '왜 이런 일이 있는 것일까?', '나는 어떻게 해야 되나?', '여기 무슨 의미가 있는 것일까?' 등의 질문을 던지게 될 때, 우리는 그 순간 신학으로 들어가는 것이다. 그때 우리는 이미 신학의 영역에 들어서 있는 것이다.

내가 깊이 존경하는 한 부부는 어이없는 스키 사고로 아들을 잃었다. 그는 촉망받는 젊은이로 형제들도 그에게 상당한 기대를 걸고 깊은 애정과 찬사를 보내고 있었다. 그런데 이제 그가 떠나간 것이다. 그들은 모두 그 사실을 받아들여야만 했다.

아들을 잃은 슬픔에 얼어붙은 이 아버지에게 나는 이렇게 말했다.

"요즘 겪고 계신 일들에 대해 잘 생각해 보시기 바랍니다. 지금은 하나님이 아주 강력한 방식으로 당신에게 말씀하기 원하시는 시간일 수도 있기 때문입니다. 슬퍼하는 것은 좋지만 그 슬픔이 당신을 원한에 사무쳐 강퍅하게 만드는 그런 슬픔이 되게 하지는 마십시오. 하나님 아버지가 당신에게 속삭일 수 있도록 귀를 열어 보십시오. 이런 기막히고 기막힌 순간에 당신에게 놀라운 일들이 일어날 수 있습니다."

여러 해가 지난 요즘 그는 내가 자기에게 그런 말을 했음을 상기시켜 주곤 한다. "당신 말이 맞았습니다. 하나님은 정말 내게 말씀하셨습니다.

그때가 바로 내 삶을 예수님께 드린 때입니다. 아들을 잃은 것은 엄청난 일이었습니다. 그러나 그 슬픔의 한가운데서 그리스도는 내게 오셨고 나를 영원히 바꿔 주셨습니다"라고 그는 말한다.

이들 부부와 바로 며칠 전에 함께 이야기할 기회가 있었다. 아들이 스키장에서 죽었다는 소식을 전해 받은 그 끔찍한 순간은 아직 10년도 지나지 않았다. 그들은 이렇게 말했다. "우리 집안 전체가 그 아이의 죽음으로 완전히 달라졌습니다. 주변에서 우리와 비슷한 경험을 당하고 있는 가족을 보면 온통 고통뿐입니다. 우리도 아들이 그립지만, 그 아이가 죽음을 통해 우리에게 예수님께 갈 수 있는 기회를 주었다는 것을 알고 있습니다."

이것이 바로 영혼이, 제9장에 나오는 물음들과 하나님이 당신에게 속삭이기 원하시는 비밀에 문을 열 때 일어나는 일이다.

수면 아래쪽에 무게를 쌓아 가는 이들에게 하나님이 알리기 원하시는 신학적 비밀들이란 어떤 것일까? 시간이 흐름에 따라 나는 그러한 숱한 비밀들을 일곱 부분으로 분류할 수 있게 되었다. 그 훈련은 유익했다. 지금도 그 일곱 가지를 일주일 단위로 해서 매일 하나씩 보고 있다.

나는 이 비밀 모음을 내 영혼의 예배 의식이라 부르고 있다. 날마다 그날의 비밀을 묵상함으로써 나는, 내가 잘 아는 몇 가지에만 편중하는 오류에 빠지지 않을 수 있을 것이다. 사실 하나님이 그분에 관해 성경에 계시해 주신 진리를 매주 폭넓게 묵상하고 싶은 마음 또한 간절하다.

주일: 창조와 부활의 날

예를 들어, 주일 아침이면 내 영혼은 **생명의 창시자이자 천지의 창조주**

이신 하나님의 비밀들을 기쁘게 맞아들인다.

나의 예배 의식이 싹트게 된 내 일기장 초반을 보면 주일의 묵상에 대해 이런 말이 적혀 있다.

하나님은 나를 지으신 분이며 따라서 내 존재의 본질은 선하다. 그러나 내 안에 있는 악은 이질적인 요소다. 하늘과 땅은 그분의 것이며, 인간이 착취하고 파괴한 것만 빼면 모든 것이 그분의 영광을 증거하고 있다. **이날은 창조와 부활의 날이다.**

하늘을 창조하여 펴시고
땅과 그 소산을 내시며
땅 위의 백성에게 호흡을 주시며
땅에 행하는 자에게 영을 주시는
하나님 여호와께서 이같이 말씀하시되
나 여호와가 의로 너를 불렀은즉
내가 네 손을 잡아…하리니(사 42:5-6).

이것이 바로 "태초에" 하고 성경이 시작되는 곳이며, 또한 "어디에 계시겠나이까?" 하는 질문이 생길 때마다 성경 기자들이 몇 번이고 거듭해서 다시 찾아가는 진리다. 확신 및 영혼 건축은 내주하시는 하나님이 만물을 지으셨다는 사실을 상기하는 데서부터 시작된다.

여러 관련된 의미는 바로 거기서부터 흘러나온다. 그분은 만물을 지으셨을 뿐 아니라 계속해서 만드시고 붙드시는 과정 중이시다. 창조란 과거의 사건이 아니라 지속적인 사건이다. 세상에 태어나는 한 사람 한 사람이 다 창조의 사건으로, 하나님은 각 사람 속에 당신의 호흡을 직접 불어넣으신다.

창조란 아무 뜻없이 이루어진 것이 아니며 지금도 마찬가지다. 모든 피조물의 목표는 하나님의 영광을 나타내는 것이다. 모차르트의 음악을 들어 보면—나도 지금 이 글을 쓰면서 듣고 있지만—이 작곡가의 천재성에 대해 생각해 보지 않을 수 없을 것이다. 암스테르담의 박물관에 있는 렘브란트의 명작 "야경꾼" 앞에 서 보면—내가 그랬던 것처럼—화가의 솜씨에 경탄하게 될 것이다. 또한 체임 포톡(Chaim Potok)의 위대한 소설 몇 권을 읽어 보면—내가 즐겨 읽었던 것처럼—독자를 이야기 속으로 바짝 끌고 들어가는 그의 재주에 크게 놀랄 것이다. 이것은 다 창조가 의도하는 바에 대한 아주 작고 미세한 예에 불과하다. 창조주의 위엄과 영예와 영광과 살아 있는 힘을 묵상해 보라.

주일이면 나는 이러한 위대한 시작들과, 만물과 생명이 오직 하나님의 말씀 하나로 생성된 과정을 생각한다. 그분은 말씀하셨고 지금도 말씀하신다. 그러면 물상(物象)들은 생겨나 그분께 복종하며 제 기능을 다한다. 바다와 그 생물, 산과 협곡들, 별과 천체 그리고 천문학자들이 우주에서 찾아내는 그 모든 신비한 것들. 이 모든 것이 다 그분께 지음받은 것이다.

사도 바울은 창조주가 영광과 감사를 받아야 할 분이라고 말하고 있다. 시편 기자들은 창조에 대해 묵상하면서 그런 하나님이 인간에게 조금이라도 관심을 가지실 수 있다는 사실에 놀라곤 했다. 선지자들은 이 모든 만물이 기쁨으로 노래하며 손뼉 치고 있다고 묘사했다. 이 얼마나 위대한 시들인가! 또한 시간을 드려 만유의 주이신 하나님을 찬양하고 예배하는 사람들에게는 묵상으로 맞는 주일 아침이 어떤 시간이 될 수 있는지를 보여 주는 위대한 교훈들이기도 하다.

이렇게 묵상하는 시간을 정기적으로 가진 결과, 나는 만유를 지으신 하나님이 만유를 소유하고 계시다는 확신도 가지게 되었다. 내 몸, 내 재능, 내 삶의 힘, 내 물질적 소유, 어느 것 하나 주님께 속하지 않은 것이 없다. 나는 단지 그분이 소유하고 계신 것들의 관리자일 뿐이다.

그렇다면 주일은 그분의 창조적인 지혜와 힘을 상기시켜 주는 날에 그치지 않는다. 그날은 내가 내 것으로 알고 내 맘대로 쓸 수 있다고 생각하는 모든 것이 결코 내 소유가 아니라는 사실을 엄연히 확인시켜 주는 날이다. 사실 사유 재산권이란 교만한 신화다. 사유 재산권을 가질 수 있는 분은 바로, 하늘에 거하시며 그분의 내주를 겸손하고 열린 마음으로 받아들이는 자의 영혼에 거하시는 하나님 한 분뿐이시다.

월요일: 영광의 날

한 주일에는 아직도 엿새가 더 남아 있다. 우선 월요일부터 가 보자. 월요일이면 나는 **하나님의 나라가 있다는 사실을 잊지 않고자 다짐한다**. 나의 예배 의식에는 이렇게 쓰여 있다.

하나님은 나의 왕이시며 나는 그분 나라의 종이다. 나는 오늘도 경외와 거룩한 두려움 가운데 그분 앞에 서 있다. 그분의 나라는 내 안에서 그리고 그분 앞에 엎드려 복종하는 모든 이들 안에서 시작된다. **이날은 영광의 날이다.**

너희 만민들아 손바닥을 치고

즐거운 소리로 하나님께 외칠지어다.

지존하신 여호와는 두려우시고

온 땅에 큰 왕이 되심이로다(시 42:1-2).

월요일마다 이 나라의 주인과 교제하는 시간을 갖는다면, 우리의 삶과 일과는 거룩함으로 가득 차게 될 것이다. 언젠가 스탠리 존스가 말했듯이 이 '흔들리지 않는 나라'는 영원 무궁하며, 우리는 주 예수를 믿는 믿음으로 말미암아 그 나라의 종이자 시민이 되었다.

평생을 전세계에 하나님 나라를 전파하는 데 보낸 존스는 나의 영혼 의식의 이 월요일 부분에 대한 열정을 한 번도 잃은 적이 없었다. 오래 전 이란을 여행하던 시절을 떠올리며 존스는 자신이 어느 프랑스 외교관에게 매정하게 거절당한 순간을 이렇게 기술하고 있다. 그 외교관은 위기에 처한 존스에게 교통편을 제공해 줄 수도 있었지만 한마디로 잘라 거절했다.

끽 소리도 못하고 기가 죽는 게 마땅하겠지만 나는 마음을 굳게 먹고 나 자신에게 이렇게 말했다. "지금 이 사람은 약 30년 사이에 정부가 스물여섯 번이나 바뀐, 프랑스라는 흔들리는 나라를 대표하고 있을 뿐이야. 이 사람이 세상 나라의 외교관이라면, 나는 세상이 세워진 이후로 단 하나의 정부밖에 없으며 끝날까지도 그러할 흔들리지 않는 나라의 대사야."

나중에 이 두 사람은 카스피 해 위에서 같은 배 안에 있게 된다. 그때 일어난 일을 존스는 이렇게 말한다.

도중에…그 외교관은 신통치 않은 자물쇠 때문에 화장실 안에 갇히게 되었다. 그는 미친 듯이 손을 흔들며 "선생님, 저 좀 구해 주십시오" 하고 말했다. 그래서 대사가 외교관을 구해 주었다.

존스는 이 이야기에서 다음과 같은 요점을 끌어내지 않고는 배길 수 없었다.

이것이 하나님 나라의 대사들이 마땅히 해야 할 일이 아니겠는가? 인생의 불가피한 길이라는 화장실 안에 스스로 갇혀(그나마 자신이 그렇게 갇혀 있다는 것을 알고 있는 경우) "선생님들, 우리 좀 구해 주십시오" 하고 말하는 이 세상의 외교관들을 구해 주는 일 말이다. 그때 우리는 겸손히 이렇게 말해야 한다. "형제여, 이것이 길이니 이 길로 걸으십시오. 바로 하나님 나라의 길입니다."

이것이 월요일 아침 내가 생각하고자 하는 바다. 영혼 깊은 곳으로부터 시작하여 가장 사소한 부분에 이르기까지 그 나라의 종, 대사라는 종으로 행하고자 하는 것이다. 내가 구하는 영광은 바로 그 나라의 주인의 영광이다. 이것이 신학의 바른 모습이며 그리스도를 섬기는 삶이다.

화요일: 책임과 슬픔의 날

그 다음은 화요일이다. 이날은 내 영혼에 있어 무거운 날이 아닌가 싶다. 이날의 주제는 생각하기에 즐거운 것은 아니지만 반드시 생각해야 하는 것이다. 나는 **하나님이 나의 심판자**라는 사실을 인정하지 않을 수 없다.

하나님은 나의 심판자시다. 그분 앞에서 그리고 그분 앞에서만 나는 정죄되어 마땅한 죄인으로 서게 된다. **이날은 책임과 슬픔의 날이다.**

여호와여 내가 알거니와 사람의 길이 자신에게 있지 아니하니
걸음을 지도함이 걷는 자에게 있지 아니하니이다.
여호와여 나를 징계하옵시되 너그러이 하시고
진노로 하지 마옵소서.
주께서 내가 없어지게 하실까 두려워하나이다(렘 10:23-24).

아까도 말했듯이 이것은 유쾌한 생각이 못 된다. 하지만 반드시 필요한 생각이다. 자신의 악에 대한 애끓는 슬픔의 순간, 뉘우침과 회개의 순간이 없다면, 좀더 밝을 수 있는 신학의 다른 측면들도 의미를 잃고 말 것이다.

하나님은 정말 심판자이시며 또 심판자가 되셔야만 한다. 사람에게는 모든 죄에 대한, 그분의 불 일듯한 거룩한 분노를 느끼게 되는 시기와 장소가 있다. 사도 바울은 이렇게 썼다. "하나님의 진노(또는 분노)가…모든 경건하지 않음…에 대하여 하늘로부터 나타나나니"(롬 1:18). 성경을 읽는 사람들로 하여금 이 사실을 간과하게 할 수 없었던 것이다. 은혜와 사랑의 메시지는 (바울의 표현을 빌리면) "내 속…에 선한 것이 거하지 아니하는"(롬 7:18) 사실에 대한 두려움을 덮기 위한 방편으로 사용되어서는 안 된다.

요즘은 하나님의 심판에 대한 설교를 많이 들을 수 없으며 그런 책도 많이 나오지 않는다. 그것은 인기 있는 주제도 아니고 마음 편한 주제도 아니다. 이 때문에 대중 신학이 그 부분을 외면하거나 경시하는지도 모른다. 그러나 경시한 만큼 반드시 후회하게 될 것이다.

사람들이 하나님의 심판에 대해 생각하고 묵상하려는 마음이 더 많았던 시절, 18세기 영국 성공회의 위대한 설교가 존 베리지(John Berridge)는 이렇게 말했다.

10년 전의 나는 지금보다 한참 전에 뭔가 대단한 사람이 되어 있기를 원했고, 과연 장래성 있는 길에 들어섰다고도 생각했다. 그러나 나의 영적 악함과 하나님의 율법의 영적 요구를 더 가까이 보게 되면서 나는 날마다 이렇게 탄식하지 않을 수 없었다. "오, 나는 얼마나 악한 사람인가! 하나님, 이 죄인에게 긍휼을 베푸소서!" 지금 나는 뭔가 대단한 그 잘난 사람에서 악할 대로 악한 아무것도 아닌 사람으로 가라앉고 있다. 그리스도께서 전부가 되실 수 있도록 나는 아무것도 아니기를 원한다. 나는 사다리 맨꼭대기에 있는 자기 만족에서 맨밑에 있는 자기 혐오로 기어 내려가고 있다. 그리고 자신을 혐오하면 할수록 그 혐오의 원인인 죄를 더욱 미워하게 된다.

베리지의 말에 당황할 필요는 없다. 우리는 이런 말을 들으면 거의 반사적으로 반응하고 싶은 유혹을 느낀다. 즉 이런 말을 하는 사람은 스스로가 만들어 낸 죄책감에 빠져 있으며, 우리로 하여금 자아에 대해 나쁜 느낌을 갖게 한다고 공격하고 싶은 것이다. 사실 우리는 자존감을 높여 주는 긍정적인 말이 필요한 시대에 살고 있지 않은가? 스스로에게 자신이 실은 사랑받는 특별한 존재인데 남의 피해자가 된 거라고 말해야 하지 않겠는가?

만일 우리가 거룩한 남자와 여자들이 도대체 어디 있으며 그런 사람들이 왜 그렇게 적은지 의아하게 생각하고 있다면, 베리지의 말을 다시 한 번 읽어 보는 것이 교훈이 될 것이다. 거룩한 사람들은 죄책감에 빠져 있지도 않으며 자존감이 낮지도 않다. 그들 안에는 대부분의 사람들이 피하고 싶어 하는 영혼의 정직함이 있다. 그들은 모두 자신의 죄가 하나님을 슬프시고 노하시게 하며 결국 자기에게도 그렇다는 사실을 너무나 잘 알고 있다. 하나님은 거룩하고 공의로운 분이시기 때문에 심판날 당신 앞에 서는 모든 사람에게 유죄 판결을 내리실 수밖에 없다. 이런 하나님의 보응을 그들은 두려워한다.

베리지는 이런 생각을 좀더 자세히 설명하고 있다.

마음이 점점 깨끗하게 씻기워 갈수록 우리는 남아 있는 더러움에 더욱 민감하게 된다. 이는 낡은 코트에 있는 백 개의 얼룩보다 새 코트에 있는 단 하나의 얼룩이 눈에 더 거슬리는 것과 같은 이치다. 악한 사람들은 시간이 갈수록 자신에 대해 부끄러워할 줄을 더욱더 모르게 된다. 그러나 거룩한 사람들은 나이가 들수록 더욱 자신을 미워하는 법을 배우게 된다.

심판자가 되사 과연 우리를 정죄하시는 하나님을 최소한 일주일에 한 번이라도 만나기로 다짐하는 것이 중요한 이유가 여기에 있다. 거듭 말했듯이 이것은 유쾌한 경험이 아니다. 그러나 그렇기 때문에 나는 수요일을 더욱더 고대하게 된다.

수요일: 구속의 날

수요일은 내 영혼의 의식이 **하나님은 나의 구속자**라는 사실을 중심으로 이루어지는 날이다.

하나님은 나의 구속자시다. 예수 안에서 그분은 당신의 공의를 만족시키시는 동시에, 나에게 영적인 해방을 가져다주고 내가 당신 나라와 가족에 양자가 될 수 있는 길(그 아들의 구속)을 베풀어 주셨다. 이날은 **구속의 날**이다.

이사야를 통한 하나님의 말씀.
"내 손이 어찌 짧아
구속하지 못하겠느냐?
내게 어찌 건질 능력이 없겠느냐?"(사 50:2).

또 다른 말씀.
"여호와의 속량함을 받은 자들이 돌아오되
노래하며 시온에 이르러
그들의 머리 위에 영영한 희락을 띠고
기쁨과 즐거움을 얻으리니
슬픔과 탄식이 사라지리로다"(사 35:10).

이날은 내 영혼에 있어 놀라운 날이다. 구속하시는 하나님을 떠오르게 하는 것들로 영혼을 가득 채우다 보면 전날의 무거움이 모두 사라지기 때문이다.

어렸을 때 우리는 법정 장면에 대한 예화를 자주 들었다. 어느 판사가 다음 사건의 개정(開廷)을 명했는데 바로 자신의 아들이 중대한 교통 위반으로 기소되어 법정에 와 서는 것이 아닌가? 증거가 제시되었고 변명의 여지도 없는 너무나 명백한 것이었다. 그래서 그 판사는 판사답게 엄히 "유죄!"라고 말할 수밖에 없었다.

판사는 자기 아들이 저지른 중대한 위반을 그냥 덮어둘 수 없었다. 법률과 법률의 지고한 정의 요구에 충직해야 하기 때문에 가족이라는 특권을 주장할 수 없었던 것이다. 그래서 유죄 판결이 선고되고 형벌로 엄청난 벌금을 내게 되었다.

그러나 이것이 이야기의 끝은 아니다. 뭔가 다른 일이 벌어졌기 때문이다. 피고가 벌금 지불 장소로 인도되어 가고 있을 때 판사가 법복을 벗고 자기 자리를 떠나 벌금 내는 책상 앞에 아들과 함께 서는 것이다. 더 이상 판사가 아니라 자식을 사랑하는 아버지의 모습으로 말이다.

그는 아들의 곤경을 자신의 것으로 받아들이며 아들의 어깨에 한 손을 올려놓는다. 그뿐 아니다. 다른 손을 주머니에 넣어 아들이 법에 대한 의무를 다하는 것을 돕기 위해 현금을 찾는다. 여기에 판사인 사람의 행위와 구속자인 사람의 행위가 같이 나타나고 있다. 아들을 건져 주는 구속의 사건이 일어났다. 공의가 적절히 충족되었고 아울러 사랑도 그렇게 되었다. 두 가지 모두 한 사람에 의해 성취된 것이다.

헬라어로 '구속'(*agorazo*)이라는 단어는 노예 시장에서 노예를 자유롭게 해줄 목적으로 돈을 주고 산다는 개념과 관련된 것이다. 수요일이면 나는 능하신 예수님이, 내가 하나님 아버지의 가혹한 정죄 가운데 죄의 노예가 되어 있는 시장으로 들어오사, 나를 자유롭게 해주시는 모습을 종종 그려 본다.

이것은 위대한 신학이다. 고통 중에 있는 영혼에게 구원을 가져다주며 기쁨을 가져다준다. 100년도 더 전에 호레이쇼 스패포드(Horatio Spafford)는 엄청난 비극의 한가운데서 위대한 노래를 하나 지었다. 그 노래에 다음과 같은 내용(찬송가 470장 3절)이 있다.

내 지은 죄
주홍빛 같더라도,
주 예수께 다 아뢰면
그 십자가 피로써
다 씻으사
흰 눈보다 더
정하겠네—

그리고 이어 한 소절이 두 번 반복되는 간단한 후렴이 나온다.

내 영혼 평안해.
내 영혼 평안해.

세상에는 공짜가 아무것도 없다지만 구속은 거저다. 십자가 앞으로 나아가 무릎을 꿇고 구속의 선물을 받는 자들에게 거저 주어지는 것이다. 수요일이면 나는 이런 것들을 생각한다. 그러면 내 영혼은 한없이 넓어진다. 마땅한 심판을 생각나게 하던 어제의 짐이 가벼워짐을 느낀다. 그리고 구속받은 영혼에게 주어지는 은혜의 무게—안정감을 주고 항해도 보장해 주는 수면 아래쪽의 무게—가 한결 더해진다.

목요일: 공급의 날

목요일이면 내 영혼은 **하나님은 나의 목자**라는 사실을 떠올린다. 물론 이것은 "여호와는 나의 목자시니" 하고 노래한 다윗이 자신의 영혼을 일깨우던 위대한 표현이다. 목자였던 그로서는 이런 비유가 편하게 느껴졌을 것이다. 그는 양떼를 이끌고, 먹이고, 돌봐 주고, 지킨다는 것이 어떤 것인지 알고 있었다. 인근에 약탈자들이 있을 때면 밤새 깨어 있던 기억들이 생생했다. 그는 아버지가 자기에게 맡긴 재산을 보호해야 한다는 책임을 알고 있었다. 양을 친다는 것은 중대한 일이었다.

그는 양떼가 목자로부터 떨어져 위험을 느끼게 되면 얼마나 겁이 많아지는지 알고 있었다. 그래서 그런 일만큼은 절대로 일어나게 할 수 없었다. 사자와의 싸움이든 곰과의 싸움이든 필요하다면 맨손으로라도 할 수 있었다.

> 사자나 곰이 와서 양떼에서 새끼를 물어 가면 내가 따라가서 그것을 치고 그 입에서 새끼를 건져 내었고 그것이 일어나 나를 해하고자 하면 내가 그 수염을 잡고 그것을 쳐 죽였나이다(삼상 17:34-35).

그래서 다윗은 창조자이자 주님이시며 심판자이자 구속자이신 하나님에 대해 자신이 알고 있는 바를 묘사할 표현을 찾다가 목자라는 단어를 고르게 되었던 것이다. 당시에는 목자가 무슨 일을 하는 사람인지 누구나 다 알고 있었다. 이렇듯 다윗은 직업적인 용어를 사용하여 하나님에 대한 신학적 견해와, 그분이 당신의 이름을 겸손히 부르는 사람들과의 관계 속에서 어떤 일을 하시는지 표현하고 있다.

목요일 아침의 일기 내용은 다음과 같다.

하나님은 나의 목자시다. 그분의 성령으로 인해 나는 더 이상 부족한 것이 없다. 그분은 공급하시고, 보호하시고, 먹이시고, 이끄신다. **이날은 공급의 날이다.**

내가 여호와의 인자하심을 영원히 노래하며
주의 성실하심을 내 입으로 대대에 알게 하리이다.
내가 말하기를 인자하심을 영원히 세우시며
주의 성실하심을 하늘에서 견고히 하시리라 하였나이다(시 89:1-2).

이날은 하나님의 자비와 자상하신 성품을 묵상하는 시간이다. 나는 정말 양처럼 약할 수 있지만, 우리 하나님은 신실하신 목자임을 생각나게 해 주는 말씀으로 영혼을 가득 채우는 날인 것이다. 이날은 '마음을 가볍게' 하는 날이다.

어디선가 나는 한때 영국의 로마 가톨릭 지도자였던 베이즐 흄(Basil Hume) 추기경이 어린 시절 부엌에 들어가 과자 단지를 덮치려고 무던히도 애쓰던 일을 회고하는 이야기를 들은 적이 있다. 그의 어머니는 하나님이 과자 단지 안으로 들어오는 흄의 손을 보시고 언젠가 따끔한 맛을 보여 주실 거라고 엄포를 놓곤 했다. 그러나 그 경고도 그를 막지는 못했다. 그는 기어이 과자를 꺼내고야 말았던 것이다. 흄은 청중에게 이렇게 말했다. "사실 지금도 나는 내가 어느 날 하나님 앞에 섰을 때 주님이 그 과자 단지 이야기를 하시며 '베이즐, 왜 한 개 더 꺼내지 않았니?' 하고 말씀하실 것만 같은 생각이 듭니다."

흄의 하나님은 자비로우신 하나님이다. 우리에게도 다윗처럼 하나님을 목자로 보는 시각이 필요하다. 우리에게 이것이 필요한 것은 하나님을 심판자로 본 화요일의 견해가 정확한 만큼이나 이 견해 또한 정확하기 때문이다. 심판자와 목자는 무한하시고 거룩하신 하나님의 많은 속성들 가운데 두 가지에 지나지 않는다.

금요일: 긍휼과 친밀함의 날

금요일은 **아버지 되시는 하나님**을 경외하는 날이다.

하나님은 나의 아버지시다. 그분은 나를 향해 긍휼과 깊은 애정을 품고 계시며, 아버지로서 그리고 친구로서 나와 개인적인 관계를 맺으신다. **이날은 긍휼과 친밀함의 날이다.**

> 아버지가 자식을 긍휼히 여김같이
> 여호와께서는 자기를 경외하는 자를 긍휼히 여기시나니
> 이는 그가 우리의 체질을 아시며
> 우리가 단지 먼지뿐임을 기억하심이로다(시 103:13-14).

나는 아버지이신 하나님에 대해 생각하는 것을 좋아한다. 아버지의 역할이 평생 내가 한 역할 중에서 가장 중요했기 때문이다. 나는 아버지가 된다는 것—그 오르막과 내리막, 성공과 실패, (많은) 기쁨과 (적은) 부담—을 알고 있다.

관중석에 앉아 딸아이가 주연 역할을 하는 무대극을 지켜본다는 것이 어떤 것인지 나는 안다. 축구 경기 때면 사이드라인 바깥쪽을 오가며 아들이 득점을 올리는 것을 지켜본 적도 많다. 아이들이 말할 수 없는 실망과 모욕의 순간을 겪을 때면 양팔로 둘을 같이 끌어안은 적도 있다. 우리에게 상처를 주는 것들, 우리의 마음을 끄는 것들, 우리를 기쁘게 하는 것들에 대해 영혼 차원에서 대화하던 숱한 추억들이 마음 깊이 새겨져 있다. 아버지라는 역할이야말로 남자의 인생에서 가장 위대한 선물이다.

그렇기 때문에 성경이 하나님을 아버지로 이야기하는 것을 들으면 내 영혼 가장 깊은 곳에 감동이 전해져 온다. 아버지라는 이 단어 속에는 말을 뛰어넘는 뭔가 깊은 것이 들어 있다. 임재, 공감 그리고 앞서가며 길을 보여 주는 사람.

우리 아버지와 나는 한 번도 지속적인 친밀감을 누려 본 적이 없다. 그러던 중 불과 몇 년 전, 내 인생에는 그 누구보다 아버지가 필요한 시기가 찾아왔다. 그런데 정말로 그분이 오셨다! 내 인생의 어두운 순간에서 함께 만난 우리는 그저 평범한 두 남자일 뿐이었다. 그러나 우리가 포옹하며 함께 울었을 때 우리 마음속에서는 깊은 애정과 이해가 뭉클 솟았다. 그 순간 내 아버지의 임재는 "나는 너희 아버지니라"라고 말씀하실 때의 하나님의 임재를 그대로 닮은 것이었다.

토요일: 소망의 날

이제 한 주의 영혼의 의식이 끝나는 날인 토요일이 되었다. 이날은 내 영혼이 영원을 생각해야 하는 날이다. **하나님은 나의 영원한 생명이시라는**

사실을 기억해야 하는 것이다.

하나님은 나의 생명이시다. 그분의 선물을 통해 나는 영원한 생명의 약속을 얻었다. 죽음이란 이해할 수 없는 밝고 놀라운 세계로 넘어가는 문턱이다. 우리가 영원히 해야 할 일은 그분의 영광의 무한한 깊이를 발견하는 일이다. 슬픔, 갈등, 상처, 약함은 기억되지 않는 과거의 일이 될 것이다. 그 대신 예배가 하루의 일과가 될 것이다. 우리는 그분을 그분이 계신 모습 그대로 볼 것이다. **이날은 소망의 날이다.**

보라, 하나님의 장막이 사람들과 함께 있으매 하나님이 그들과 함께 계시리니 그들은 하나님의 백성이 되고 하나님은 친히 그들과 함께 계셔서 모든 눈물을 그 눈에서 닦아 주시니 다시는 사망이 없고 애통하는 것이나 곡하는 것이나 아픈 것이 다시 있지 아니하리니 처음 것들이 다 지나갔음이러라. 보좌에 앉으신 이가 이르시되 보라 내가 만물을 새롭게 하노라 하시고(계 21:3-5).

우리 이웃집에 사는 부인이 암으로 죽어 가고 있었다. 나는 그 남편과 함께 병원에서 그 부인의 임종을 기다리고 있었다. 어려운 순간이었다. 환자가 의식 불명 상태로 침대에서 엎치락뒤치락하고 있었기 때문이었다. 어떤 약이나 처방도 그 부인에게 전혀 안정을 주지 못하는 것 같았다. 내가 보기에 의사들과 간호사들은 죽음의 순간을 맞은 그 부인을 돕기 위해 자기들이 할 수 있는 모든 수단을 다 써 본 것이 분명했다. 그들에게도 어려운 일이었다. 부인의 병세가 악화되는 동안 그들도 모두 그 부인을 사랑하게 되었기 때문이다. 결국 그들의 직업적 태도는 감정적 애착에 영향을 받고 있었다.

이런 일을 일삼아 하는 것은 아니지만, 나는 격한 마음을 이기지 못하여 환자의 병상 곁에 가게 해 달라고 청했다. 그러자 침상을 둘러싸고 있던 병원 사람들이 뒤로 물러섰다. 그들의 표정에는 목사는 물론이거니와 누구라도 어떻게 해 볼 수만 있다면 좋겠다는 모습이 역력했다.

나는 이 끔찍한 시련의 맹위로 인해 이제는 바싹 야윌 대로 야윈 그 부인의 수척한 어깨에 내 양손을 올려놓았다. 그리고 부드럽게 일으켜서 등을 베개에 비스듬히 기대게 했다.

"부인, 맥 목사입니다. 내 말 잘 들으십시오. 듣고 계십니까? 내 말이 들립니까?"

그러자 그 부인은 공포에 가까운 두려움에 질린 눈으로 나를 쳐다보았다. "예, 목사님."

"부인, 부인에게 드리고 싶은 말씀이 있습니다. 할 수 있는 대로 잘 들으시기 바랍니다. 움직이지도 말고 아무 말도 하지 말고 그냥 듣기만 하십시오. 알겠습니까?"

"예, 목사님." 여자가 낮은 소리로 말했다. "듣고 있어요."

이어 나는 성경에서 가장 단순하고 가장 친숙한 말씀을 찾아 내 영혼 깊은 곳으로 내려갔다. 거기 계시는 하나님을 생각하며 내가 목요일마다 묵상하는 말씀을 읽었다. "여호와는 나의 목자시니…내게 부족함이 없으리로다…그가 나를 푸른 풀밭에 누이시며…쉴 만한 물가로 인도하시는도다…내 영혼을 소생시키시고…자기 이름을 위하여 의의 길로 인도하시는도다…내가 사망의 음침한 골짜기로 다닐지라도(이 말을 나는 여러 번 되풀이했다)…다닐지라도…다닐지라도…다닐지라도 해를 두려워하지 않을 것은…아무것도 두려워하지 않을 것은…내 말 들립니까, 부인? 아무것도 두려워하지 않을 것은…주께서 나와 함께하심이라."

"부인, 우리는 오랜 세월 서로 알고 지냈습니다. 그리고 각자 예수님과 함께 있게 될 이런 순간에 대해서도 이야기한 적이 있습니다. 당신이 먼저 가는 겁니다, 부인. 그분은 놀라운 목자이십니다. 그분은 당신을 잘 돌봐 주실 준비가 되어 계십니다. 내 말 들립니까, 부인? 그분은 당신을 잘 돌봐 주실 준비가 되어 계십니다."

나는 불안과 겁에 질린 기운이 그 부인을 떠나는 것을 느꼈다. 눈빛이 부드러워졌고 그 부인은 침대 안에서 긴장을 풀었다. 이어 잔잔한 목소리로 자기 남편의 이름을 부르며 이렇게 속삭였다. "내게 그렇게 잘 해주고 나를 사랑해 주어 고마워요, 여보. 당신은 좋은 남편이었어요. 당신을 사랑해요."

이어 그녀는 딸에게로 시선을 돌렸다. "엄마는 너를 사랑한단다, 애야. 아빠를 보아서라도 힘을 내렴." 그리고 이번에는 병원 사람들에게 말했다. "저를 이렇게 잘 돌봐 주셔서 고마워요. 여러 모로 정말 감사해요. 여러분 모두 사랑해요."

그 말이 끝나자마자 그녀는 눈을 감고 잠이 들었다. 잠시 후 그녀는 죽음의 문턱을 넘어 목자 되신 주님을 만나 영생의 의미를 처음으로 온전히 깨닫게 되었다.

바로 그래서 우리 모두는 이 노래를 날이 갈수록 더 자주 부르고 싶은 것이다.

거기서 우리 영원히 주님의 은혜로

해처럼 밝게 살면서 주 찬양하리라.

나는 영생을 약속하신 부활의 하나님, 천국과 그 영광스런 사역과 예배, 우리 할아버지 토머스와 재회하는 장면, 그리고 다니엘과 바나바 같은 내가 좋아하는 성경 속의 영웅들과 대화하는 것에 대해 생각하기를 좋아한다. 나는 인정 많은 브리스길라와 아굴라, 자기를 핍박하는 자들에게 전세계 앞에라도 설 준비가 되어 있다고 말한 폴리캅, 자신의 죄와 씨름하며 은혜를 사모함에 있어 그토록 열려 있고 정직했던 아우구스티누스 같은 사람들을 만나고 싶다. 성 프란체스코, 칼라바(Calabar)의 강인한 선교사 메리 슬레서(Mary Slessor), 구세군의 사무엘 로간 브렝글, 훌륭한 복음송 가수 에델 워터스(Ethel Waters)와 대화하는 것은 어떤가? 이것은 시작에 지나지 않는다.

미래 중의 미래와 영생을 주시는 하나님을 묵상하는 것, 이것이 토요일 아침에 내가 하는 일이다.

영국의 위대한 하원 의원 윌리엄 윌버포스는 노예 제도를 증오하여, 평생을 대영 제국의 모든 경제 세력과 맞서 싸우는 데 바쳤다. 윌버포스야말로 수면 아래쪽에 적절한 무게를 지닌 삶을 산 사람이었다. 그 무게는 어디서 온 것일까? 그는 이렇게 썼다.

> 하루의 복잡한 일로 마음이 격해지고 곤해지기 이전인 고요한 아침이야말로 하나님 및 자신과 교제하기에 가장 중요한 시간이다.

그의 전기 작가 중 한 사람인 가트 린(Garth Lean)은 이렇게 말한다.

전투와 다름없는 하루하루의 생활 속에서 그에게 자신과 세상에 대한 힘과 통찰력을 주었던 것은 바로 이 이른 아침 시간(밤늦게 잠자리에 들고 고질적으로 건강이 좋지 않음에도 불구하고)과 고요한 주일이었다.

그렇다면 신학도 그렇게 나쁘지만은 않지 않은가? 이것이 바로 영혼을 든든한 무게로 채워 주며, 모든 예측 불가능한 사태에 대비해 수면 아래쪽의 세계를 준비시켜 주는 신학이다. 하나님은 이런 것을 생각하는 사람들의 삶에 복을 주신다.

우리 딸 크리스티는 이렇게 묻는다. "아빠, 어디 있을 거예요?" 그러면 나는 이렇게 대답한다. "엄마랑 같이 거실에 있을 거란다, 얘야." 그러면 그 아이는 깊이 안심하고 잠이 든다.

나도 깊은 안심 가운데 살게 된다. "하나님, 어디에 계시겠나이까?" 하고 여쭐 때에 영혼으로부터 의지할 수 있는 대답이 오기 때문이다. 내게 그런 대답이 오는 것은 매주 수면 아래쪽 영혼을 진리로 가득 채우기 때문이다.

11. 확신은 특수한 토양에서 자란다
무게 있는 영혼은 하나님을 기쁘시게 한다

하나님은 그에게
놀랍도록 위엄 있는 성품을 주셨다.
—장 칼뱅 제네바 회의(Geneva Council on John Clavin) 회원 일동

몇 년 전 미연방정부는 텍사스 주에 원자 입자 가속기를 설치하는 일을 지원하기로 결정했다. 입안자들은 이 거대한 천문학적 고가(高價)의 원자 분쇄기가 전세계에 있는 기존의 그 어떤 것도 초라하게 만들 것이라고 말했다. 또한 그것만 있으면 우주의 신비를 발견하는 작업이 진일보하리라고 말했다. 이는 과학계가 연구용으로 수십억 달러를 요구할 때마다 번번히 주장하는 것이다.

입자 가속기는 땅속에 설치하기로 결정되었으며, 결국 정부의 지원으로 원형 터널 공사부터 시작되었다. 이 터널은 완공만 되었다면 반원의 길이만 해도 수 킬로미터에 달하는 규모였다.

그러나 최근 의회에서 이 입자 가속기의 건설 비용을 재고한 뒤로 공사는 중단되고 말았다. 인부들이 건설 현장을 등진 지금은 트럭 한 대가 족

히 들어갈 만한 넓이의 약간 굴곡진 터널 8킬로미터 정도만 남아 있다. 문제는 터널 저쪽 끝이 아무 데로도 닿지 않는다는 것이다. 우주의 신비를 파헤치는 데 도움이 된다는 터널을 이만큼만이라도 짓는 데 얼마나 많은 비용이 들어갔는지는 차라리 모르는 편이 나을 것이다.

이제 우리는 이런 의문을 품게 된다. 아무 데로도 통하지 않는 이 터널이 과연 쓸모가 있을까? 대답은, 쓸모 있다고 생각하는 사람이 있기는 있다는 것이다. 어떤 사업가에 따르면 이 터널은 버섯 재배에 이상적인 조건을 갖추고 있다고 한다. 이것은 정말 반드시 짚고 넘어가야 하는 점이다. 우주의 비밀을 발견하기 위해 수억 달러를 들여 지은 터널이 결국은 버섯 재배장으로 쓰이게 될 판인 것이다.

샐러드나 저녁상에 차려지는 온갖 버섯은 아주 특수한 환경—일정하게 서늘한 기온, 어두운 곳, 세심하게 조절된 습기—에서 자란다. 버섯을 재배하기에는 동굴이 딱 좋은데 비용이 비교적 적게 들기 때문이다. 물론 납세자들의 엄청난 세금으로 지은 이 터널도 좋은 곳이다. 모르긴 해도 온 나라가 한두 해 안에 버섯으로 가득 차게 될 것이다.

터널이 버섯의 성장에 이상적이라면, 영혼도 무엇인가가 자라는 데 이상적인 공간이다. 그 무엇을 나는 **확신**이라고 부른다. 좀더 현대적인 용어로 하면 **가치관**이 될 것이다.

이렇게 한번 생각해 보고 싶다. 아이디어와 생각은 지성에서 생긴다. 기분은 감정에서 나온다. 그러나 확신(또는 가치관)은 영혼에서 비롯된다. 지성이 빚어 내는 것은 흔히 합리적 과정의 산물이다. 그럴듯한 아이디어나 사고는 증거나 논리를 그 지지 기반으로 삼는다.

이와 대조적으로 기분은 그저 기분일 뿐이다. 그저 어떤 사건이나 사람에 대한 반응 양상을 보여 주는 지표인 것이다. 우리는 사고를 옹호할 수 있지만 감정은 옹호할 수 없다. 전자는 형성하는 것이지만 후자는 경험하는 것이기 때문이다.

확신은 이런 것들과는 또 다르다. 확신은 신앙이라는 토양에서 자라나는 삶의 원리를 말한다. 마치 터널이라는 이상적 조건에서 자라는 버섯과 같은 것이다.

내가 제10장에서 이야기한 영혼의 의식에 들어갈 때, 그 실제적인 결과는 확신의 형성이 될 것이다. 그토록 많은 사람들이 겁을 먹고 있는 신학도 실은 비실제적인 것이 아니다. **신학이란 생활에 '실천 가능한' 원리를 만들어 내는 일이다.**

예를 들어 하나님이 참으로 천국의 주인이시라면(신학적 진술), 이것은 내 손에 맡겨진 '것'들을 조심스레 다루고, 그 사용에 대한 책임이 나에게 있다는 사실을 잊지 않으며, (좋든 싫든) 종으로 살아야 한다는 의미가 된다. 이런 암시적 의미가 확신이 되어 나중에는 하루하루의 선택과 행동의 배후 동인이 되는 것이다.

이런 과정에 대한 예를 성경에서 찾는다면 베드로와 요한이 예루살렘의 종교 지도자들과 대면한 부분을 꼽을 수 있을 것이다. 예루살렘 거리에서 예수의 복음을 전하는 일을 중단하라는 말을 들었을 때 베드로는 이렇게 대답했다. "하나님 앞에서 너희의 말을 듣는 것이 하나님의 말씀을 듣는 것보다 옳은가 판단하라. 우리는 보고 들은 것을 말하지 아니할 수 없다"(행 4:19-20).

사도들이 제기한 것은 결국 확신의 문제다. 이 말에서 우리는 그들의 영혼의 토양에서 싹튼 굳은 결의를 볼 수 있다. 그것을 지침 삼아 그들은 담대히 말하는 길을 택하고 있으며, 결코 법이나 외압이나 여론에 밀려 입을 다물지는 않을 것이다. 확신이 행동을 주장하고 있는 것이다.

확신과 성품은 서로 밀접한 관계가 있다. **성품**이란 한 사람의 태도를 통틀어 가리킬 때 사용하는 말이다. 성품을 보면 그 사람이 하루하루를 어떻게 살아가고 있는지 알 수 있다. 또한 잠시 모든 규칙이 사라져 행동 지침이라고는 영혼에 쓰인 법밖에 없는 난감한 상황 속에서 어떻게 행동하리라는 것도 성품을 보아 예견할 수 있다. 이러한 성품도 실은 내면 깊이 믿고 있는 바 즉 확신의 산물이다.

나도 나이가 들 만큼 들다 보니 그동안 여러 번 나 자신의 성품을 평가해 볼 기회가 있었다. 성품에 결함이 있다는 말은 좋지 못한 표현이다. 나는 가끔 사람들이 어떤 사람에 대해 그렇게 말하는 것을 듣는다. 그들은 이렇게 말한다. "그 사람은 성품에 결함이 있어." 마치 다른 사람들은 그렇지 않다는 말처럼 들린다. 모든 성품에는 다 결함이 있다. 누구의 영혼이든 깊숙이 파고 들어가 그 삶을 하나하나 꼼꼼히 뜯어보라. 분명 성품의 결함이 보일 것이다. 물론 유감이기는 하지만, 내게서도 결함을 찾게 될 것이다.

나는 나 자신의 성품을 평가하는 과정에서(그런 평가를 정말 객관적으로 할 수 있다면) 커다란 기쁨을 느낀 순간들을 발견한 적이 있다. 결혼 초 아직 대학원에 다니고 있을 무렵, 집은 팔아야겠는데 살 사람은 찾지 못해 게일과 내가 재정적으로 큰 어려움을 당하고 있던 때가 그런 경우였다.

그 절망적인 시기에 어떤 부동산업자가 찾아와 자신도 그리스도인이라고 소개하면서 우리 집을 팔아 주겠다고 자신 있게 말했다. 우리는 한시름 푹 놓으며 필요한 계약서에 서명했다. 그리고 기쁘게도 몇 주 후 그 업자는 우리 집을 살 사람이 나왔다고 말했다.

그러나 작은 글자로 된 부분(계약서에서 계약자에게 불리한 조건을 흔히 작은 글자로 기록해 놓은 부분—역주)이 문제가 될 줄이야! 그 업자의 말에 따르면 매매를 성사시키기 위해서는 2순위 저당을 끼워 주는 (다시 말해서 집을 살 사람한테 우리 돈을 빌려 주는) 아주 창의적인 매매 조건을 내세워야 한다는 것이었다. 우리는 순진하게도 그러기로 했다. 업자는 우리에게 일이 잘못되는 일은 없다고 몇 번이고 다짐했고 또 그리스도인이라고 자처하는 터라 우리는 그녀의 판단을 믿기로 했다.

그러나 두 달도 채 못 되어 일이 틀어지기 시작했다. 2순위 저당 지급금이 오지 않았고 설상가상으로 우리는 1순위 저당 지급금마저 지불되지 않고 있다는 사실을 알게 되었다. 저당 지주(持株) 회사에서는 게일과 나에게 책임을 물어 법률 집행으로 들어가려 하고 있었다. 그렇게 되면 우리는 신용 기록에 먹칠을 하게 되고 결국에 가서는 엄청난 돈을 손해 보게 될 것이었다. 우리에게는 있지도 않은 돈을 말이다.

우리 집을 산 가정이 파경에 이른 집임을 알게 되면서 문제는 훨씬 더 복잡해졌다. 아버지는 가정을 버리고 떠났고 어머니와 여러 자녀가 복지 보호금으로 겨우 살아가고 있었던 것이다. 그들이 내지 못하는 주택 월부금을 우리가 마련하는 길 외에는 다른 도리가 없었다. 그러니까 우리 집에서 살고 있는 그 가정을 위해 우리가 돈을 내야 했던 것이다. 그것도 대학원 학생의 수입으로 말이다.

법률 자문을 구한 결과 우리가 들은 결론은 간단했다. 법적 수속을 밟아 그 사람들을 쫓아내는 것이었다! 즉 고소하는 것이었다! 바로 여기가 성품의 문제가 드러나기 시작하는 곳이다. 우리가 믿고 있는 바는 무엇인가? 이 순간 우리는 어떻게 행동해야 하는가? 앙심을 품어야 하는가, 보복해야 하는가, 강압적으로 나가야 하는가?

법이 우리 편이었고 가진 돈이 얼마 없었음에도 불구하고, 우리의 확신은 우리로 하여금 결코 그런 매몰찬 행동을 하게 놓아두지 않았다. 우리는 20대 중반의 젊은 부부였지만, 그 기간은 우리 두 사람 모두의 영혼의 토양에 확신을 키우기에 충분했다. 그 확신은 우리에게, 곤경에 처해 있는 사람을 파멸로 몰아넣어서는 안 된다고—설사 우리한테 그럴 권리가 있다 하더라도—말하고 있었다.

"형제가 내게 죄를 범하면 몇 번이나 용서하여 주리이까? 일곱 번까지 하오리이까?" 시몬 베드로는 일곱이라는 숫자를 언급했다는 사실에 대해 자신을 무척 대단하게 생각하며 예수님께 물었다. 그러나 따지고 보면 그도 복수(復讐) 지향적인 문화의 산물이었다. 눈에는 눈으로 맞서는 것이 당시의 이치였다. 부당한 대우를 당했을 때는 자기도 능히 부당한 대우를 할 권리가 있었던 것이다.

베드로는 일곱이라는 숫자를 언급했다는 사실 때문에 자신이 마음 넓은 사람이라 생각하고 있었을지 모르지만, 예수님의 대답에 즉각 뒤로 물러서지 않을 수 없었다. "네게 이르노니 일곱 번뿐 아니라 일곱 번을 일흔 번이라도 할지니라"(마 18:21-22). 이것이야말로 완전수가 아닌가?

지금 예수님은 무엇을 하고 계시는가? 바로 시몬의 영혼에 확신을 심어 주고 계신다. 성장해야 하고(버섯처럼?), 시험받아야 하고, 때로는 실패를 통해 다듬어져야 하며, 그리하여 이후 어느 날 가장 절실히 필요하게 될 즈음에는 성숙에 이르러야 할, 그런 확신을 말이다.

우리에게 있었던 일도 그와 똑같았다. 우리도 뒤로 물러서지 않을 수 없었다. 부부의 별거와 갑작스레 닥친 빈곤으로 파경에 이른 한 가정과의 싸움에서, 어떤 식으로 우리의 권리를 주장할 것인가 하는 문제가 아니었다. 문제는 어떻게 하면 이 어려운 타격을 받아들이고 좀더 차원 높은 해결책을 구할 수 있을 것인가였다.

몇 달 내에 문제는 해결되었다. 그러나 수천 달러—당시에는 달러의 가치가 지금보다 훨씬 높았다—를 잃고 나서야 이루어진 해결이라는 점을 말하지 않을 수 없다. 게일과 내가 그 손해를 벌충하는 데는 몇 년이 걸렸다. 그러나 우리는 한 번도 그 일을 후회해 본 적이 없다. 그 경험은 우리 영혼 안의 확신을 한층 강하게 해주었다. 그 뒤로 그와 비슷한 상황에 부딪혀 본 적은 없지만, 우리 두 사람 다 사람이 돈보다 중요하다는 사실을 인식하게 되었다. 우리는 그런 확신을 가지고 있으며, 또한 우리가 그 확신에 따라 살 수 있다는 사실을 스스로 입증한 것이다.

그런 확신은 주님은 왕이시며 우리는 그 나라의 종이라는 월요일의 신학에 헌신한 결과다. 따라서 우리는 앞으로도 종으로 행할 것이며, 하나님의 유익을 우리의 유익보다 우선시할 것이다. 여기서 잠깐 한 가지 강조하고 싶은 것이 있다. 우리는 이 확신을 안전 장치라고는 하나도 없는 상황 속에서 실천했다는 점이다. 그때, 확신은 갈 길 모르는 우리를 인도하는 별이었다. 그리고 우리는 그 확신을 거스르고 싶은 유혹이 일어나던 때를 알고 있다.

오늘날 서구의 나라들은 비틀거리고 있다. 확신이라고는 거의 없는 세대들이 자라나고 있기 때문이다. 신문 사설, 라디오 토크 쇼, 일반 여론은 하나같이 거리의 폭력, 미혼모 증가, 아동 경시 등에 대해 누군가가 나서서 뭔가를 해야 한다고 외치는 소리들로 가득 차 있다. 전부 가치관에 관한 이야기들이다. 그렇다면 가치관은 어디 있는가?

현재까지로 보아 교육, 정부 프로그램, 치료 업계—소위 현대 사회의 구세주라 불리는—는 의당 행복한 삶의 일부가 되어야 할 제반 구속(拘束)과 긍정적인 생활 유형을 개발하는 일을 제대로 해내지 못했다. 이것은 인생을 성경적인 관점에서 추구하는 사람에게는 하나도 놀랄 만한 일이 못 된다.

성경 중심으로 살아가는 사람들은, 행동이란 영혼 안에서 태어나는 확신에서 비롯된다고 믿는다. 그 영혼으로부터 모든 사람에게 유익하고 하나님께 영광이 되는 선택과 태도가 나오는 것이다. 그러나 사회는 수십 년 전부터 이런 생각을 비웃었고, 그 결과 지금 우리는 그런 사회가 만든 프로그램의 산물과 더불어 살아가고 있다.

영혼이라는 환경 속에서 확신은 어떻게 자라는가?

우리는 확신이 처음에는 대개 우리 인생에서 중요한 사람들을 본보기로 이루어진다는 사실을 무시할 수 없다. 그들은 대개 어머니와 아버지, 친척과 이웃 사람들인 경우가 많다. 가장 감수성이 예민한 시절에 들은 옛날이야기에 나오는 인물일 수도 있다. 확신은 또한 노래와 동작을 통해서 배운 원리들일 수도 있다.

확신의 씨앗은 이런 방식으로 아이들의 영혼 속에 뿌려져 처음 몇 년 사이에 뿌리를 내리게 된다. 나는 확신이 성장하는 데 제일 적절한 시기는 일곱 살까지라고 생각한다. 그 이후의 성장기는 갈수록 점점 통제하기 어렵게 된다.

동의하지 않는 사람들도 있겠지만, 나는 영혼의 문을 열고 확신의 씨앗을 뿌리는 데는 음악을 들려주는 것이 가장 좋은 방법이라고 생각한다. 이제는 어른이 된 우리 집 아이들의 삶에서 너그러움이 하나의 확신이라면, 그것은 세상에 나와 처음 몇 달 동안 아이들의 어머니가 노래를 불러 주었다는 사실에서 비롯된 것이리라. "나누어 갖는 시간은 행복한 시간"이라는 노래는 아이들이 어렸을 때 즐겨 부른 만년 히트송 중 하나였다. 이기적인 모습이 조금이라도 내비칠라 치면 게일은 곧바로 노래를 시작하여 박수를 치면서 신나게 불렀다.

> 나누어 갖는 시간은 행복한 시간,
> 행복한 시간, 행복한 시간.
> 책도 나누어 갖고 장난감도 나누어 갖는,
> 이때가 바로 행복한 시간.

노래책을 들춰 보지 않고도, 나는 이 노래의 가사를 기억할 수 있다. 그건 우리 아이들도 마찬가지다. 사랑하는 사람이 반복하는 단순한 노래가 우리 영혼의 토양 속에 아예 새겨져 버린 것이다. 약간 멋쩍기는 하지만 우리 가족 모두가 고백할 수 있는 것은, 심지어 어른이 된 지금도 '지금 내게 닥친 이 일에서 너그럽게 행동할 수 있을까?' 하는 의문이 들 때면, 우리 영혼 어딘가에서 바로 이 노래가 들려온다는 사실이다.

성품을 형성하는 확신들의 대부분이 다섯 살까지의 경험을 통해 자리 잡는다는 말은 과연 일리 있어 보인다. 이렇게 본다면, 어머니와 아버지와 다른 식구들은 확신을 자라게 하는 이들이 된다.

매튜 아놀드는 "럭비 예배당"(Rugby Chapel)이라는 시에서 자기 아버지에게 최고의 영예를 돌리고 있다. 그가 아버지에 대해 이렇게 말하는 부분이 있다.

> 세상 행로에 행여
> 돌뿌리에 발을 다치시기라도 하면
> 노고나 낙담이 당신의 영혼에
> 시련을 주었겠건만, 그런 모습을 저희는
> 전혀 보지 못했습니다—저희에게 당신은 여전히
> 쾌활하고 자상하고 굳세셨습니다!

이렇듯 중요한 사람들의 삶 속에서 어린아이가 보고 듣는 것이 결국에는 그 아이의 경험을 바탕으로 하여 최초의 확신 및 성품 유형의 형성으로 이어지게 된다. 예수님이 어린아이들의 영혼을 함부로 다루느니 차라리 연자맷돌을 목에 달고 바다에 빠뜨리우는 것이 낫다고 경고하신 것도 무리는 아니다. 예수님은 어린아이의 삶에서 이런 확신을 개발하는 것에 대해 확고한 견해를 갖고 계셨음이 분명하다.

이제 과감히 생각해 보아야 할 질문이 하나 있다. 확신은 유전되는 것일까? 일부 확신 및 성품 기질이 유전을 통해 다음 세대에 전달될 수 있을까? 우리를 형성하는 DNA 코드에 기록되는 내용이 있을까? 내 대답은 '그렇다'는 것이다. 우리는 우리를 앞서간 '아버지들과 어머니들'의 기억과 몇몇 특질을 지니고 나온다. 그들의 고통, 그들의 슬픔, 그들의 고결한 천성, 그들의 꿈을 물려받는 것이다. 아마 그것들이 우리를 빚는 원료의 일부가 될 것이다. 그 혈통 원료는 우리에게 위대한 힘을 물려주기 때문에 우리가 받기 원하는 것일 수도 있고, 그 반대로 우리에게 파괴적인 영향을 끼치기 때문에 우리가 버리고자 하는 것일 수도 있다.

확신의 두 번째 원천은 우리가 듣는 이야기들이다. 이야기를 통해 우리는 영웅들의 기질과 특성을 흡수하게 된다. 나의 유년 시절에 위대한 이야기를 많이 들려주던 이야기꾼 가운데는 여름 방학이면 소중한 시간을 함께 보내곤 했던 독신 여성 엘리자베스 맥컬(Elizabeth McCall)이 있다. 대개는 순교자가 된 위대한 개척 선교사들의 이야기를 하나라도 더 들으려고 기대에 부풀어 아침마다 그녀의 오두막집으로 언덕을 뛰어 내려가던 일도 어느덧 50년이라는 세월 속에 묻혀 버렸다. 맥컬 선생님은 다른 이야기들도 들려주었다. 그녀는 전세계의 동화를 무궁무진하게 알고 있었다. 동화 속의 어린이들이 그들의 작은 드라마를 열어 가는 모습을 보며 나는 내 앞에 닥쳐올 드라마를 위해 많은 준비를 할 수 있었다. 이야기의 씨앗들이 내 영혼 속에 깊이 심겨졌을 때 확신은 자라고 있었다.

여름 성경 학교와 주일 학교에서 들려주던, 비디오 화면이 아니라 융판 위에서 영상화된 이야기들도 확신 형성에 한몫 했다. 매주 우리는 똑같은 종이 인물들이 매번 다른 이름으로 다른 문맥 속에 들어가 융판 위에 붙여지는 것을 보았다. 그리고 우리의 상상력이 그 상황에 들어갔다. 우리는 모세, 에스더, 한나, 요나, 베드로, 요한, 바울 등 성경 위인들의 이야기를 배웠다. 놀라운 이야기들이었다! 하도 여러 번 듣다 보니, 마치 흘러넘치는 물처럼 우리 영혼의 구석구석에 스며들어, 거기서 버섯처럼 자라나 나중에는 확신과 성품으로 수확을 거두게 되었다.

책도 확신의 원천이 되었다. 내가 어렸을 때만 해도 내 나이 또래의 남자 아이들이 경험하는 모험을 연속적으로 그린 시리즈물 「슈가 크릭 갱 시리즈」(Sugar Creek Gang Series)라는 것이 있었다. 그 책 속에는 거친 아이들, 착한 아이들, 나이 많은 아이들, 어린아이들이 다 있었다. 그들 모두가 다 세상을 보는 넓은 시야와, 사람이 비슷한 상황에서 어떻게 행동할 수 있나에 대한 나의 보고(寶庫)에 많은 보탬이 되었다.

나이가 들면서는 **추상적인 원리들을 통해 확신을 배우는 것이 가능하게 된다**. 그런 원리들은 대부분 깨어지는 순간을 통해 일어나는 학습 통찰인 경우가 많다. 예를 들어, 어려운 순간을 맞은 고등학교 운동 선수에게 코치가 다음 내용을 전제로 한 편지를 보내 준다. "지금처럼 힘든 순간에 네가 만일 그만둔다면, 너는 앞으로도 어려운 순간이 닥쳐오면 그만두는 습관이 몸에 배게 될 것이다." 어찌어찌하여 이 원리가 저항 여과기를 통과하여 영혼의 토양 안에 뿌리를 내린다. 그리하여 어려운 시기가 닥쳐올 때마다 의지할 수 있는 확신이 된다. 그럴 때면 다음과 같은 내면의 음성을 듣게 될 것이다. "그때도 해냈으니까 지금도 해낼 수 있을 거야."

하루는 신학교의 한 교수가, 내가 발표를 마감 날짜에 맞추기 위해 수업을 몇 차례 빼먹은 사실을 알게 되었다. 그 교수는 나의 발표를 이렇게 평했다. "좋은 발표였지만 아주 훌륭한 것은 아니라네. 평소의 본분을 희생하면서 매달렸기 때문일세." 여기서도 '평소에 하는 일에 성실하라'는 하나의 원리가 내면 깊이 들어와 자라게 된다. 그리고 그것은 생활 양식이 된다.

물론 기독교의 원천인 성경에 나오는 원리가 확신이 되는 경우도 있다. 그리스도를 갓 영접한 사람들에게 날마다 성경을 읽도록 권하는 이유가 여기에 있다. 에스라의 사명을 잊지 말라. "에스라가 여호와의 율법을 연구하여 준행하며 율례와 규례를 이스라엘에게 가르치기로 결심하였었더라"(스 7:10).

이 경우에는 성경 자체가 교사가 된다. 사도 바울은 이렇게 말했다. "우리가 세상의 영을 받지 아니하고 오직 하나님으로부터 온 영을 받았으니 이는 우리로 하여금 하나님께서 우리에게 은혜로 주신 것들을 알게 하려 하심이라"(고전 2:12). 그의 말은, 배우려는 마음을 품은 사람이 성경으로 나아올 때 초자연적인 사건이 일어날 수 있다는 것이다. 말을 초월하는 진리가 종이 밖으로 튀어나와 영혼으로 직행하여, 거기서 하나의 씨앗처럼 확신으로 자라기 시작하는 것이다.

> 하나님의 말씀은 살아 있고 활력이 있어 좌우에 날선 어떤 검보다도 예리하여 혼과 영과 및 관절과 골수를 찔러 쪼개기까지 하며 또 마음의 생각과 뜻을 판단하나니(히 4:12).

성경은 결코 무능한 문서 조각이 아니다. 성경의 진리는 확신 형성이라는 과정을 시작하기 위하여 쇠붙이가 자석을 찾듯이 영혼을 찾는다. 성경은 우리를 강권하여, 미움과 분노의 자리에 사랑이 들어서야 하고, 용서가 복수보다 강하며, 후한 마음이 탐욕보다 낫고, 화평케 하는 것이 무력의 과시보다 힘있으며, 겸손이 교만이나 자만심보다 귀하다는 것을 배우게 한다. 이런 것들은 자연스럽게 교체되는 것이 아니라 반드시 확신으로 굳어져야 하며 나아가 성품으로 태어나야 하는 것이다.

또 한 가지 짚고 넘어갈 만한 가치가 있는 것이 있다. **때로 확신이란 만인의 상호 유익을 위하여 특정한 방식으로 살기로 맹약한 영적인 사람들의 공동체 안에서 삶을 영위한 결과라는 점이다.**

예컨대 사도 바울도 바로 이 점을 염두에 두고 우리에게 '약한 자(형제)' (고전 8:11)를 생각해야 한다고 도전하고 있다. 그의 요지는 분명하다. 나의 행동이나 태도가 타인에게 어떤 영향을 줄지 자문해 보아야 한다는 것이다. 만일 남들이 나만큼 성숙하지 못했기 때문에, 나의 행위나 태도가 그들을 혼란스럽게 하거나 죄를 짓게 한다면, 나의 권리를 접어두고 공동체에 유익한 길을 택하려고 힘써야 한다는 것이다.

이것이 부모가 자식을 위하는 방식이다. 우리 부부는 집 안에 알코올 음료를 두는 문제에 대해 하나의 확신을 세워 두기로 했다. 우리 아들과 딸의 삶에 알코올 문제를 가져올 도화선이 될 수도 있다는 사실을 뻔히 알면서 자유를 허용하는 것은 우리로선 무의미한 일이었다. 우리는 물질적인 소유를 지나치게 획득하는 것에 대해서도 확신을 몇 가지 만들어 두었다. 우리 아이들이 소비 습관과 관련하여 훈련을 배우기 원했기 때문이다. 우리가 어떤 행동을 하거나 하지 않기로 선택할 때도, 우리 아이들이나 멀리서 보고 있는 다른 사람들에게 가장 유익한 것이 무엇인가를 기준으로 그렇게 한 경우가 많았다.

우리는 또한 확신이 실패의 결과로 형성될 수도 있다는 가능성을 간과해서는 안 된다. 사람이 실패—너무나 처참하여 영혼을 다 태워 버릴 정도로 끔찍한 결과를 낳는 실패—를 하게 되면 그 다음은 둘 중 하나일 수 있다. 하나는 독한 마음을 품고 아무것도 배우지 않으며 아예 어둠에 빠져 미리 연속 실패의 길마저 깔아 놓는 것이다.

다른 하나는 이보다 훨씬 낫다. 실패와 상처가 어찌나 크던지 그런 실패는 두 번 다시 반복하고 싶지 않다는 것이 하나의 확신 그 자체가 되는 것이다. 그런 죄와 그 결과를 생각하는 것이 두려운 나머지 영혼에서 '앞으로는 절대'라는 말이 저절로 나오는 것이다.

사도 바울은 이렇게 말한다. "어떤 사람들의 죄는 밝히 드러나 먼저 심판에 나아가고 어떤 사람들의 죄는 그 뒤를 따르나니"(딤전 5:24). 우리 중에도 과거의 실패가 호기심 많은 사람들에게 다 알려진 사람이 있을 것이다. 그때 공적 모욕을 맛보았으며 그 순간 그것은 죽음보다 심하게 느껴졌을 것이다.

그런가 하면 어디선가 실패를 하고도 운이 좋아서 그 실패가 겉으로 드러나지 않은 이들도 있을 것이다. 이런 사람들은 그 결과를 사적인 차원에서 수습할 수 있었다. 그러나 자신의 비참함이 공적인 것이었든 사적인 것이었든, 가장 중요한 것은 우리가 그 실패를 미래의 성품을 위한 교사로 삼았느냐 하는 것이다. 배움은 다음과 같은 질문들을 통해 이루어진다.

- 나의 실패는 무엇을 뜻하는가?
- 실패를 통해 드러난 나의 약점은 무엇인가?
- 이 실패를 보상하기 위해 해야 할 일은 무엇인가?
- 이런 실패를 다시 겪지 않기 위해 갖춰 두어야 할 확신은 무엇인가?
- 이 실패를 어떻게 활용해야 앞으로 나와 다른 사람들에게 유익할 것인가?

인간의 이러한 실패 성향 때문에 커다란 사회 구조가 기저에서부터 흔들리고 인류가 천신만고 끝에 발전시킨 위대한 기술들이 무용지물이 되는 경우가 많다. 앞서간 시대의 저명한 설교가 해리 에머슨 포스딕(Harry Emerson Fosdick)은 막대한 노동력과 어마어마한 정부 자금을 들여 지은 중국의 만리장성을 곧잘 예로 들곤 했다. 당시의 중국인들은 이 성벽을 모든 침략 세력으로부터 나라를 안전하게 지켜 주는 보증 수표로 생각했다. 그러나 뜻대로 되지 않았다. 성벽이 물리적 방책으로 부적합했기 때문이 아니라 성벽을 지키던 파수꾼들이 뇌물에 손을 벌렸기 때문이다. 어느 대목에서 포스딕은 이렇게 말한다. "실패한 것은 인간 쪽의 요소였다. 무너진 것은 결국 자신이 만든 위대한 건축물로 하여금 제 역할을 다하게 하지 못한 인간의 성품이었던 것이다."

실패보다 더 나쁜 것은 실패를 배움과 긍정적인 힘으로 전환하는 데 실패하는 것이다. 영혼은 배움을 갈망한다. 이것이 베드로의 커다란 장점이었다. 나중에 거룩한 사도라는 큰 인물이 되는 데 그 실패들이 기초가 되었기 때문이다.

주님 곁을 지키리라 약속한 그 밤의 용기가 실패로 끝났던 이 사람을 잊지 말자. '영적 체험'을 하던 그 순간, 자신의 힘과 피를 쏟겠다고 약속한 이 사람. 그러나 고작 위험이 보내는 첫 신호에 그만 약속을 어기고 만 사람.

이 사람의 멋은 바로 실패를 통해 배웠다는 것이다. 그리하여 그는 오늘날까지 사도로, 교회의 아버지로, 그리고 서신서의 저자로 우리 곁에 서 있다. 예수님이 다시 그를 찾아가사 실패를 털어 내시고 새 출발을 주셨기 때문이다.

다음 구절들을 기록할 때 혹시 베드로는 그런 실패의 순간들을 생각하고 있지 않았을까?

그러므로 너희가 더욱 힘써 너희 믿음에 덕을, 덕에 지식을, 지식에 절제를, 절제에 인내를, 인내에 경건을, 경건에 형제 우애를, 형제 우애에 사랑을 더하라.

이런 것이 너희에게 있어 흡족한즉 너희로 우리 주 예수 그리스도를 알기에 게으르지 않고 열매 없는 자가 되지 않게 하려니와 **이런 것이 없는 자는 맹인이라. 멀리 보지 못하고 그의 옛 죄가 깨끗하게 된 것을 잊었느니라**(벧후 1:5-9).

많은 사람들이 값진 보석으로 높이 평가하는 진주는 오래 전 바다의 진주 조개 껍데기 속에서 빚어진 것이다. 진주알 하나하나는 모래가 조개 껍데기 속으로 들어가 곪아서 된 결과라 한다. 마찬가지로 사람이 유혹에 져서 하나님의 율법을 어기게 된 그 어려운 순간들에도 진주는 빚어질 수 있다. 하나님의 회복의 공간이 있기에 실패를 둘레로 하여 위대한 확신이라는 진주가 빚어질 수 있는 것이다. 그리하여 전투의 패배는 자신과의 위대한 전쟁을 승리로 이끄는 서곡이 된다.

끝으로, **확신은 꾸준한 자기 점검을 바탕으로 형성된다.** 이것이 시편 기자의 요지였다.

하나님이여, 나를 살피사 내 마음을 아시며 나를 시험하사…내게 무슨 악한 행위가 있나 보시고 나를 영원한 길로 인도하소서(시 139:23-24).

회사들 또한 종업원들을 상대로 이 원리를 적용하고 있다. 우리 교회에 출석하는 교인 가운데 우리 지방에서 유명한 호텔 체인의 판촉 부사장으로 일하고 있는 사람이 있다. 나는 언젠가 그 호텔의 경쟁 회사 중 한 회사의 호텔 복도에서 그 사람을 만난 적이 있다.

"아니 이런 데서 만나다니, 뜻밖인데요. 웬일이십니까?" 나는 짐짓 놀란 체하며 물었다. "사장님이 당신이 여기 있다는 걸 알고 계신가요?" 실은 나 자신이 거기서 발각된 것에 대한 불편함을 그런 식으로 감추려 했던 것이다.

그는 씩 웃더니 자기 말을 듣는 사람이 없다는 것을 확인이라도 하듯 어깨 너머를 둘러본 다음 이렇게 말했다. "이런 곳에 자주 온답니다. 경쟁 회사가 어떻게 하는지 보는 것을 좋아하기 때문이죠. 그러면 방심할 수가 없습니다. 그리고 경쟁 회사를 보며 배우기도 하죠."

우리는 로비에 앉았고, 학습 경험에 대한 대화가 계속되었다. 그는 내가 전혀 모르고 있던 사실을 이야기해 주었다.

"사실 우리 회사와 계약을 맺고 있는 회사가 있는데 그 회사는 항상 우리 호텔에 사람들을 보냅니다. 그들은 손님으로 투숙하기도 하고 우리 식당에 찾아오기도 합니다. 와서는 우리 종업원들이 사태를 어떻게 처리하는지 볼 수 있는 상황들을 만들어 냅니다. 예를 들면, 창구 직원에게 열쇠를 방 안에 둔 채로 문을 잠갔다고 말하거나 식당 직원에게 요리 상태가 아주 형편없다고 불평을 합니다. 세탁을 빨리 해 달라고 요청하기도 하지요. 그런 예는 얼마든지 많습니다. 얼마 후 우리는 우리 종업원들이 그들을 어떻게 대했는지에 대한 보고를 받게 됩니다."

"설교에 써먹을 수 있는 이야기로군요."

과연 그랬다. 시편 기자도 하나님께, 그 회사가 내 친구의 호텔에 대해 하고 있던 일과 똑같은 일을 해주실 것을 간구하고 있다. 시편 기자의 심경을 내 말로 표현해 본다면 다음과 같다.

오 하나님, 저의 영혼을 점검해 보시고 주님이 보시는 바를 제게 말씀해 주옵소서. 저를 한 번 시험해 보옵소서! 저의 확신들에 대해 주님이 분별하시는 바를 저에게 도로 알려 주옵소서. 그리하여 삶이 절망에 다다를 때 제가 하나님을 기쁘시게 하는 상태에 도달할 수 있다는 믿음을 갖게 하옵소서.

성경 및 하나님의 임재에 힘입어 행하는 이런 꾸준한 자기 점검은 긍정적인 결과를 낳는다.

성품은 재건될 수 있는가?

하지만 자기 점검 혹은 영혼 점검을 한 결과, 성품에 결함이 있는 것으로 나타날 때는 어떻게 할까? **기대에 어긋나는 성품 유형은 과연 재건될 수 있을까?** 이것은 결코 작은 물음이 아니다.

그러나 대답은 '얼마든지 가능하다'이다. 사도 바울의 성품이 재건되었으며 시몬 베드로의 성품도 요나의 성품도 재건되었다. 여러분의 성품과 나의 성품도 충분히 재건될 수 있다.

우리는 자기만의 새로운 서원과 언약을 통해 성품을 재건하게 된다. 목수가 단단한 목재 위에 대못을 세게 치듯이, 우리도 그런 서원과 언약을 자신의 영혼 속으로 내리쳐야 한다.

벤자민 프랭클린(Benjamin Franklin)은 이런 과정을 믿었다. 그는 자기 삶의 심부에 못박아 두고 싶은 열세 가지 '덕목'을 목록으로 만들었다. 그리고 성인이 된 뒤로 죽는 날까지 이 서원과 언약의 사본 한 장을 늘 지니고 다녔다. 그는 이 '덕목 목록표'를 기준으로 하여 자신을 매일 평가했다고 한다. 그뿐이 아니었다. 매주 그 목록 중에서 한 가지를 특별히 신중하게 취급하도록 자신을 훈련시켰다. "나는 항상 이 작은 책을 가지고 다녔다."

그는 이렇게 적고 있다.

나의 후손들이 내가 지금 이 글을 쓰고 있는 79세에 이르도록 이 작은 비결 덕분에 하나님의 복을 받아 인생의 지복(至福)을 누리고 있다는 사실을 알게 된다면 얼마나 좋을까!

그렇다면 그 덕목들은 어떤 것이었을까? 몇 가지만 예로 들겠다.

- **침묵**: 다른 사람이나 자신에게 유익이 되는 것이 아니면 말하지 말라. 시시한 잡담을 삼가라.
- **근검**: 다른 사람이나 자신에게 유익이 되는 것이 아니면 돈을 쓰지 말라. 일체 낭비하지 말라.
- **성실**: 남을 다치는 속임수는 쓰지 말라. 순수하고 공정하게 생각하고 적절하게 말하라.
- **겸손**: 예수님과 소크라테스를 본받으라.

우리는 여기서 프랭클린이, 좀더 높은 차원의 행동과 태도를 빚을 긍정적인 확신들에 날마다 주의를 기울이지 않으면 더러운 영혼 속에서 수준 이하의 행동이 물결쳐 나오리라는 것을 잘 알고 있었다는 인상을 받게 된다. 이 네 가지 덕목과 여기 나열하지 않은 아홉 가지 덕목만 보아도, 프랭클린이 미국이라는 나라의 형성기에 그토록 영향력 있는 지도자가 된 이유를 잘 알 수 있다.

내 일기장의 앞 페이지들에도 이와 비슷한 내용이 있다. 내가 '실행 확신'이라 부르는 이 확신들은 나의 성격 구조를 완전히 재평가할 수밖에 없게 된 이후로 수년에 걸쳐 만들어진 것이다. 예수님과 더불어 나의 성격을 재건한다는 의도적인 시도 가운데 서서히 형성된 것이다.

유감이긴 하지만 나의 '실행 확신'은 프랭클린의 목록표만큼 그렇게 간명하지는 못하다. 나는 확신을 두 가지로 나누어 적기로 했다. 하나는 목적과 목표의 형태로 되어 있고, 다른 하나는 원리의 형태로 되어 있다. 나의 성품에는 좀더 깊은 성숙을 위해 하나님(하늘의 호텔 검사관)이 나를 찌르시고 쑤시시는 것처럼 느껴지는 부분들이 있는데, 여기서 원리란 바로 그런 부분들에 관한 것이다.

목적과 목표

목적과 목표에서는, 예수님이 나를 인도하고자 하시는 곳에 대해 내가 깊이 생각하기를 원하신다고 믿는 일곱 가지 영역을 찾아냈다.

1. 신체 생활: 몸을 어떻게 관리할 것인가?
2. 관계 생활: 아내와 가족과 친구들을 어떻게 대할 것인가?
3. 지적 생활: 마음을 어떻게 관리할 것인가?
4. 직업 생활: 일을 어떻게, 어디서, 왜 할 것인가?
5. 경제 생활: 돈을 어떻게 관리할 것인가?
6. 여가 생활: 어떻게 쉬며 즐거움을 누릴 것인가?
7. 영적 훈련: 하나님과 어떻게 교제할 것인가?

나로서는 이렇게 각 영역을 별도로 추구하는 것이 좋을 것 같았다. 그렇다면 각 영역에서 내가 원했던 것은 무엇일까? 나는 나의 삶과 자원들을 하나님을 기쁘시게 하려는 목적으로 사용할 수도 있었고, 그 반대로 그저 주변 사람들의 압력과 영향력에 못 이겨 건성으로 사용할 수도 있었다. 사도 바울은 후자에 대해 경고한 바 있는데, 필립스(J. B. Phillips)의 저 유명한 번역에는 그 말이 다음과 같이 되어 있다. "세상으로 너희를 그 틀 속에 짜 넣지 못하게 하라"(롬 12:2상, 필립스역).

결국 하나님의 내적 음성에 마음이 움직인 나는 이 영역들에 대한 나의 신조 내지는 확신을 일기장에 적게 되었다. 나는 정기적으로 이 문구들을 참고하면서, 거기에 비추어 내 삶의 성장을 평가해 보기로 나 자신과 하나님을 상대로 언약을 맺었다.

내 삶의 신체적 측면에 대해서는 다음과 같이 적었다.

나의 목표는 긍정적인 습관, 운동, 영양분 섭취, 체중 조절을 통해 내 몸을 최적의 상태로 유지하는 것이다.

관계 영역에 대해서는 이렇게 썼다.

나의 목표는 그리스도의 사랑의 모본을 좇아, 아내와 사랑의 연합을 추구하고 아내가 베푸는 우정을 향유하며 아내의 삶의 질(質)이 내 역량 안에서 최선의 것이 되도록 힘쓰는 것이다. 또한 우리 자녀들과 손자들에게 최대한 신실하고 가정적인 가장이 되는 것이다. 끝으로, 공동체 안에서 가깝게 지내는 얼마 안 되는 지체들에게 언약의 친구가 되는 것이다. 한걸음 더 나아가 사람들에게 내가 받은 것보다 더 많은 것을 주고, 젊은 세대의 발전에 힘쓰는 등 우리 세대에 뭔가 기여하는 사람이 되고 싶다. 나는 '빛을 발하는 성품'을 지니고 싶다.

지적 생활에 대한 관점 부분에 가서는 이렇게 썼다.

나의 목표는 생각이 깊은 사람들과 접촉하고 또 독서를 통해 언제나 나의 학습 곡선에 속도를 더하는 것이다. 그리고 질문을 던지는 것이다. 페네롱(Fénelon)의 다음과 같은 충고에 따르는 것이다. "진리가 강하고 하나님이 전능하신 분이라면 그분의 자녀들은 사고의 자유가 낭패를 부를까 봐 두려워할 필요가 없다."

영적인 영역에 가면 이렇게 되어 있다.

나의 목표는 하나님과 그분의 세상 앞에서 분명하고 거룩하며 순종하고 경외하는 사람이 되는 것이다. 나는 나의 삶이 성령의 통치를 받아 나를 보는 사람들로 하여금 그리스도께 한걸음 더 나아가게 하도록 생활 속에서의 훈련에 힘쓴다. 또한 내면의 사람과 외면의 사람이 하나가 되어 분열도 없고 내적 불화도 없고 진리나 난제나 고민에 대해 일말의 억압도 없는, 온전한 인격의 추구에 혼신의 힘을 다한다.

영국의 위대한 사전 편찬자 사무엘 존슨도 프랭클린처럼 내게 매력을 주는 연습에 전심을 다했다. 그의 일기를 잘 읽어 보면 이런 기록을 발견할 수 있다.

시간을 정해진 규칙에 따라 사용하고 싶다.

단 한 시간도 하는 일 없이 그냥 보내고 싶지는 않다.

아침마다 조금씩 조금씩 더 일찍 일어나고 싶다.

일기를 꾸준히 쓰고 싶다.

살아 있는 한 매년 성경을 한 번씩은 통독하고 싶다.

그리스도 닮음의 원리

두 번째 종류의 실행 확신은 나의 경우에는 그리스도를 닮아 가는 행동의 원리에서 비롯되었다. 이것은 내게 있어 아직도 씨름 중이라 생각되는 영역 및 성장이 필요한 영역들에 중점을 둔 간명하고 긍정적인 문구들로 되어 있다. 또한 예수님을 따른다는 것이 무엇을 뜻하는지 나름대로의 생각을 기록한 것이기도 하다.

그 실행 원리들 중 일부를 살펴보면 다음과 같다.

- 나는 내 인생을 이끌어 가기에는 궁극적으로 무력한 존재이며 오직 하나님의 능력과 뜻에 따르는 것만이 내가 가장 잘 되는 길이라는 진리를 받아들일 것이다.
- 나는 주변 세상의 본을 따르지 않고 영혼으로 살아가기 위하여 내 영혼의 고요함을 최대화하고 마음으로 사고하는 시간을 최대한 많이 가질 것이다. 나는 침착한(나에게는 이 말의 의미가 그리스도의 소유가 되었다는 것이다) 사람이 되기로 하였는데 이는 나의 사명과 목표에 따라 선택한 것이다. 그러려면 전략적으로 분주함에 대한 중독을 영혼의 관리 아래 두고 다스려야 한다. "하나님

의 음성을 들을 정도로 고요한 영혼을 찾기란 얼마나 힘든지…"(페네롱).

- 나는 나의 자존감을 사람들의 칭찬이나 물질의 소유나 업적의 축적에서 찾지 않고 하늘에 계신 아버지에게서 찾을 것이다. 자기 기만과 분에 넘치는 칭찬은 아주 엄하게 다룰 것이다. 나의 '점수판'은 하늘에 있다. 나는 토머스 아 켐피스의 다음 조언을 따를 것이다. "만일 그대가 그대의 내부를 향하여 걷는다면, 그대는 한갓 떠다니는 말들에 마음을 두지 않게 될 것이다.…그대의 평안이 사람들의 입에 좌우되지 않게 하라."
- 나는 다른 사람들을 욕하고 깎아 내리려는 '마귀적' 본능을 거부할 것이다. 남에 대해 좋게 말하지 않을 바에는 아무 말도 하지 않을 것이다. 나는 긍정적이고 생산적이며 애정 어린 솔직한 어휘를 사용할 것이다. 또한 나의 내면에서 열정을 길어 다른 사람들에게로 확산시킬 것이다.
- 나는 사적인 생활에서 질서를 유지하며 타인과의 관계에서 믿을 만한(내가 한 말은 지키는) 사람이 될 것이다. 무슨 일을 하든 자질을 중시할 것이다. 나는 포기하거나 쉬 그만두지 않고 끝까지 견딜 것이다.
- 나는 후한 마음을 지닐 것이다. 빚을 지지 않을 것이다. 소박하게 살아갈 것이다. 가난한 이들에게 민감할 것이다. 나는 우리 앞세대들이 '작아지고, 잊혀지고, 무력해짐'이라 부른 그 상태를 두려워하지 않을 것이다.

여기서 따옴표를 붙인 부분은 너무 개인적인 것이어서 나누기 힘든 내용이다. 이것은 여기에 소개하지 않은 다른 문구들의 경우도 마찬가지다. 그런 표현들은 대개 영적 스승들에 관한 책을 읽는 도중에 그들의 말이 내게 확신을 심어 준 경우다.

앞선 세대의 유산, 옛날 이야기, 자신의 세계에서 중요한 사람들의 행동, 성경, 실패, 인도―예수님이 우리로 하여금 더욱 고결하고 그리스도를 닮은 사람이 되기를 원하신다는―를 의식하는 마음, 이런 것들이 바로 성품을 빚는 원천이다. 그리고 성품은 확신을 묘판으로 하여 자란다.

이 장을 쓰기 몇 달 전 나는 우리 나라의 저명 인사 한 사람을 소개 받은 적이 있다. 그는 다름 아닌 랄프 샤워즈(Ralph Showers)였다. 우리는 둘 다 어느 목회자 수련회에 강사로 초청받았다.

처음 그 사람과 악수를 나눴을 때 나는 그에게 심각한 신체 장애가 있음을 금방 알 수 있었다. 그는 양팔이 모두 없었다. 손을 내밀어 악수를 청했을 때, 내 손을 맞잡은 것은 스테인레스 강철로 된 보철물(補綴物) 즉 의수(義手)였다.

그 뒤로 랄프 샤워즈를 알아 가면서 나는 50대 후반의 이 사람이 심각한 지체 장애 및 지적 장애 증세를 보이는 어린이들과 청소년들의 집이자 학교인, 아리조나 주에 있는 무지개 농장의 원장이라는 것을 알게 되었다. 무지개 농장에서 아이들을 돌보는 사람들이 하는 일에 대해 그가 들려주는 이야기들은 그야말로 놀라웠다.

수련회에서 두 차례의 강연을 끝낸 다음날, 나는 샤워즈와 함께 아침 식사를 했다. 나는 그에게 무지개 농장에 있는 사람들에 대해 좀더 이야기 해 달라고 부탁했다. 그가 어떤 이유로 평생을 지적 장애아들을 돌보는 일에 만족하게 되었는지 궁금했기 때문이었다. 그의 대답은 나를 숙연하게 했고 겸손하게 했다.

"고든 목사님, 나는 무지한 사람입니다. 얼마나 무지한지 어젯밤 당신의 강연을 들을 때 그 말뜻을 이해하느라 애를 먹었을 정도입니다."

내가 온통 관심을 기울이자 그는 말을 이었다. "실은 나한테도 약간의 장애가 있습니다. 지금처럼 멀리 여행을 할 때면 나는 하루하루가 고역입니다. 나는 혼자입니다. 다음에 무슨 일이 있을지 어리둥절해 할 때가 한두 번이 아닙니다. 하지만 하나님은 지적 장애아들과 함께하는 이 일에 나를 부르셨습니다. 그분이 내게 힘을 주시는 한 나는 이 일을 할 것입니다. 당신도 무지개 농장의 소년 소녀들을 보면 그 아이들이 하나의 영감(靈感)이라는 것을 알게 될 것입니다. 그들이 서로를 사랑하는 능력은 당신이 온 세상에서 보아 온 그 어떤 것보다도 훨씬 뛰어납니다."

대화는 계속되어 무지개 농장이 맨 처음 어떻게 시작되었으며 비용은 어떻게 조달되었는지에 관한 이야기로 이어졌다. 랄프 샤워즈가 양팔을 잃은 이야기를 들려준 것은 그때였다. 초기에 농장 건축 작업을 함께 하던 중 뜻하지 않게 그의 두 팔이 송전선에 닿았다. 팔은 즉시 심하게 타 버려 결국은 절단을 해야만 했다.

그러나 이야기는 거기서 끝나지 않는다.

그로부터 얼마 후 랄프 샤워즈와 송전선 보유 회사 간의 문제를 해결하기 위해 뉴욕에서 변호사 네 사람이 아리조나 주에 왔다. 이들은 랄프의 사무 변호사에게 랄프가 사고에 관한 배상 청구 일체를 자기들에게 서명 인도(引渡)하면 랄프에게 32만 5,000달러(한화 약 2억 5천만 원-역주)짜리 수표를 주겠다고 말했다. 랄프는 즉각 그 제의를 수락했다. 그러자 그의 사무 변호사는 바로 이의를 제기했다. 그는 이렇게 말했다. "계속 버티면서 소송하겠다고 위협하면 100만 달러(한화 약 8억 원-역주)까지 받아 낼 수 있을 겁니다."

그러나 랄프는 이렇게 말했다. "나는 그런 사람이 아니오. 게다가 32만 5,000달러면 무지개 농장을 짓기에 충분한 돈이지 않소? 그 사람들한테 그 수표를 받겠다고 말해 주시오."

몇 해가 지나 랄프 샤워즈는 한 통의 장거리 전화를 받았다. 전화를 건 사람은 자기 신분을 밝히며 이렇게 말했다. "몇 년 전 당신의 사고 처리안을 제시하기 위해 뉴욕에서 갔던 변호사들 중 한 사람입니다. 말씀 드리고 싶은 것이 있습니다."

"말씀하시죠"

"당신이 32만 5,000달러를 받겠다고 했을 때 우리 네 사람은 웃었습니다. 공항으로 가는 동안 줄곧 웃었습니다. 사실 우리는 당신한테 100만 달러까지 지불할 의무가 있었습니다. 그런데 당신은 더 이상 요구하지 않았습니다. 우리는 우리 고객 회사에 많은 돈을 절감해 주게 되어 기분 좋게 돌아왔습니다."

"그러나 시간이 지날수록 우리가 한 일이 자꾸 마음에 걸렸습니다. 우리는 당신의 좋은 성품과 우리를 괴롭히지 않으려는 마음을 악이용했던 것입니다. 지금껏 당신 같은 사람은 만나 본 적이 없었습니다. 당신의 믿음으로부터 뭔가를 배우게 되면서 나는 무언가를 생각하게 되었습니다. 그러다 결국은 뉴욕에 있는 어느 목사와 이야기를 하게 되었습니다. 나는 당신이 보여 준 그 사람됨으로 인해 지금 내가 그리스도인이 되었으며 또한 교회에 출석하고 있음을 알려 드리고 싶습니다."

이것이 성품이다. 이 성품을 빚은 확신들은 한순간 찾아온 것이 아니다. 평생의 경험과 고통 그리고 그리스도와 가까이 동행함으로써 형성된 것이다. 그것은 무겁디 무거운 수면 아래쪽의 중량이다.

우주의 신비를 밝히려 했다가 지금은 버섯 재배 장소로밖에 쓰이지 못하는 텍사스 주의 그 터널 8킬로미터를 떠올릴 때면, 나는 되도록 정부 자금의 낭비라는 생각을 하지 않으려 한다. 그 대신 특별한 것만이 자라날 수 있는 이상적인 장소라고 생각해 본다. 확신이 빚어지는 곳인 영혼처럼 말이다. 제대로 빚어진 확신은 고결한 성품을 지닌 인간−그리스도를 닮았고 그리스도처럼 행동하는 사람−을 만들어 낸다. 바로 그것이 하나님이 축복하시는 삶이다.

12. 영혼의 대화

하나님과의 대화

> 그분의 성전에서 기도하는가?
> 그렇다면 바로 당신 안에서 기도하라.
> 당신 자신이 살아 계신 하나님의
> 참된 성전이기 때문이다.
> —아우구스티누스

몇 해 전에 나는 스위스 알프스에서 혼자 등산을 하며 열흘을 보낸 적이 있다. 알프스의 산장에서 숙소 비용을 흥정하는 일이나 지나가는 사람에게 이따금씩 "하나님의 이름으로 인사합니다" 하고 말하는 일 외에는 어떤 대화도 나누지 않았던 것 같다. 나 같은 내성적인 사람에게는 스위스 같은 곳에서 혼자만의 시간을 갖는 것이 가히 천국의 모습에 가깝지 않나 생각하면서 말이다.

영적 스승들은 나의 경험을 고요한 은둔에 비유할 것이다. 그렇지만 내가 매우 즐거운 시간을 보냈다는 사실을 알게 된다면 대번에 눈살을 찌푸릴지도 모르겠다.

실질적으로 혼자 보내는 열흘은 배움의 경험으로 결코 작은 것이 아니다. 정적에 싸이게 되면 사람은 삶의 주변을 맴도는 숱한 소음보다는 영혼의 수면 하단 쪽으로 움직이기 쉽다. 알프스의 산길에는 휴대용 스테레오도 없고 무선 전화기도 없으며 광고판의 선전 문구도 없고 서로 주목을 받으려 아웅다웅하는 수백만의 인파도 없다. 자신의 내면에서 찾을 수 있는 것과 아름다운 경치를 제외하면 아무것도 없다.

안으로 향하는 이 강렬한 경험은 의외로 힘 빠지는 경험이 될 수도 있다. 솔직히 나는 그 일에 전혀 준비가 되어 있지 않았다. 설사 그런 혼자 있는 시간에 생길 수 있는 일에 대해 누가 귀띔해 줬다 하더라도 무시했을 것이다.

내 영혼을 향한 이 안으로의 여행을 통해 나는 두 가지 사실을 깨닫게 되었다. 첫째, 그리스도를 따르는 자로서 예배를 드린다는 것이 얼마나 자연스러운 것인지 알게 되었다. 외적인 방해가 전혀 없으리라는 것을 알게 되자 나의 의식 세계는 사물을 새로운 시각으로 보기 시작했다. 구름의 모양이며 산속의 들꽃이며 눈 덮인 웅장한 광경 따위를 보며 그토록 놀라운 영광으로 인해 하나님께 감사 드리는 것이 한결 쉽다는 것을 알게 되었다. 누렁소의 목에 매달려 크고 매끄럽게 노래하는 방울소리는 마치 합창대가 한데 어울려 부르는 꾸밈 없는 찬송 소리 같았다. 농부가 낫으로 막 벤 풀 냄새는 너무나 상큼하여 '자비를 입은' 심령의 신선함을 상징적으로 보여 주는 것 같았다. 깎아지른 바윗자락을 따라 부서져 내리는 물소리는 하늘의 영광과 힘을 떠올리게 했다.

혼자 있음은 또한 숱한 추억을 되살려 주었다. 너무나도 고마운 친구들, 나에게 끊임없이 기쁨이 되어 주는 가족, 말씀을 전파하며 사람들이 그리스도를 닮아 가도록 격려할 수 있었던 기회들. "이보다 더 좋을 수는 없어." 과분한 복들을 헤아리며 삶을 돌아보니 그런 말이 절로 나왔다.

이렇게 홀로 걷는 시간은 이와 같은 생각들의 묘판이 되었다. 정적 속에서 나는 모든 것이 창조주를 향한 찬양과 경배의 원료가 됨을 알게 되었다. 그분의 영광은 그 모든 것 속에 깃들어 있었다. 실제로 그런 예배를 한참 드린 다음 이렇게 혼잣말을 한 기억이 난다. "드디어 나에게도 부흥이 찾아온 것 같군. 예배 드리고 싶은 마음밖에 없으니까 말이야." 멀리서 나를 보던 사람들이 내가 약간 제정신이 아니라는 결론을 내렸다 해도 무리는 아니었을 것이다. 나는 이따금씩 걸음을 멈추고 풀밭에 무릎을 꿇은 채 하늘을 향하여 두 팔을 벌리고는 가슴 벅찬 찬양의 말을 외치곤 했던 것이다. 내 영혼을 뒤집어 보지 않고서야 누군들 이런 이상야릇한 행위를 이해할 수 있었으랴!

그러나 안타깝게도 이것이 이야기의 전부는 아니다. 혼자 있는 시간은 또 다른 생각에 길을 터 주었기 때문이다. 내가 두 가지를 깨닫게 되었다고 한 말을 여러분은 잊지 않았을 것이다. 두 번째 것은 그렇게 달가운 것이 못 된다.

내면에 귀를 기울이다 보니 경배와 찬양이 일기도 했지만, 나 자신의 어두움을 재발견하는 계기가 되기도 했다. 어려운 부분이 있었다. 그 고립 속에서 나는 나의 마음이 가슴 벅찬 찬양으로부터 수준 이하의 더없이 무안한 생각으로 쉽게 옮겨 갈 수 있다는 사실을 알게 되었다. 거의 오십 평생을 가리고 있던 사건들－대부분 부정적인 사건들－이 심중에 주마등처럼 스쳐 가기 시작했다. 오랜 분노와 원한의 기억들, 이미 해결된 지 오래인 줄 알았던 문제들, 슬픔들, 후회들. 십자가에서 그리스도를 만난 지 오래된 사람의 영혼과는 조금도 어울리지 않는 자기 비난과 천한 야망이 난데없이 나타났다.

우리는 투명성, 약점을 내보임, 정직성, 충실한 자기 노출 등에 대해 얼마든지 이야기할 수 있지만, 정작 영혼의 어둡고 깊은 곳에서 나오는 이런 추한 모습은 누구에게도 털어놓기가 힘들다. 거기서 드러난 것은 사람으로 하여금 풀밭에 쓰러져—예배하기 위해서가 아니라 회개하기 위해서—사도 바울의 말을 반복하게 하기에 충분한 것이었다. "오호라, 나는 곤고한 사람이로다. 이 사망의 몸에서 누가 나를 건져내랴."

여러분은 내가 얼마나 크게 놀랐는지 짐작할 수 있을 것이다. 나는 마치 정신적·영적 대륙의 분계선에 서 있는 것 같은 기분이었다. 왼쪽으로 돌아서면 황홀경에 가까운 상태에서 살아 계신 하나님과 그분의 영광을 마음껏 기뻐할 수 있었다. 그러나 오른쪽으로 돌아서면 쳐다보기도 끔찍한 사고(思考)의 오물 구덩이 속을 기어다니고 있었다.

나의 스위스 등반은 수면 아래쪽의 영혼이 얼마나 깊은—얼마나 무한히 깊은—것이며, 인간 각자에게 있는 의 또는 악으로 기우는 힘 또한 얼마나 크며, 영혼이 존재하지 않는다거나 혹은 중요하지 않다고 우기려 드는 세상에 살면서 영혼에 귀 기울이는 것이 얼마나 중요한지에 대해 뭔가를 가르쳐 주었다. 그것은 어느 믿음의 선진이 말한 바와 같이 "자신에게 경례하라. 그리고 자신의 영혼이 무엇을 입고 있는지 살펴보라"였다.

나는 스위스에서의 등반이 장기간의 기도와 아주 비슷하다는 것을 깨닫게 되었다. 그것은 영원한 삶 중 이 땅에서 사는 동안에는 다시 경험할 수 없을 것 같은 것이었다. 거기서 나는 심히 깊은 것을 접하게 되었다. 나는 그것을 기도의 흉내만 내면서 종종 뜻없이 하는 보통의 기도와 구별하기 위해 진정한 기도라 부를 수밖에 없다.

나는 내가 그 고원의 초지와 산길에서 경험한 일이 사람들이 간절히 기도하기 시작할 때 일어나는 일이라고 생각한다. 즉 하나님의 영광의 빛은 생생하게 밝아지고 더러운 영혼의 어두움은 칠흑같이 어두워지는 것이다.

내가 안고 있는 문제가 바로 여기에 있다. 이제껏 내가 한 기도에는 스위스에서 겪었던, 영혼 노출의 경험을 촉진하는 그런 강도(强度)나 지속성이 없었던 것이다.

나는 이것이 줄곧 마음에 걸려 이 점에 대해 뭔가를 해 보려고 열심히 노력해 왔다. 아직은 조금밖에 성공하지 못했고 때로는 낙심의 유혹을 느끼기도 하지만 그래도 내 안에 지속적으로 추구할 수 있게 부추기는 것이 있어 다행이다. 나는 멈추지 않을 것이다!

어떤 식이든 진정한 기도는 영혼의 대화다. 사람은 진정으로 기도할 때, 시편의 표현을 빌린다면, 그 영혼이 주를 우러러보게 된다. 하지만 친구와 이야기할 때는 대화의 차원이 여러 가지로 다를 수 있다. 어떤 때는 아무 생각 없이 상투어만 쓸 때도 있다(어떻게 지내나? 아주 잘 지내! 대화 끝). 화가 났거나 기뻐 어쩔 줄 모를 때는 그 감정을 털어놓을 수도 있다(힘이 드는군. 슬프다네. 기분 만점이야 등). 나는 내가 대체로 지식에 바탕을 둔 말로 남에게 유익하고 분별력 있는 의견을 들려주기를 바란다(여기에 대해서 생각해 보았는가? 내가 생각한 바를 말해 보겠네).

그러나 유감스럽게도 나는 내가 영혼으로 하는 이야기를 많이(혹은 충분히) 하고 있다고 생각하지는 않는다. 이는 다른 사람들도 대부분 마찬가지일 것이다. 바로 이 점이 내가 계속해서 노력하고 있는 부분이다.

진정한 기도란 영혼으로 하나님께 이야기하는 것을 뜻한다. 아울러 나는 **진정한 교제**—성경적인 '코이노니아'(*koinonia*)—란 기도의 과정에 동참하여 영혼으로 다른 사람들에게 말하는 것이라는 의견을 과감히 주장하고 싶다. 이런 차원의 진정한 대화를 많이 경험해 본 사람은 과연 누구일까? 혹시 이런 일은 그저 가끔 한 번씩 있는 일이 아닐까? "너희 중의 두 사람이…합심하여"(마 18:19)라고 예수님은 말씀하신다. 주님이 말씀하시는 합심이란 우리가 상호 관심사에 관해 함께 기도할 때 경험하는 영혼 차원의 교류다.

일찍이 사무엘 채드윅은 사단이, 하나님 앞에 무릎 꿇고 있는 성도보다 더 무서워하는 것은 없다고 말하지 않았던가! 성경의 인물들이 행한 하나님 나라의 중요한 일들이 모두 간절한 기도의 실행에 따른 것이었음을 고려할 때, 과연 그의 말은 옳다.

복음주의 진영의 그리스도인 치고 이런 이야기를 하지 않는 사람이 누가 있으며, 여기에 동의하지 않는 사람은 누가 있겠는가? 하지만 이것도 작지만은 않은 문제다. 우리가 속한 복음주의 진영은 기도에 대해서 말은 많이 하지만, 실제로 행하는 사람은 거의 없다고 할 수 있다. 영혼의 대화가 거의 없는 것이다. 반면 우리는 내가 지금 이 글에서 되도록이면 삼가려 하고 있는 일―기도가 얼마나 중요하며 왜 기도를 해야 하는지에 대해 서로에게 설교하는 일―을 하고 있다. 그러고는 기도와 그 중요성에 대해 이야기하는 것만으로도 기도하는 사람이 되어야 한다는 책임을 던 것 같은 기분에 젖어 그냥 나가 다른 일을 하는 것이다.

스위스 알프스에서의 경험이 내가 색다른 영혼의 대화의 신비로움을 맛본 유일한 기회는 아니다. 기도가 아주 자연스럽게 느껴지고, 오직 기도만이 지각 있는 행동으로 느껴질 때도 그런 특별한 순간들을 경험할 수 있었다. 예를 들면, 인적이라고는 찾아볼 수 없는데 한 달 된 아들 녀석이 고열로 불덩어리 같았던 캔자스의 그 눈보라 몰아치던 밤이 그러한 때였다.

나는 하늘을 향하여 아이를 들쳐 안고는 열이 내리게 해달라고 하나님께 매달렸다. 이루 말할 수 없는 열정으로 내 영혼을 토해 냈던 것이다. 그리고 하나님은 내 기도를 들어주셨다.

나 자신의 개인적 죄성 앞에서 긍휼을 구하며 캄캄한 심령으로 하나님을 향해야 했던 날들도 있다. 이때도 눈물겨운 영혼의 대화의 열정이 있었다. 아무도 나누어 가질 수 없는 나만의 슬픔을 불현듯 깨닫게 되었을 때 존재 내면에서 끓어오르던 그 끝없는 신음!

나보다 열 배는 더 커 보이는 결정을 앞에 둔, 결코 잊지 못할 날들도 있었다. 그때는 어떤 지혜도, 어떤 조언도, 어떤 결정 방식도 도움이 안 되는 것 같았다. 지혜가 바닥난 나는 오직 하늘만이 줄 수 있을 것 같은 통찰력을 구하며 하나님께 나아갔다. 영혼의 대화를 조금씩이나마 알아 가던 순간들이었다.

앞에서도 말했지만, 우리는 이런 것들에 대해 많은 이야기를 한다. 하지만 정작 거기 매달리는 일은 정기적이라기보다는 오히려 예외적인 행사가 되고 있다. 왜 그럴까? 이에 대해 몇 가지 생각을 더 나누고 싶다.

첫째, 영혼의 대화 즉 진정한 대화는 외적 방해가 조금이라도 있는 곳에서는 거의 절대로 일어나지 않는다. 물론 예외도 있긴 하다. 갈릴리 호수에서 "구해 주소서"라는 베드로의 외침은 분명 영혼의 대화였다. 그러나 그것이 침묵의 정황 속에서 이루어진 것은 분명 아니었다. 오히려 그것은 필사적인 것이었다(때로는 필사적인 것이 도움이 된다). 엘리야는 갈멜 산 위에서 무리 속에 있을 때조차도 마치 한편으로 물러서 있는 듯한 인상을 준다. 그가 하나님과 나눈 대화는 아주 사적이고 극비에 속한 것으로 보인다. 하지만 내 생각이 틀렸을 수도 있다.

그럼에도 불구하고 침묵은 영혼의 대화에 좀더 적합한 환경이다. 현대 문화가 내적 경험에 필요한 침묵을 악한 뜻으로 일체 부정하는 쪽으로 흘러가고 있음은 누구라도 쉽게 동의하는 사실이다. 텔레비전, 쉬지 않는 배경 음악, 무선 전화는 다 침묵을 방해하는 것들이다. 컴퓨터나 팩스를 통한 시각(視覺) 대화, 우리 할아버지 대(代)의 마을 단위보다 훨씬 큰 규모로 이루어진 우리의 관계망. 이런 소음의 유혹에 진다면 영혼의 대화라고 할 수 있는 기도는 절대로 할 수 없을 것이다. 생각의 대화나 감정의 대화는 가능할 수 있겠지만, 개인의 죄를 드러내 주면서도 예배에 활력을 주고 세계관을 다듬어 주는 영혼의 대화는 어려울 것이다.

둘째, 영혼의 대화에는 시간이라는 요소가 필요하다. 영혼의 대화는 우리가 흔히 나누는 깊이 없고 말만 그럴듯한 대화처럼 쉽게 시작되는 것이 아니다. 그렇다고 해서 영혼의 대화를 어려운 일이라고 말하고 싶지는 않다. 하지만 영혼이 하나님과의 친밀함에 들어갈 채비를 갖추는 데 준비 시간이 필요한 것은 사실이다. 내 상상으로 영혼은 삶의 모든 소음과 분주함을 피하려 한다. 하늘에 들어가는 형통을 이루려면 영혼을 잘 구슬러야 한다고 말하면 어떨까? 그런데 그 구슬림은 시간을 요한다. 우리 대부분이 항상 없다고 투덜대는 그 시간 말이다.

스위스에서도 처음 이삼일 동안은 내 영혼에 중요한 움직임이 제대로 시작되지 않았다. 그러다가 내가 정말로 혼자이고 고요함 가운데 있다는 메시지를 받고 나자 영혼은 어두운 측면과 밝은 측면 모두에서 조금도 말을 멈추고 싶어 하지 않는 것 같았다.

우리는 매일 하는 기도의 중요성을 이미 다 배워서 알고 있다. 그러나 나는 매일 몇 분씩 하는 기도보다는 매주 한 번씩 날을 잡아 서너 시간씩

하는 기도에서 훨씬 더 많은 것을 얻을 수 있다고 생각한다. 이것이 공평한 비교가 아닐지도 모르지만 그래도 내 직관으로는 내 말이 '틀리는 쪽보다는 맞는 쪽에' 더 가까울 것 같다.

셋째, 영혼의 대화에는 내가 앞에서 영적 스승이라 불렀던 일군(一群)의 성인(聖人)들의 도움이 필요하다. 그들 중 상당수는 영혼의 대화에 몸담으면서 놀라운 기도문과 명상록을 썼다. 그들은 대부분 우리에게는 없는 시간을 가졌고, 우리가 거부하는 침묵을 누렸으며, 누군가는 영혼의 대화를 본업으로 삼기 기대하는 문화의 독려를 받았다. 목사, 수도사, 은자(隱者) 등을 그런 사람으로 꼽을 수 있다. 도시인이었던 아우구스티누스의 「참회록」과 약간 시골 사람이었던 토머스 아 켐피스의 「그리스도를 본받아」가 두 가지 표본이다. 그 외에도 좀더 현대 인물인 존 베일리(John Bailie)의 「매일 기도」, 토저의 저작들, 페이버(Faber)의 통찰력, 페네롱, 아빌라의 테레사, 사도 요한 등이 떠오른다. 챔버스의 「주님은 나의 최고봉」(*My Utmost for His Highest*, 토기장이), 카마이클의 도전, 웨슬리의 찬송도 있다. 이런 것들은 모두 각기 다른 모양의 영혼의 대화로 영혼을 끌고당기면서, 아버지께 고요히 말씀드릴 언어와 사고 형태를 영혼에 제공하고 있다. 또한 위대한 기도의 원천으로 어찌 시편을 잊을 수 있으랴!

믿기 어렵지만 우리 가운데는 이런 글들을 피해야 한다고 배운 이들도 있다. '마음으로 기도하는' 것이 상책이라고 들은 것이다. 그러나 마음이 (혹은 영혼이) 공허하게 느껴져 그야말로 아무런 할 말도 없는 날이 있게 마련이다. 그럴 때는 펌프에 미리 마중물을 붓듯이, 영적 스승들의 언어와 통찰을 묵상하는 것이 도움이 된다. 다른 이들이 만든 곡조와 가사를 빌려 우리의 기쁨을 표현하듯이, 영적 위인들도 그 순간에는 표현 못할 것을 표현할 수 있도록 우리에게 기도의 말을 빌려 주는 것이다.

앞에서도 자주 언급했지만, 나는 일기 쓰기가 영혼의 대화를 시도하는 데 커다란 도움이 된다는 사실을 알게 되었다. 냉기가 비단 뉴잉글랜드의 바깥뿐 아니라 내 내면에도 스며드는 날이면, 나는 영혼의 차원에서 앞뒤가 맞는 말이라고는 단 한마디도 엮어 낼 수 없는 나 자신을 보곤 했다. 그럴 때는 일기가 도움이 되었다. 이제는 나도 '현대인'이다 보니 컴퓨터로 일기를 쓰고 있다. 일기라는 형태를 통해 나는 굳어 버린 영혼과 정신을 하나님 아버지 앞에 기록하고 묘사하는 법을 배웠다. 대개는 솔직한 대화를 서너 문단 쓰고 나면 내면의 돌이 깨지기 시작한다.

내 일기에는 영혼에서 일어나는 대화가 가득 들어 있다. 감사한 일들도 적혀 있고, 당혹스런 일들도 얼마든지 있으며, 친구들과 교인들을 향한 진실한 희망 사항도 구구절절 들어 있다.

마지막으로 영혼의 대화에 필요한 요소는 인내다. 인내! 참고 기다리는 능력! 젊었을 때만 해도 나는 비교적 참을성이 없었다. 그래서 내가 하는 기도가 제대로 응답되는 것 같지 않다고 아내에게 몰래 말하곤 했다. 그것은 연륜이 얼마 안 되고 생각이 짧아 사태를 장기적인 안목으로 볼 줄 모르는 사람이 내린 결론이었다. 물론 지금은 그렇지 않다. 50여 년이 넘는 세월이 반드시 장기적 안목을 가져다주는 것은 아니지만, 그래도 영혼의 대화는 하나님의 약속과 뜻이라는 영원의 안목에서 나와야 한다는 사실을 깨닫는 데는 충분한 기간이다. 지금은 내가 무덤에 묻힌 뒤로 오랜 세월이 흘러도 응답되지 않을지도 모를 제목을 놓고 기도하고 있다. 그래도 좋다! 이제는 하나님이 내가 당신께 영혼으로 드린 말씀을 한마디도 잊으신 적이 없다는 사실을 잘 알고 있기 때문이다. 시간은 그분의 것이고, 인내는 내 것이 되어야 한다.

우리 영혼이 우러러보는 이 신비의 하나님은 어떤 때는 괴로울 정도로 천천히 움직이시다가 어떤 때는 번개 같은 속도로 움직이신다. 인간은 그분 앞에 어떤 강요도 시간 제한도 측정 기준을 내놓을 수 없다. 그저 고개를 숙인 채 영혼의 언어를 아뢴 다음 기다릴 수 있을 뿐이다. 기다리고 있는 바를 다른 사람들에게 이야기할 필요도 없다. 하늘을 향한 영혼의 대화로 족한 것이다.

오늘날에는 침묵, 시간, 영적 선진들과의 접촉, 일기를 통한 자기 노출, 인내 등이 충분히 공급되지 않고 있다는 생각을 하면 늘 마음이 부담스럽다. 왜냐하면 기도가 깊이 없는 단어, 공허한 상투어, 임기 응변적인 의견, 종교적 독백 등의 형태를 취할 수 있기 때문이다.

나에게 영혼의 대화를 달라! 인생의 수면 아래쪽에서 이루어지는 열 마디 영혼의 대화는 다른 천 마디 말에 버금가는 가치가 있다. 영혼의 대화는 내면 세계의 밑바닥으로부터 나오는 것이다. 영혼은 그리스도 안에서의 연합을 통해 하나님이 거하실 수 있는 곳이며 인간이 고통 가운데서 자신의 성향과 부족함을 발견하게 되는 곳이다. 또한 창조 세계와 그 세계의 잠재 가능성을 새로운 시각으로 바라보며 예배하게 되는 곳이다. 그리고 하나님의 임재 안에서 보낸 순간순간이 그 무엇보다 귀하다는 사실을 깨닫게 되는 곳이다.

13. 에너지는 어디에서 오는가?

그리스도처럼 살아야 한다는 도전 앞에서 새 힘을 얻는 방법은?

우리 안에 거하시는 하나님!
말하거니와 이것이 바로 기독교다.
이것을 살아 있는 실체로 직접 깨닫기 전에는
그 누구도 기독교 신앙의 능력을 제대로 경험했다고 말할 수 없다.
나머지는 전부 이것을 위한 준비 과정이다.
—토저

이 책의 각 장에는 목걸이의 구슬에 견줄 수 있는 주제들이 제기되어 있다. 그 구슬들은 하나님이 택하사 축복하시는 삶의 특성 및 행실을 보여 주고 있다. 구슬은 정교하고 아름다운 물건이다. 그러나 그 구슬들로 목에 걸 수 있는 목걸이를 만들려면 한 가지 필요한 것이 있다. 바로 끈이다.

이 책의 구슬들을 한데 꿰어 주는 끈은 바로 삼위일체의 세 번째 위(位)이신 **성령**이다.

우리는 성경에서 성령이 생기, 바람, 보혜사, 대언자, 함께하시는 분 등의 모습으로 다양하게 나타나고 있음을 배워 알고 있다. 성령을 설명하기 위해 이런 비유적인 단어들을 사용하는 것은 성령이 보이지 않는 분이시기 때문이다. 오직 성령이 사람 안에서 그리고 사람을 통하여 이루시는 일만이 보일 뿐이다. 성령을 묘사하는 데 사용된 단어들은 항상 하나님의 특별하신 임재와 능력을 말해 주고 있다. 그 단어들에는 사람에게 능력을 입히사, 다른 방법으로는 어렵거나 불가능해 보이는 일을 하게 하고 또 그런 사람이 되게 하는 하나님의 에너지에 대한 개념이 들어 있다. 그것은 평범한 사람들을 하나님 나라의 특별한 시민으로 변화시키는 능력이다.

하나님이 축복하시는 삶에 대해 우리가 확신할 수 있는 것은 성령이 그 근원에 계시다는 사실이다. 사람들이 삼위일체의 제3위인 성령으로 충만하게 되었을 때 일어난 일들을 우리는 성경을 통해 볼 수 있다. 제일 유명한 사람 중에, 온 산하를 휩쓴 적군 때문에 넋을 잃고 있는 이스라엘 백성을 위해 하나님이 지도자로 뽑으신 기드온이 있다.

정기적으로 이스라엘을 침노하던 적군이 또 한 차례 침입해 온 어느 시기에 관해 성경은 이렇게 말하고 있다. 여기서는 히브리어를 문자 그대로 옮기는 것이 도움이 될 것 같다. "때에 여호와의 신(神)이 기드온을 덮으시니." 얼마 후 기드온은 소수의 병력을 이끌고 놀라운 일을 해냈다. 적군 수천이 기드온의 수백 용사에 결딴난 것이다.

그리스도인들의 전기를 살펴보면, 하나님이 축복하시는 삶을 산 사람들 중 상당수가 성령의 덮으심을 느끼는 특별한 순간을 경험했음을 알 수 있다. 성령의 덮으심이 어떤 사람들에게는 갑작스런 사건이었고 또 어떤 사람들에게는 거의 감지할 수 없을 만큼 천천히 일어난 일이었다. 그러나 이 사람들의 삶의 차이는 밤낮의 차이만큼이나 분명한 것이었다.

19세기의 전도자 무디(D. L. Moody)도 자신의 수면 아래쪽과 위쪽의 삶에 돌이킬 수 없는 변화가 찾아온 '덮으심'의 경험에 대해 이야기하고 있다. 자신의 영혼이 유난히 어리석고 무능하게 느껴지던 어느 날 무디는 새로운 영적 깊이와 힘을 찾아 하늘을 향해 부르짖게 되었다. 드디어 하나님이 그 부르짖음에 응답하사 성령이 무디를 깊이 어루만지시는 순간이 찾아왔다. 그는 여간해서는 이 순간에 대해 이야기하지 않았다. 이야기를 한다 해도 자랑하지 않으려고 조심했다. 분명 그는 그런 일을 겪음으로써 깊이 낮아져 있었다.

나의 심령은 간구하는 일을 하고 있지 않았다.…나는 간절히 빌 수도 없었다. 나는 하나님께 성령으로 나를 충만케 해달라며 줄곧 울고 있었다. 그러던 어느 날 뉴욕 시에서…오, 얼마나 놀라운 날이었던가! 말로 표현할 수도 없다. 너무나 성스러운 경험이어서 입에 담을 수조차 없다. 바울에게는 14년 동안 한 번도 남에게 말한 적이 없는 체험이 있었다. 내가 말할 수 있는 것이라고는 하나님이 당신 자신을 나에게 계시해 주셨다는 것과 내가 그분께 그 손을 거두지 말아 달라고 빌 정도로 그분의 사랑을 깊이 체험했다는 것뿐이다. 나는 다시 복음을 전하러 나갔다. 설교는 전과 다르지 않았다. 새로운 진리를 제시한 것도 아니었다. 그런데 수백 명이 회심했다. 이제 나는 온 세상을 준다고 해도 이 복된 경험 이전의 자리로는 절대로 돌아가지 않을 것이다. 저울로 잰다면 온 세상도 작은 먼지에 지나지 않을 것이다.

꼭 생각해 보아야 할 문제다! 기드온과 무디 그리고 수많은 사람에게 일어난 '성령의 덮으심'은 소수에게만 한정된 특별한 경험인가? 아니면 하나님의 손길을 구하는 모든 사람에게 일어날 수 있는 일인가?

나는 지금 성령에 관한 문제를 아주 내키지 않는 마음으로 쓰고 있다. 함부로 다루기에는 너무나 크고 거룩한 주제이기 때문이다. 앞에서 말한 '영적 체험'같이 아주 쉽게 얻을 수 있는 것처럼 이야기하는 것은 아닐까

하는 두려움이 있다. 그러나 이 주제를 다루지 않으면 이 책의 다른 모든 부분이 무의미하게 되고 말 것이다. 나는 그것이 더 두렵다. 우리의 영혼 안에 살아 계시는 성령의 역사 없이는 다른 모든 활동과 묵상이 사실 쓸모없기 때문이다.

성령은 하나님의 가정의 영(family spirit)이라 부를 수 있다. 성경 시대에 가장은 장자에게 집안의 재산뿐 아니라 가정의 영까지 물려주는 것을 크게 중시했다. 사람들은 이것을 '복을 비는' 순간이라 불렀다. 가계(家系)에는 그 안에 거하는 영이 있으며 그 영은 세대에서 세대로 전수된다는 강력한 확신이 있었다. 남자에게 이 가정의 영을 물려줄 아들이 없다는 것은 커다란 비극이었다.

가정의 영에는 집안의 명예가 실려 있었다. 집안의 특성 및 사명에 대한 의식이 담겨 있었던 것이다. 가정의 영으로 축복받는다는 것은 자신의 영혼 안에 아버지와 아버지의 아버지들의 음성을 지니는 것과 같았다. 그들의 모든 지혜와 능력과 경험이 가정의 영을 통해 전수되었던 것이다.

이 가정의 영과 그 영의 축복을 통한 세대간 전수의 개념 속에서 우리는 한 사람의 죄 때문에 온 집안이 다 심판받는, 구약의 이상한 본문들을 약간은 이해할 수 있다. 예를 들어, 아간의 죄는 지나치게 엄하게 처리되고 있다.

아간만 벌하면 되지, 굳이 그 아이들을 포함하여 온 집안을 벌할 필요가 있었을까? 모든 인간을 '홀로 서는' 개인으로 인식하는 오늘날의 문화에는 가족의 연계성에 대한 그러한 신비로운 개념이 전혀 없다. 그러나 당시에는 아간으로 하여금 하나님께 불순종하게 만든 그 영이 자녀들에게 유전된다고 인식되었다. 따라서 그 영은 뿌리를 뽑아야만 하는 것이었다.

우리의 영적 조상 아브라함이 아내 사라와 함께 아기를 낳을 때까지 오랜 세월을 보내는 동안 그토록 괴로워한 이유도 바로 이 가정의 영이라는 개념에서 찾을 수 있다. 그는 집안의 대가 끊겨 가정의 영이 자기와 함께 죽게 되는 현실 앞에 서 있었다. 복을 빌어 줄 아들이 없었던 것이다.

사도 바울은 아브라함의 이 깊은 고민을 이해하였던지라 그에 대해 많은 기록을 남기고 있다. 그는 위대한 창세기의 기사로 거슬러 올라가 하나님이 어떻게 아브라함을 찾아오사 그에게 한 아들뿐 아니라 그 후손의 영원한 나라를 약속해 주셨는지 이야기하고 있다. 그의 가계는 그 수가 하늘의 별에 맞먹을 가계였다. 작은 집안이 아니었던 것이다!

아브라함 시대에는 남자의 정자가 생리적 능력으로 이해되기보다는 남자의 영을 전달하는 것으로 간주되었다. 성 능력이 없는 남자는 죽은 영을 지닌 자라고 할 수도 있었다. 그런데 하나님이 아브라함에게 당신의 성령을 주셨으니 얼마나 큰 은혜인가! 그래서 바울은 구약의 이 위대한 기적을 주목하며 그리스도를 믿는 우리도 다 같은 성령을 받는다고 말하고 있다. 처음 아브라함에게 주어진 성령이 예수님을 통하여 우리에게도 주어지는 것이다. 예수님을 따르는 자는 누구나 천국의 가정의 영인 성령을 받는다.

교회사를 보면 성령에 대한 혼란이 매우 많았다. 안타깝게도 그런 혼란은 앞으로도 계속될 것 같다. 성령의 역할과 사역을 설명하기 위해 선량하고 경건한 사람들이 저마다 가지각색의 입장을 취하곤 했다. 슬프게도 그런 입장들이 때로 너무나 굳어져 결과적으로는 교제와 동역에 많은 분열을 야기했다. 참으로 어리석은 일이다. 하나님이 성령을 주신 것은 가정을 하나로 묶기 위해서이기 때문이다. 우리의 본분은 천국 가정의 명예를 이어 가며 우리의 하늘 아버지께 영광 돌리는 것이다. 그런데 너무나 많은 경우 우리는 그렇게 하지 못한다. 연합 가족은커녕 이산 가족이라고 할 정도로 따로따로이기 때문이다.

바울은 하나님이 우리를 위해 마음에 품고 계신 이상적인 가정의 모습 및 그 모든 실현을 위해 성령을 주신 사실을 다음과 같이 기록했다.

너희가 다 믿음으로 말미암아 그리스도 예수 안에서 하나님의 아들이 되었으니 누구든지 그리스도와 합하기 위하여 세례를 받은 자는 그리스도로 옷입었느니라. 너희는 유대인이나 헬라인이나 종이나 자유인이나 남자나 여자나 다 그리스도 예수 안에서 하나이니라. 너희가 그리스도의 것이면 곧 아브라함의 자손이요 약속대로 유업을 이을 자니라(갈 3:26-29).

바울이 그리스도를 새로이 따르게 된 사람들에게 가르치고자 한 바 곧 사람이 아브라함처럼 하나님을 믿으면, 죄 때문에 부패하여 낡고 죽어서 무능해진 영 대신 성령이라는 새로운 영을 받게 된다는 것이 바로 기독교 신앙의 진수다.

성령이 친히 우리 영과 더불어 우리가 하나님의 자녀인 것을 증언하시나니 자녀이면 또한 상속자 곧 하나님의 상속자요 그리스도와 함께한 상속자니 우리가 그와 함께 영광을 받기 위하여 고난도 함께 받아야 할 것이니라(롬 8:16-17).

사람이 영혼으로 살기로 선택하면 바울의 메시지가 아주 중요해진다. 영혼으로 사는 삶의 가장 깊은 곳에 하나님의 성령이 임재하기 때문이다. 바울은 다시 이렇게 말한다. "우리에게 주신 성령으로 말미암아 하나님의 사랑이 우리 마음(영혼)에 부은 바 됨이니"(롬 5:5).

하나님은 믿음으로 자신의 삶을 당신께 열어 드리는 사람들의 영혼에 친히 오셔서 거하신다. 우리가 이 책을 통해 지금까지 생각해 온 모든 것은 이 위대한 진리로 함께 묶일 때에야 살아 있는 원리가 된다. 아브라함도 하나님이 그의 죽은 영을 대신할 성령을 주셨을 때 자신을 열어 드렸다.

성령에 대해 말한다는 것은 인간의 경험 속으로 들어오시는 하나님의 임재에 대해 말하는 것이다. 그 임재는 태초 즉 창조 때부터 거기 있도록 되어 있었다. 그러나 최초의 사람이 '홀로 선다'는 무서운 결정을 내렸기 때문에 그 임재를 상실하고 말았다. 예수님이 오사 베풀어 주신 것은 아브라함이 먼저 받은 선물을 우리도 받을 수 있게 하시는 구속(救贖)의 과정이다. 아브라함에게 주어진 성령은 우리에게도 주어진다. 그런데 예수님을 믿는 믿음을 통해 성령이 우리 안에 들어오시게 되면 영원한 의미를 지닌 일들이 일어나게 된다. 과연 어떤 일들일까?

이 성령이 수면 아래쪽의 영혼에 들어오게 되면 적어도 다음 세 가지 일이 일어나기 시작한다.

첫째, 성령은 이제 우리가 하나님의 가정 곧 하늘의 공동체의 일원이라는 확신을 심어 주기 시작하신다. 일종의 각성이 일어나 자신과 하늘 그리고 땅과의 새로운 관계를 인식하게 되는 것이다. 사도 바울의 말처럼 이제 우리는 하나님이 그 아들 예수의 피로 값을 치르고 사신 위대한 교회의 한 식구가 되는 것이다. 우리는 새로운 애정으로 살아나게 되며, 예배하고 싶고 섬기고 싶고 또 성령을 주신 하나님께 영광이 될 만한 삶을 추구하고 싶은 열망을 갖게 된다. 또한 같은 가정의 특성 및 꿈을 지닌 사람들과 교제하기를 원하게 된다.

이것은 성령이 그리스도를 따르는 자 안에 심어 주시는 위대한 확신이다. 나는 아무 데도 속한 곳이 없다는 이전의 두려움은 깨끗이 사라진다. 하나님이 나를 받아 주실까 그렇지 않으실까에 대한 문제도 해답을 찾게 된다. 그분은 나를 받아 주신다. 내가 그분의 아들 예수의 동생이기 때문이다. 내 영혼이 처음 지음받은 모양 그대로 영원히 살 것이라는 확신은 더욱 깊어진다. 그리고 이 평범한 모습 이대로 내가 하나님의 위풍 당당한 나라의 한 자녀라고 하는 영원한 확신을 유업으로 받게 된다.

허버트 버터필드는 성령이 주시는 이런 확신에 대한 반응을 다음과 같이 적었다.

역사를 보아도 삶을 보아도, 별로 배우지 못했지만 영적으로 심오한 경지에 이른 사람들을 만난다는 것이 그렇게 어렵지만은 않다.···그런가 하면 교육 수준은 아주 높지만 내면의 공허를 가리기 위해 머리 써 가며 똑똑한 재주를 부리고 있다는 느낌을 주는 사람들도 많다.

성령의 열매

우리 안에 이 새로운 성령이 계실 때 일어나는 두 번째 일은 우리가 새로 소속된 가정에 어울리는 성품을 갖추기 시작한다는 것이다.

십대에 나는 부모님과 후한 장학금 덕분에 좋은 사립 학교에 다닐 수 있었다. 그로써 내가 누린 혜택은 훌륭한 교육이었다. 불편한 점이 있다면 여름방학 때를 빼고는 가족을 만나러 집에 갈 수가 없었다는 것이다.

다행히도 나는 학교에서 그리 멀지 않은 곳에 집이 있는 아이와 방을 같이 쓰게 되었는데 그 친구의 부모님은 내가 원할 때면 언제고 나를 반겨 주셨다. 룸메이트의 부모님은 따뜻하고 인정 많으신 분으로 마음이 그렇게 후하실 수가 없었다.

주말이면 룸메이트를 따라 그 집에 간 적이 수도 없이 많았는데 그때마다 그 아버지는 문간에서 우리를 맞아 주셨다. 내 수중에 돈이 별로 없다는 것을 아셨던 모양인지 10달러짜리 지폐도 종종 쥐어 주셨다. 그분은 돈을 내 손에 쥐어 주시며 이런 말씀을 하셨다. "고든, 우리 집에 오면 너도 우리 집 식구다. 그러니까 우리 집 돈을 쓰는 건 당연하단다." 내가 너무나 기쁜 나머지 그 자상한 권유를 따라, 그분이 주시는 돈을 기꺼이 받았음은 물론이다.

나는 그 집에 가는 것이 좋았기 때문에 행동 하나하나에 세심한 주의를 기울였다. 그 아버지와 어머니께 진짜 아들이 되어 드릴 수는 없었지만 그래도 대리 아들 역할은 해내고 싶었던 것이다. 그 한 가지 방법은 **진짜 아들처럼 행동하는 것**이었다. 그래서 나는 내 룸메이트가 자기 부모님을 어떻게 대하는지, 부모님의 요구에 어떻게 반응하는지, 아들로서의 기능을 어떻게 수행하는지를 알기 위해 그를 유심히 관찰했다. 그리고 나도 최대한 그를 따라했다.

룸메이트가 저녁 식사를 위해 정장 차림을 하면 나도 신경 써서 똑같이 입었다. 또 단정한 몸가짐과 예의 바른 태도로 사람을 대하는 것을 매우 중시하는 것을 보고는 그 부모님을 기쁘게 해드리기 위해 나도 그렇게 했다. 또 룸메이트가 그러는 것 같아서 나도 정성 들여 감사를 표시했다. 나는 아무런 문제도 일으키지 않으려 했으며, 그 집을 방문하는 손님들에게 예의를 다하고자 했다. 이런 특성들이 아들의 스타일이었기에 그것을 내 것으로 삼고자 했던 것이다.

나는 비록 성(姓)은 달랐지만 그 가정의 특성을 그대로 따라함으로써 그 가족의 일원처럼 행동했다. 그리고 그러기에는 그 아들처럼 되는 것이 가장 좋은 방법이었다.

우리가 영혼으로 살기로 하면 성령이 이런 일을 가능하게 하신다. 하나님의 가정에는 분명한 생활 특성들이 있다. 바울은 그것을 성령의 열매라 부른다. 그리스도를 따르는 자의 영혼에 성령이 거하시게 되면, 그 증거는 사랑, 희락, 화평, 인내, 자비, 양선, 충성, 온유, 절제 등의 특성으로 나타나게 된다. 이것이 그 가족 구성원의 지배적 특성이 된다. 전에는 그런 것들이 없었던 만큼 삶에 변화가 일어나기 시작한다.

나는 내 룸메이트 집에서 내가 따라야 하는 생활 방식을 의무로 여기지 않았다. 아무도 내게 규칙 목록을 주지 않았다. 나는 다만 많은 날들을 기숙사에서 살며 단체 음식을 먹다가 주말이면 이 따뜻한 가족의 일원이 되는 것이 너무 좋아서 벅찬 가슴으로 이 가정에 나를 맞추었던 것이다. 나는 나를 손님으로, '양자'로 맞아 준 그분들을 기쁘게 해드리고 싶었다.

영혼으로 사는 것도 이와 마찬가지다. 성령이 그리스도를 따르는 자의 삶에 들어오는 것이다. 그 성령은 하나님이 아브라함과 기드온에게 주신 바로 그 성령이다. 또한 예수님을 구주로, 주님으로, 맏형으로 믿는 모든 이에게 주시는 예수님의 영이다.

이 가정의 일원이 된다는 것은 인생에서 받을 수 있는 가장 귀한 은혜요 특권이다. 이 교제에 초대받는다는 것은 단순히 손님으로서가 아니라 양자로 초대받는 것이다. 이 점이 바로 내 학창 시절의 소박한 방문이 난관에 봉착하는 지점이다. 왜냐하면 나는 내 룸메이트의 집에서 손님에 지나지 않았기 때문이다. 그러나 하나님의 가정에는 아들로 입양되었다. 그 집을 방문하던 주말마다 나는 아들의 신분을 흉내냈다. 그러나 하나님의 가정에서는 아무것도 흉내낼 필요가 없다. 성령이 내 영혼에 들어오셨으며 영적 유전인자들이 가정의 특성을 전수해 주었기 때문이다. 또한 바울이 성령의 열매라 부른, 그리스도를 영화롭게 하는 특성들을 삶 속에서 실천하고 싶은 열정이 찾아왔기 때문이다.

성령의 은사

하나님이 아브라함에게 주셨고 예수님을 통하여 우리에게도 주신 성령은 그러한 생활 특성들을 생생하게 해줄 뿐 아니라, 바울과 베드로와 다른 사람들이 '은사'라고 부른 특정한 능력들도 베풀어 주신다. 그것은 바로 섬김—세상의 다른 사람들을 섬김, 예배로 하나님을 섬김—을 위해 마련된 능력들이다.

아들이 가정의 영을 받는다는 말에는 아버지의 기술을 받는다는 의미도 다분히 들어 있다. 즉 농부의 영, 사냥꾼의 영, 목자의 영을 함께 받는 것이다. 나에게 주어진 아버지의 기술들, 그것은 아버지가 나에게 그 영으로 전수해 주시는 선물(은사)이다.

하나님의 성령은 그리스도를 따르는 자의 영혼에 오셔서 거하신다. 그 오심과 함께 섬김을 위한 새로운 가능성들도 심어진다.

영혼에 무지한 이 세상은 뛰어난 솜씨에 대한 이야기가 나오면 그저 기술과 적성에 대해서 말할 뿐이다. 인간이란 선천적으로 특정 재능을 지니고 있으며 또 특정 능력을 획득할 수 있다고 생각하는 것이다. 그러나 그리스도를 따르는 이들의 경우에는 이런 문제에 대한 이해가 달라진다. 종종 인간을 선천성 재능 너머의 세계로 이끌고 가는 능력 부음이 있다는 사실을 이해하게 되는 것이다.

예수님을 만난 지 3년 후, 예루살렘 한복판에 서서 수천을 헤아리는 무리에게 그리스도의 복음을 선포하는 보잘것없는 어부 시몬 베드로를 생각해 보라. 그가 이렇게 할 수 있었던 것은 단순히 숨어 있던 재능이 갑자기 살아 튀어나왔기 때문이 아니다. 하늘의 주도(主導)에 따라 역사를 이루게 하시는 성령이 베드로의 영혼 안에 계셨기 때문이다.

오랜 세월이 지난 후 베드로는 이런 은사에 대해 다음과 같이 말하고 있다.

각각 은사를 받은 대로 하나님의 여러 가지 은혜를 맡은 선한 청지기같이 서로 봉사하라. 만일 누가 말하려면 하나님의 말씀을 하는 것같이 하고 누가 봉사하려면 하나님의 공급하시는 힘으로 하는 것같이 하라. 이는 범사에…하나님이 영광을 받으시게 하려 함이니(벧전 4:10-11).

성품이 가정의 일원이 되는 것과 상관 있다면 은사는 만왕의 왕을 섬기는 것과 상관 있다. 그분의 인정(認定)을 염두에 두며 그분을 기쁘시게 하기 위해 섬기는 것이다. 대다수의 사람들이 이런 은사를 자기 경력을 개발하기 위해 사용하고 있지만 은사란 그런 목적으로 주어진 것이 아니다. 오히려 은사는 하나님 나라의 건설을 위해 사용해야 하는 것이다.

은사 가운데는 다른 사람들이 고민을 딛고 일어나 성장할 수 있도록 도와주는 은사가 있다. 하나님의 위대한 '비밀'을 아직 모르는 이들에게 그 비밀을 선포하는 은사도 있다. 또, 다른 방법으로는 도저히 깨달을 수 없는 일들에 대해 분별력과 통찰력을 가져다주는 은사도 있다. 마지막으로, 주님께 예배 드리는 힘을 자라게 해주는 은사도 있다. 이런 은사는 우리가 평범한 언어, 신체적 제약마저 초월할 수 있게 해준다. 앞으로 영원한 세계에서 살게 될 예배 중심의 삶이 어떤 것인지 그 맛을 보여 주는 것이다.

성령의 능력

이 모든 것은 성경 전체를 통하여 성령과 밀접한 관계를 맺고 있는 단어 하나에 다 들어 있다. 바로 능력이라는 단어다. 성경을 살펴보면, 성령이 거하시는 사람들의 삶에는 이상하고 놀라운 일들이 일어나곤 한다는 것을 금방 알 수 있다. 젊은 사람들이 예언을 하고 늙은 사람들이 꿈을 꾼다. 비전이 있고 장래가 있다. 온전한 모습으로 다시 돌아오며 위대한 성취를 향한 진보가 있다. 비밀스런 일들에 대한 지식, 숨겨진 일들에 대한 분별이 있다. 그리고 사랑할 만하지 않은 사람들도 사랑하며, 악인 중의 악인에게도 은혜와 용서를 베풀 수 있는 능력이 있다. 이 모든 것이 평범한 사람의 영혼 속에 거하시는 성령의 능력의 한 부분이다.

우리의 간구를 통해 성령이 영혼 깊은 곳에 임하시게 되면 능력이라는 세 번째 가능성을 공급받게 된다. 예수님은 제자들에게 "너희가 권능을 받고"라고 말씀하셨다. 능력이 이토록 필요한 이유는 무엇인가? 바로 인류가 태초부터 지니도록 되어 있던 것을 너무나 많이 잃어버렸기 때문이다.

영혼은 위대한 창조적 역량을 무제한적으로 지닌 능력 기반이자 발전기지로 지음받았다. 그 능력은 도덕적이고, 영적이며, 창조적이고, 표현력이 풍부하고, 분별력 있고, 미래를 예견하는 것이었다. 그러나 죄가 그 능력의 많은 부분을 무력하게 만들어 이제 인류에게는 당초 의도된 분량에서 극소량밖에 남지 않게 되었다.

이 위대한 능력이 어떤 것인지를 알게 해주는 것이 종종 있다. 어떤 장면이나 사람 혹은 개념까지도 생생하게 그려 내는 화가의 능력, 심오한 생각을 언어라는 그릇에 담아 내는 시인의 능력, 작곡가의 능력, 의사나 교사의 능력, 사람에게 감명을 주는 일에 남달리 뛰어난 지도자의 능력 등이 그런 것이다.

도처에서 우리는 하나님이 우리 모두에게 주시려 했던 그 놀라운 능력들을 조금씩 맛보게 된다. 바로 그런 것들이 우리의 영의 죽은 부분을 대신하려 찾아오신 하나님의 내주하시는 성령의 작품들이다.

능력 있는 삶! 그것이 바로 수면 아래쪽의 삶이다. 능력은 보통 사람들을 수렁에 몰아넣는 온갖 형편 및 상황을 타개할 수 있게 해주는, 수면 아래쪽 저 깊은 곳에 있는 에너지 센터라고 할 수 있다.

성 프란체스코는 하나님이 그를 놀라운 영성 운동의 창시자로 기름 부으신 이유가 무엇이라고 생각하는가라는 질문에 이렇게 대답했다.

주님이 나의 수고를 축복하신 이유는 바로 이것이라 믿습니다. 그분은 하늘에서 내려다보시며 이렇게 말씀하셨을 겁니다. "어디에 가면 지구상에서 가장 약하고 가장 작고 가장 비천한 사람을 찾을 수 있을까?" 그러던 중 나를 보시고 이렇게 말씀하셨습니다. "이제야 찾았다. 이 사람은 자만하지도 않을 것이고 내 영광을 가로채지도 않을 것이므로 이 사람을 통해 일해야겠다. 이 사람은 내가 자기를 사용하는 이유가 자기가 작고 보잘것없기 때문임을 알 것이다."

이런 삶과는 전혀 상반되는 사람들을 대한다는 것은 얼마나 서글픈 일인가! 그런 사람들은 영혼이 아니라 그냥 수면일 뿐인 곳에서 깊은 물처럼 존재 그 이상은 별 의미가 없는 삶을 살고 있다.

브리지드 허먼(Brigid Hermann)은 이렇게 썼다.

영적 스승들 중 핵심 인물들은 반드시 재능이 있거나 뛰어난 사람은 아니지만 하나님을 '살아 계신 밝은 실체'로 삼아 일상 생활 속에서 신비를 맛보며, 가장 평범한 행동을 숭고한 예배로 변화시킨 사람들이다. 그들을 돌아보면, 그 뿌리가 영적 침묵이라는 토양 속에 깊이 박혀 있었음을 알 수 있다. 세상에 살면서 사람들과 관계를 맺는 중에도 그들은 늘 하나님과 단둘이 있기 위해 찾아갈 작은 방을 심령 속에 따로 간직하고 있었다.

아브라함이 딱히 누구에게랄 것도 없이 "나는 아들도 없고 내 안의 영은 죽었소" 하고 자신의 곤경을 털어놓은 지 오랜 시간이 흘렀다. 어느 날, 그 어두움 속에서 한 음성이 들려왔다. "내가 너와 함께 있다. 네게 아들과 수많은 자손이 있을 것이다." 이렇게 하나님은 아브라함에게 새로운 영을 주셨다. 또한 그분은 우리가 구하기만 한다면 그리고 우리 영혼을 그분이 거하시기에 합당한 처소로 준비하기만 한다면, 우리에게도 같은 성령을 주신다.

우리 부부는 뉴욕 시에서 4년간 산 적이 있다. 거기서 우리는 트리니티 침례교회라는 젊은 전문인들로 이루어진 한 교회를 무척이나 즐겁게 섬겼다. 하루하루가 새로운 모험 같았다. 매사추세츠 주의 렉싱턴으로 돌아오면서 우리는 마음 한 자락을 그곳에 남겨 두고 왔다. 우리가 그 교회의 교인들에게 작별을 고할 때 그들은 우리에게 아주 놀라운 추억이 될 만한 책을 한 권 선물해 주었다. 페이지 하나하나마다 우리가 그동안 그들과 함께한 삶을 두고두고 생각나게 해줄 편지며 사진들로 꾸며져 있었다.

그 책에는 뉴욕 주에 있는 교도소에서 일하며, 독방에 갇혀 있는 강퍅해질 대로 강퍅해진 수인들에게 그리스도를 전하는 일에 전심을 다하는 사람의 사진이 있었다. 가족들한테 버림받아, 찾아오는 사람 하나 없이 쓸쓸히 죽어 가는 에이즈 환자들에게 자신의 시간을 온통 다 쏟아붓는 젊은 여성 사회사업가도 있었다. 브로드웨이의 최고 뮤지컬에서 주연으로 캐스팅된 젊은 여배우도 있었다. 미국 최고의 자문회사로 손꼽히는 회사를 대표하며 온 세계를 돌아다니는 남자도 있었다. 옛 도자기를 취급하는 영국인 부부도 있다. 야간에 근무하면서도 매주 주일 아침이면 어김없이 커피 시간에 수백 명이 먹을 음식을 가지고 교회에 오는 여 간호사도 있었다. 그 책에는 의사들, 증권 인수업자들, 국제연합의 통역관들, 의류 디자이너들 등에 얽힌 이런 저런 추억이 들어 있다. 이들 모두와 다른 많은 사람들이 그 교회를 구성하고 있었다.

우리는 성령이 이들 한 사람 한 사람의 삶을 만지시는 것을 보았다. 꼭 우리가 거기 있었기 때문이 아니라 예수님의 영이 교인들의 삶 자체의 중심에 계셨기 때문이다. 폭풍이 몰아치는 대양에서의 깨어지는 순간같이, 그 도시는 우리 모두의 영혼을 자라게도 할 수도 있었고 익사시킬 수도 있었다. 그래서 우리는 자라는 쪽을 택했고 모두 함께 자랐다.

앞에서 말한 사람들 가운데 다른 모든 사람의 전형이 되는 사람이 하나 있다. 재닛이라는 여성으로 그녀는 추억의 책에서 두드러진 자리를 차지하고 있다. 그녀는 흑인으로 5년 전부터 뉴욕의 정상급 은행에서 관리직을 맡고 있었다. 우리는 그리스도의 영이 그녀의 영혼에 거처를 정하심에 따라 그녀의 삶이 변화되는 것을 볼 수 있었다. 시간이 지남에 따라 강하면서도 은혜스러운 영성이 계발되는 것을 우리는 경이로운 눈빛으로 보고 있었다.

처음 재닛을 만났을 때 우리는 그녀의 몸에서 발산되는 넘칠 듯한 에너지와 예리한 지성에 깊은 인상을 받았다. 처음 만났을 때부터 그녀에게는 그리스도를 향한 막힘 없는 경외심과 그분을 닮은 모습으로 자라고 싶어 하는 열망이 있었다. 바로 이런 사람에게 하나님이 축복하시는 삶을 살 수 있는 커다란 가망성의 문이 열리게 된다.

그러나 재닛이 그리스도를 닮아 가는 데에는 한 가지 강력한 장애물이 있었다. 우리는 그녀의 영혼 깊은 곳에 감추어진 밑 빠진 분노의 구덩이 같은 것을 보게 되었다. 그 분노는 해마다 두세 번씩 폭발하여 우울증을 수반하곤 했는데, 그럴 때면 재닛은 가장 가까운 친구들과도 몇 주씩 대화를 하지 못하고 지냈다. 그런 때는 사랑을 받아들일 줄도 몰랐고 전혀 줄 수도 없었다. 다만 만사에서 손을 떼야만 했다. 그럴 때마다 재닛에 대한 우리의 염려는 점점 커졌다.

인생 수면의 아래쪽에 무게를 더하는 일에 점점 마음을 쏟던 어느 날, 재닛은 이 간헐적으로 일어나는 분노의 폭발을 해결하고 넘어가야만 하는 깨어지는 순간을 맞게 되었다. 재닛이 분노를 다스리지 않는다면 분노가 재닛에게 회복 불능의 상처를 입히게 될 판이었다.

어느 순간이 전환점이었는지 정확하게 말할 수는 없지만 내 생각에는 우리들 여남은 명이 한 시간 정도 모여 중보 기도를 드리던 어느 주일 아침이었던 것 같다. 우리는 교회 2층에 있는 한 작은 방에 동그랗게 둘러앉았다. 기도할 준비를 하고 있는데 갑자기 재닛이 입을 열었다.

기억을 최대한 되살리자면 재닛이 한 말은 이런 것이었다. "저는 지금 여러분의 기도가 필요해요. 저는 제 안에서 분노가 끓어오르기 시작하는 것을 느낄 수 있어요. 분노를 사라지게 하는 방법에 대해 여러분이 아무리 좋은 이야기를 한다 해도 제겐 아무 소용이 없어요. 오히려 제 분노를 더 돋구기만 할 거예요. 분노가 더 심해지는 일이 없도록 기도해 주세요. 만일 분노가 더 심해진다면 하나님이 최대한 빨리 저를 치유해 주시도록 기도해 주세요. 저도 여러분 이상으로 이 분노가 싫어요. 저를 정말 난감하게 만들어요. 이것만 없앨 수 있다면 무슨 일이든 다 하겠어요. 이 분노가 어디서 나오는지 알았으면 좋겠어요."

그래서 우리는 기도를 하기 시작했다. 그날 아침 많은 사람들이 재닛을 위해 기도했다. 우리는 성령께 그녀를 건져 주시고 지켜 주시고 고쳐 주시기를 간구했다. 그녀를 향한 우리의 사랑, 그녀의 고투에 대한 우리의 긴박감, 그녀의 삶 속에서 이 문제가 예수님을 위하여 깨어지는 것을 보고자 하는 우리의 열망 등이 우리로 하여금 눈물을 흘리며 기도하게 했다.

기도 시간이 끝난 뒤 나는 재닛에게 잠깐 개인적으로 이야기할 수 있겠느냐고 물었다. 아직 분노가 일어난 상태는 아니었기 때문에, 아무 말도 말아 달라던 아까 그 부탁을 어기고 있다는 걱정은 들지 않았다. 나는 말했다. "재닛, 나한테 떠오르는 생각이 한 가지 있습니다. 전혀 무의미한 이야기일 수도 있겠지만 그래도 한 번 생각해 봤으면 좋겠습니다." 그녀는 고개를 끄덕였다.

"당신이 느끼고 있는 분노는 당신이 알고 있는 것보다 훨씬 더 깊은 내면에서 비롯된 것이 아닌가 하는 생각이 듭니다. 지금 처리 중인 분노가 당신의 어머니의 어머니의 어머니로부터 내려온 것일 수도 있지 않겠습니까? 당신과 나의 조상은 각기 다른 상황 속에서 이 나라에 왔습니다. 내 생각에 당신의 조상들이 자발적으로 이곳에 온 것 같지는 않습니다. 당신의 조상들이 이 땅에 오면서 겪어야 했던 일들을 나로서는 상상으로 그려볼 수밖에 없습니다. 어쩌면 이 분노는 실은 그분들께 속한 것으로 그분들이 어떤 취급을 당했는지를 말해 주는 것일지도 모릅니다. 그것이 집안 내력을 통해 당신한테 전수되어 그들이 느꼈던 감정을 지금 당신이 느끼고 있는지도 모릅니다."

나는 계속했다. "만약 내 말이 맞다면 당신은 용서의 사건에 초점을 맞춰야 합니다. 넘치는 은혜로 이 분노 덩어리들을 깨끗이 씻도록 하십시오."

재닛은 눈물을 찔끔거리며 내 말을 생각해 보겠노라고 약속했다. 그리고 우리는 헤어졌다. 정확히 어떤 일이 있었는지는 잘 모르지만 내가 아는 바로는 그 이후로 재닛이 자신의 분노를 서서히 이기기 시작한 것 같다. 분노의 위력이 사라지기 시작한 것이다. 힘든 순간들이 있긴 했지만 그녀는 분노와의 싸움에서 승리자가 되었다.

그게 전부가 아니다. 재닛은 도시의 젊은이들을 주 대상으로 하는 비영리 단체를 조직하기 위해 은행 일까지 그만두었다. 오래지 않아 재닛은 십대 아이들에게 꿈을 이루려는 희망을 포기해서는 안 된다고 외치며 강연차 뉴욕의 공립학교들을 드나들게 되었다. 사춘기 아이들과 보낸 많은 시간을 바탕으로, 젊은이들 및 모든 연령층의 남녀들에게 만족스러운 직업을 선택하고 개발하는 법과 책임감 있는 시민이 되는 법을 가르쳐 주는 창조적이고 아주 효과적인 운동 단체 비어클즈(Vehicles)가 탄생하게 되었다.

내가 재닛의 이야기를 이 책의 말미에 와서 하는 것은 그녀가 나에게 이 책 서두에서 이야기한 마이클 플랜트를 생각나게 하기 때문이다. 재닛도 플랜트처럼 자기가 하는 일에 전문가였다. 재닛도 플랜트처럼 인생의 몹시 거친 폭풍들을 만났다. 그리고 재닛도 플랜트처럼 배가 뒤집혔다. 그러나 마이클 플랜트와 달리 재닛은 일어나 항해를 다시 시작할 수 있을 만큼 수면 하단의 무게가 충분했다. 플랜트는 가라앉았지만 재닛은 달랐다.

재닛 하면 수면 아래쪽이 수면 위쪽보다 훨씬 중요하다는 것을 이해한 여자의 이미지가 떠오른다. 그녀는 받은 것을 도로 주라는 하나님의 명령을 듣고 따랐다.

그리고 다시 말하지만 그녀는 비전에 이끌려 앞으로 전진하는 삶을 살았다. 그녀에게는 소명이 있었고, 확신이 있었으며, 그냥 두면 지독한 장애물인 더러운 것들을 깊이 들여다보는 데 필수적인 작업을 해내려는 의지가 있었다. 영혼의 대화도 있었을까? 나는 재닛보다 더 기도의 능력을 존중하게 된 사람을 별로 보지 못했다.

그러나 그 무엇보다, 재닛의 비밀은 그녀 안에 예수님의 성령이 충만했다는 데 있다. 삶을 한순간에 쉽게 만든 돌연한 기적 같은 것은 전혀 없었다. 하루하루 성령이 들어오셔서 거하시도록 마음과 생활을 열어 드렸을 뿐이다. 또한 보호와 지혜와 자원을 놓고 그분께 의지했다. 그리고 그 깊은 겸손의 자세가 모든 것을 달라지게 했다.

마이클 플랜트는 영영 발견되지 않았다. 그러나 재닛은 오늘도 온 종일을 할렘(뉴욕 시의 흑인 거주 빈민가—역주)에서 보내고 있다. 거기 가면 거의 언제고 그녀를 만날 수 있다. 그녀는 하나님이 축복하시는 삶을 사는 사람이다.

후기

진퇴 양난의 곤경에 빠져 보기 전에는
하나님이 축복하신다는 사실을 모를 수 있다

커다란 참나무가 바람을 견뎌낼 때면
가지는 새로운 아름다움을 들여마시고
줄기는 바람 쪽으로 더 깊이 뿌리를 내린다.
터지는 슬픔을 아는 영혼만이
터지는 환희를 알 수 있다.
슬픔은 마음에 기쁨의 자리를
넓혀 주기 위해 찾아오는 것이다.
―에드윈 마크햄(Edwin Markham)

몇 년 전 충격의 굉음과 함께 베를린 장벽이 무너졌다. 나는 그 장벽을 본 적이 있고 그 유명한 체크포인트 찰리(Checkpoint Charlie: 동서 베를린의 경계에 있던 검문소-역주)를 통과해 동독으로 가 보기도 했다. 베를린을 동과 서로 갈라 놓은, 한 블록 넓이의 길고 추하게 생긴 땅이 생각난다. 내가 갔을 때만 해도 탈출자를 저지하기 위한 가시 철조망과 지뢰밭과 대전차 장애물들이 있었다. 베를린 장벽은 꿰뚫을 수 없는 튼튼한 벽이었다.

이 장벽은 내가 성인이 된 이후 아주 오랫동안 그 자리에 있었다. 나는 이 벽이 내 평생에 무너지리라고는 꿈에도 예상하지 못했다. CIA도 예측하지 못했다. 미래를 알려 주는 대가로 우리가 해마다 수십억 달러씩 지불하고 있는 정보전문가들도 예측하지 못했다. 내가 아는 어느 누구도 베를린 장벽이 무너지는 순간까지 이 장벽의 붕괴를 내다보지 못했다.

물론 지금은 베를린 장벽도 동독도 더 이상 존재하지 않는 만큼, 더 예리한 눈으로 최근의 역사를 바라볼 수 있게 되었다. 이제사 우리는 전말을 다 숙지하고 있었어야 함을 깨닫는다. 장벽의 임박한 붕괴를 알리는 신호들이 모두 밖으로 드러나 있었던 것이다. 눈만 제대로 떴다면 그 모든 것이 오고 있음을 미리 보았을 것이다. 그러나 우리는 자신의 시각에만 꼭 갇혀 있었기 때문에 잠시 후에 일어날 일을 전혀 내다보지 못했다.

베를린 장벽은 그 자체가 인생에 비유할 만하다. 그 장벽처럼 참으로 많은 인생도―종교적이든, 그렇게 종교적이지 않든―감히 꿰뚫을 수 없을 만큼 튼튼하게 서 있는 것 같다. 그러다 어느 날 갑자기 붕괴되고 만다. 붕괴는 깨어지는 순간으로 찾아온다. 비로소 무엇이 진짜로 강하고 내구성 있는 것인지에 대한 진정한 시험이 시작되는 것이다.

참 재미있는 일이다! 대부분의 경우 선견지명만 제대로 있다면 깨어지는 순간이 다가오는 것을 볼 수 있다. 그러나 대부분의 우리에게는 자신의 취약점들을 집어 낼 수 있는 타고난 재주가 없다. 운이 좋아 외부에서 일어나는 일들을 모두 볼 수 있는 눈은 있을지 모른다. 그러나 우리에게는 영혼 안을 들여다보는 눈이 필요하다.

이제까지 내가 한 모든 말은 베를린 장벽의 비유에 비길 수 있는 간단한 요점 하나를 말하기 위한 것이다. 곧 수면 아래쪽에 무게가 없으면 붕괴는 피할 수 없다는 것이다. 성경은 사람이 떡으로만 살 수 없다고 말하고 있다. 그렇다! 사람은 영혼에 귀 기울이지 않고는 살 수 없다.

영적 스승들 가운데 한 사람의 표현을 빌리자면, 이것이 바로 우리가 자신의 영혼에 경례를 해야 하는 이유이자, 영혼의 존재와 그 역량―고결함의 기초도 될 수 있고 야만성의 기초도 될 수 있는—을 인식해야 하는 이유다.

그리하여 우리는 영혼의 문을 열고 작업을 시작한다. 우선은 세상에서 가장 위대한 능력 즉 **회개**를 통하여 영혼을 준비시킨다. 이것은 영혼의 탄식과 죄의 고백으로 이끄는 냉혹한 자기 평가다. 우리는 **깨어지는 순간**을 통해 통찰과 교훈을 얻는다. 우리는 고통을 물리치려 하지 않는다. 고통에는 메시지가 담겨 있기 때문이다. 또한 우리는 영혼에 사명 즉 영혼이 지향할 수 있는 소명 의식을 심어 준다. 우리는 죄의 온상밖에 되지 못하는 **더러운 동기와 기억들을 영혼에서 깨끗이 씻어 낸다**. 그리고 하나님이 어떤 **분이신가에 대한 위대한 신학적 진리들의 확증**에 힘입어 영혼의 토양을 마련한다. 그리고 거기서 피어나는 **확신**을 거둔다. 이 확신들이 변하여 그리스도를 닮은 행동이 된다. 우리는 천국과의 위대한 연결 고리인 **기도와 중보**에 힘쓴다. 우리는 다음과 같이 간절히 기도한다. "예수의 영이시여, 오시옵소서. 제 영혼에 거하사 제가 하나님께 드리는 영광을 당신이 친히 높이시는 편안한 처소로 삼으시옵소서."

얼마 전 영국에서 수련회가 있었는데, 한 집회에서 신앙 때문에 18년을 감옥에서 보낸 중국인 목사가 소개되어 간증을 하게 되었다. 그는 청중에게 자신의 감옥살이 경험을 이런 말로 들려주었다.

"제 친구들은 제가 강제노동수용소에서 어떤 일을 했길래 몸의 건강을 지킬 수 있었는지 궁금해 합니다. 그러면 저는 그들에게 그곳의 삶이 너무너무 고된 것이었다고 대답합니다. 수용소 당국자들은 제게 인분 구덩이를 치우는 일을 시켰습니다."

"그 구덩이는 수감원들조차 가까이 가기를 꺼리는 곳이었습니다. 그러나 당국자들은 내가 교육 수준이 높은데다 유복한 집안 출신이라는 것을 알고 있었으며 특히 그들은 무신론자인데 나는 그리스도인 지도자였기 때문에 나에게 그런 일을 시켰습니다. 어쨌든 그들은 나에게 인분 구덩이 치우는 일을 시키며 좋아했습니다. 그러나 정작 그 여러 해 동안 내가 거기서 일하는 것을 얼마나 좋아했는지 그들은 알지 못했습니다."

"그 구덩이는 수용소 전체에서 수거된 인분으로 가득 찬, 넓이 2미터 이상에 길이도 2미터나 되는 구덩이였습니다. 인분이 꽉 차면 적당히 썩을 때까지 기다렸다가 퍼서 밭에 비료로 보냈습니다. 구덩이가 아주 깊어서 바닥까지 깨끗하게 퍼낼 수는 없었기 때문에, 나는 그 병균 덩어리 속에 직접 들어가 시종 악취를 맡아가며 인분을 조금씩 차례로 퍼내야 했습니다."

"간수들과 모든 수감원들은 악취 때문에 가까이 오지도 않았습니다."

"그런데 내가 거기서 일하는 것을 좋아한 이유가 무엇이었겠습니까? 바로 혼자 있는 것이 좋았습니다. 강제노동수용소에서는 보통 모든 수감원이 엄격한 감시하에 있기 때문에 아무도 혼자 있을 수 없습니다. 그러나 나는 그 구덩이에서 일했기 때문에 혼자 있을 수도 있었고 주님께 실컷 큰 소리로 기도할 수도 있었습니다. 그때까지 외우고 있던 시편 모두와 여러 성경 말씀을 암송할 수도 있었습니다. 그래도 아무도 가까이 와서 방해하지 않았습니다. 그것이 바로 내가 인분 구덩이에서 일하는 것을 좋아했던 이유입니다. 그때껏 외우고 있던 찬송들을 큰 소리로 부를 수도 있었습니다."

"당시 내가 제일 즐겨 부르던 찬송 중 하나가 '저 장미꽃 위에 이슬'입니다. 체포되기 전에도 제일 좋아하던 찬송가였지만 그때는 그 찬송의 진정한 의미를 깨닫지 못했습니다. 인분 구덩이에서 일하면서 나는 우리 주님과의 놀라운 교제를 깨달아 알게 되었습니다. 나는 몇 번이고 반복하여 이 찬송을 부르면서 내 곁에 계신 우리 주님의 임재를 느꼈습니다."

저 장미꽃 위에 이슬 아직 맺혀 있는 그때에
귀에 은은히 소리 들리니 주 음성 분명하다.
주가 나와 동행을 하면서 나를 친구 삼으셨네.
우리 서로 받은 그 기쁨은 알 사람이 없도다.

"그 구덩이 안에서 몇 번이고 반복하여 이 찬송을 부르면서 나는 주님의 임재를 맛보았습니다. 그분은 결코 나를 버리거나 떠나지 않으셨습니다. 그래서 나는 이렇게 살아나게 되었고 그 인분 구덩이는 나의 은밀한 동산이 되었습니다."

이것은 하나님이 그 삶에 복 주기로 택하신 한 평범한 사람의 고백이다.

이야기는 이렇게 끝나야 한다

크리스토스 호(號)

옛날에 어떤 지혜로운 사람이 배를 지을 준비를 했다. 그의 의도는 가족이 그 배를 사용하여 여가를 즐기는 것이었다. 그러나 그는 배를 소유할 수 없는 사람들의 즐거움을 위해서도 그 배가 사용될 수 있다는 점을 염두에 두고 있었다. 그는 배를 다 지은 다음 기회 있을 때마다 형편이 좀 어려운 사람들이 자기 배를 사용할 수 있으면 참 좋겠다고 생각했다.

지혜로운 사람은 배를 짓기 시작할 날짜를 정하기에 앞서 자기보다 경험이 훨씬 많은 항해사들을 만났다. 그리고 각 사람에게 물었다. "배에 대해서 지금까지 어떤 점들을 배웠습니까? 좋은 배는 어떻게 생겼습니까? 좋았던 경험과 나빴던 경험을 들려주실 수 있겠습니까? 어떤 점을 피해야 합니까? 배를 지을 때 충고해 주실 만한 중요한 점은 어떤 것이 있습니까?" 그리고 노련한 항해사들이 축적된 경험을 말해 줄 때 귀담아 잘 들었다.

그들은 그에게 바다가 아름답기도 하지만 위험할 수도 있다는 사실을 이야기해 주었다. 언젠가 가 보게 될 섬들에 대해서도 말해 주었지만 동시에 피해야 할 여울목과 모래톱에 대해서도 이야기해 주었다. 항해하기에 멋진 시기들을 알려 주는가 하면 갑작스런 폭풍이 닥치는 시기에 대해서도 경고해 주었다. 화제가 배로 돌아오자 그들은 용골을 잘 설계하고 수면 하단의 무게를 적절히 분산시키는 것이 중요하다는 것도 강조했다. 물살을 최고로 잘 가를 수 있는 선체 모양 그리고 최악의 기상 조건에서도 항해를 보장해 줄 수 있는 재료에 관해서도 이야기했다.

돛과 삭구, 선실과 부속품류에 대해 묻자 그들은 실용성을 생각해야 한다고 경고해 주었다. "배의 외관이나 멋진 선박 경선 대회에 뽑힐 사항들에 대해서는 일체 신경 쓰지 마십시오. 그보다 거친 물살과 거센 폭풍을 견딜 수 있는 재료와 설계에 중점을 두십시오. 찢어지지 않는 돛, 쉽게 넘어지지 않는 돛대, 최대 압력에 맞게 제작된 삭구를 구입하십시오. 선실도 성(城)처럼 짓지 말고 바다가 거세질 때 물기 없이 따뜻하게 지낼 수 있는 안전한 장소로 만드십시오." 이렇게 경험 많은 항해사들이 해주는 충고를 그는 일일이 노트에 적어 두었다.

설계사의 책상 위에 튼튼한 보트 한 척의 그림이 모습을 드러내기 시작했다. 이 배가 그 지혜로운 사람과 그 가족과 친구들에게 최고의 즐거움을 선사하게 되리라는 것은 하루하루가 지날수록 명백해졌다. 그것은 안전성과 복원력을 갖춘 배였다. 어떤 사람은 이렇게 말했다. "이 배는 유럽은 물론 전세계라도 안심하고 다닐 수 있는 배입니다."

지혜로운 사람은 설계가 다 완성된 뒤에야 제작에 들어갔다. 충고대로 그는, 배가 일단 물 속에 들어가고 나면 누구의 눈에도 띄지 않을 부분들에 각별한 주의를 기울였다. 물론 좀더 눈에 띄는 부분으로 빨리 넘어가고 싶은 유혹의 순간들도 있었다. 그러나 그런 유혹이 올 때면 노련한 항해사들이 해준 충고와 무서운 이야기들을 떠올렸다. 그러면 그는 가장 중요하다고 배웠던 것으로 다시 돌아갔다.

그렇게 용골을 깔고 선체를 조심스레 올렸다. 그리고 그 기초 위에 배의 나머지 부분을 지었다. 종종 경험 많은 항해사들이 들러 격려와 조언을 해주곤 했다. 그들이 올 때면 으레 열의에 찬 대화와 더불어 충분한 확인이 있었다. 그들의 말에 따르면 지혜로운 사람은 바른 길로 잘 가고 있었다.

그러나 보트 클럽의 다른 회원들은 거의 혹은 전혀 눈길을 주지 않았다. 그들은 칵테일과 클럽 무도회와 일요일 오후의 보트 경주에 마음이 팔려 있었다. 그리고 그런 생활에 뒤따르는 사교 분위기에 흠뻑 젖어 있었다. 항구에 있는 배들에 관한 이야기가 나오면, 그들은 색상이며 브랜드며 값비싼 장치에 대해 말하곤 했다. 클럽 선착장 한쪽 끝에서 천천히 지어져 가고 있는 지혜로운 사람의 배에 대해서는 거의 한마디도 하지 않았다. 그들은 이 배에 별다른 인상도 받지 못했고 관심도 없는 것이 너무나 분명했다.

배가 완성되던 날 지혜로운 사람은 진수식을 갖기로 했다. 가족도 나왔고 배를 만드는 데 도움을 준 항해사들도 동참했다. 그가 처녀 항해를 위해 배를 항구의 출구 쪽으로 향하자 모두들 박수 갈채를 보냈다. 뱃머리가 바다로 향하는 순간 지혜로운 사람이 선미에 페인트로 쓴 크리스토스 호라는 이름이 모든 사람의 눈에 띄었다. 그 이름의 의미를 알고 있는 사람들도 있었지만 모르고 있는 사람들은 무슨 뜻일까 궁금해 했다.

지혜로운 사람이 크리스토스 호를 바다에 내보낸 날은 아름다운 날이었다. 수평선 위로는 부드러운 물결에 선체를 맡기고 살랑살랑 움직이고 있는 배들이 족히 천 척쯤은 떠 있는 것 같았다. 태양은 높고 미풍은 잔잔

했다. 한마디로 항해하기에는 더없이 좋은 날이었다.

오후 중반까지는 더없이 좋은 날이었다. 그런데 갑자기 난데없이 폭풍이 몰아쳤다. 이렇다 할 경고도 없었다! 해안 경비대에서도 폭풍을 예측하지 못했던 터라 갑작스런 폭풍은 모든 사람에게 공포의 충격으로 덮쳐 왔다. 아래위로 부드럽게 살랑살랑 움직이던 배들은 눈 깜짝할 사이에 앞뒤로 흔들리며 크게 요동하게 되었다. 이내 모두가 전속력을 다해 항구 쪽으로 향했지만 바람 때문에 뜻대로 되지 않았다. 몇 분 사이에 긴급 구조를 요청하는 조난 신호들이 전파를 타고 난무했다. 배들은 옆으로 뒤집어져 있고 배 주인들은 구조를 기다리며 보트에 올라 있는 모습을 여기저기서 볼 수 있었다.

새로 지은 배 크리스토스 호에 타고 있던 지혜로운 사람도 그런 모습을 다 지켜보고 있었다. 그는 자기 배가 폭풍에 반응하는 것을 느낄 수 있었다. 갑판을 넘어오는 파도 하나하나가 다 배의 힘을 측정하는 시험이었다. 하지만 지혜로운 사람은 정말이지 배를 튼튼하게 지었다. 수면 아래의 묵직한 무게는 배가 제 항로에서 이탈하는 것을 막았고 거셀 대로 거센 광풍이 이쪽저쪽에서 배를 타고 넘나들 때도 제 위치를 되찾곤 했다. 오래지 않아 지혜로운 사람은 자기가 기술과 힘을 부지런히 발휘하기만 하면 폭풍을 이겨낼 수 있다는 확신을 얻게 되었다.

그러나 폭풍을 이기는 것만으로는 충분하지 않았다. 그래서 그는 이런 대폭풍에 대비하지 않은 배를 타고 있는 사람들을 구출하는 데도 나섰다. 바람은 몰아치고 파도는 한층 거센 기세로 날뛰고 있었지만 지혜로운 사람은 배를 이 방향 저 방향으로 조종하면서 불운한 항해사들을 바다에서 건져 올렸다. 그렇게 바다에서 건져 올린 많은 사람들의 무게로 인하여 크리스토스 호가 지긋이 내려앉을 정도가 되어서야 지혜로운 사람은 물살이 잔잔한 안전한 항구로 방향을 돌렸다.

지금도 그 클럽 식당의 입구 벽에는 커다란 그림이 붙어 있다. 거기 들어가는 사람은 누구나 다 맨 처음 이것부터 보게 된다. 그림은 지혜로운 사람이 크리스토스 호를 배경으로 당당하게 전면에 서 있는 모습이다. 그림 밑에는 보트 클럽 회원들의 서명과 함께 기념사가 적혀 있다. 거기에는 그 거대한 폭풍이 있던 날, 이 지혜로운 사람이 발휘한 용감한 노력과 크리스토스 호의 놀라운 복원력에 대한 이야기가 담겨 있다. 여러분도 이 그림을 보고 기념사를 읽는다면 다음 한 가지 사실을 분명히 알게 될 것이다. 바로 이 지혜로운 사람은 영영 잊혀지지 않으리라는 사실이다.

참고 도서

Alsop, Joseph W. *I've Seen the Best of It: The Memoirs of Joseph W. Alsop*. New York: Norton, 1992.

Begbie, Harold. *The Life of General Willam Booth*. New York: Macmillan, 1920.

Bloom, Anthony. *Beginning to Pray*. Mahwah, N.J.: Paulist Press, 1982.

Buechner, Frederick. *Telling Secrets*. New York: HarperCollins, 1991.

Chambers, Whittaker. *Witness*. New York: Random House, 1952.

Chesterton, C. K. St. *Francis of Assisi*. New York: Doubleday, 1987.

Hall, Clarence. *Portrait of a Prophet: The Biography of Smauel Logan Brengle*. New York: Salvation Army Supply House Depot, 1933.

Herman, E. *Creative Prayer*. Santa Fe: Sun Pub, 1993.

Heschel, Abraham Joshua. *The Earth Is the Lord's*. New York: Harper Torchbooks, 1966.

The Sabbath, New York: Harper Torchbooks, 1966.

Jones, E. S. *The Unshakable Kingdom and Unchanging Person*. Nashville: Abingdon Press, 1972.

Kelly, Thomas. *A Testament of Devotion*. New York: Harper, 1941.

Moody, William R. *The Life of Dwight L. Moody.* Tarrytown, N.J.: Revell, 1900.

Pibworth, Nigel R. *The Gospel Pedlar: John Berridge & the 18th Century Rivival.* Welwyn, England: Evangelical Press, 1987.

Robinson, Edwin Arlington. "Richard Corey." in *American Poetry and Prose*, edited by Norman Foster et al. Boston: Houghton Mifflin, 1947.

Shoemaker, Samuel. "I Stand by the Door." In *I Stand by the Door* by Helen S. Shoemaker. New York: Harper, 1967.

Wheeler, W. Reginald, *A Man Sent from God: The Life of Robert Speer.* Tarrytown. N.J.: Revell, 1956.

Wilbur, Richard. "Parable." in *Oxford Book of Short Poems*, edited by James Michie and P. J. Kavanagh. New York: Oxford University Press, 1985.

Yeats, William Butler. *Book of Religious Verse.* New York: Oxford University Press, 1972.

옮긴이 윤종석은 서강대 영어영문학과를 졸업하였으며 미국 Golden Gate Baptist Theological Seminary에서 교육학(M.A.)을, Trinity Evangelical Divinity School에서 상담학(M.A.)을 공부했다. 「놀라운 하나님의 은혜?」 「마음과 마음이 이어질 때」 「남자는 무슨 생각을 하며 사는가」 「아담의 침묵」 「자존감」(이상 IVP), 「예수가 선택한 십자가」 「결혼 건축가」(이상 두란노), 「예수님처럼」(복있는사람) 등 다수의 책을 번역하였다.

하나님이 축복하시는 삶

초판 발행_ 1996년 3월 25일
초판 21쇄_ 2010년 9월 25일
개정판 발행_ 2012년 11월 30일
개정판 6쇄_ 2022년 3월 25일

지은이_ 고든 맥도날드
옮긴이_ 윤종석
펴낸이_ 정모세

펴낸곳_ 한국기독학생회출판부
등록번호_ 제2001-000198호(1978.6.1)
주소_ 04031 서울시 마포구 동교로 156-10
대표 전화_ (02)337-2257 팩스_ (02)337-2258
영업 전화_ (02)338-2282 팩스_ 080-915-1515
홈페이지_ http://www.ivp.co.kr 이메일_ ivp@ivp.co.kr
ISBN 978-89-328-1281-6

ⓒ 한국기독학생회출판부 2012

책값은 뒤표지에 있습니다.
무단 전재와 복제를 금합니다.